An Economist Gets Lunch

エコノミストの昼ごはん

コーエン教授のグルメ経済学

タイラー・コーエン　Tyler Cowen

浜野志保 訳　田中秀臣 監訳・解説

作品社

〔日本語版序文〕――驚異の〝うどん〟――もし「どこか一箇所しか選べないのだとしたら」、私が選ぶ場所は…

拙著『エコノミストの昼ごはん』の日本語版刊行を、とてもうれしく思います。世界各国の料理に関心を持つ、舌の肥えた市民がいる場所はどこだろうかと考えるとき、私の頭に真っ先に思い浮かぶのが日本です。

なにせ日本は、ミシュランの星つきレストランの数がフランスよりも多いという場所なのです。実際、日本のフランス料理の平均点は、最近ではパリを上回っていると思います。パリが外食の分野で足踏みを続けている間に、日本は料理のクオリティに磨きをかけ、進歩しつづけてきました（おそらくパリは、過去の栄光に浸りすぎているのでしょう）。

日本のフランス料理やイタリア料理（やはり日本で食べると美味しいことが多いのですが）はレベルが高い、というだけの話ではありません。日本には、卓越した技術に対する一種の信仰があります。料理の分野でも個人によって達成される偉業がたくさんあり、それが寿司、天ぷら、ラーメンなど実に様々なジャンルの日本料理を進化させています。

私は日本でシンガポール料理を食べたことがありますが、聞くところによるとその店のシェフは、自分の作る料理の完成度を高めるためだけに、何十回もシンガポールを訪れ、現地に住んだことまであるそうです。日本ではオアハカ地方（メキシコ）の郷土料理も食べましたが、その店のシェフもやはり、自分の携わっている分野に造詣の深い、本当に熱心な職人でした。日本ならではの卓越したものづくりの技術は、多くの分野に引き継がれていますが、味だけにとどまらない見た目へのこだわりなど、料理ほどその継承に成功している分野は他にないと思います。

五ドルのうどんもまた、日本で初めて目にしたものかもしれません。これほど安くても、やはり品質基準はきわめて高く、知識の豊富な大勢の客がそれを支えています。

日本の都会には、客の目利きとは別に、食べ物のクオリティの高さを後押しする特別な事情がいくつかあるように思われます。

第一に、日本という国は労働時間が長い上に、非常に人口密度が高く、高度に都市化されているため、台所は概して狭くなっています。こうした事情のせいで、人々の外食する機会は増え、多くのレストランの支援につながると同時に、このセクター内の競争を大いに後押しします。その結果、少なくとも市場の頂点に位置する最高級店を除けば、クオリティは上がって価格は下がるということになるのです。

第二に、日本の労働市場の構造や徒弟制度の伝統は、多くの専門化を後押ししてきました。多種多様な食べ物を料理する人たちは、非常に多くの場合、数年がかりで自らの技を学びます。日本の文化や職業上の規範が、このようなきわめて献身的な態度を支えているのです。

第三に、日本の都市化および比較的有効な公共交通システムのおかげで、有効市場の規模は、人口の数字のみが示すものよりもはるかに大きなものになっています。たとえば、東京・大阪間の地域にあるレストランについて考えてみましょう。この店が公共交通機関の近くにある可能性は非常に高く、要するに、文字通り数百万人の潜在的顧客がいることになります。このような多数の潜在的顧客の存在により、市場の競争性はさらに高まり、レストランはより専門性の高い顧客に対してアピールする機会を獲得します。

経済学の父アダム・スミスは、一七七六年に「分業は市場規模によって制限される」と書きました。さて、効果的な公共交通のおかげで、日本各地には大規模な有効市場が存在しています。マイナーな料理であっても、東京で食べられない料理を思い浮かべることは困難です。

私の夢のひとつは、大阪にじっくり滞在することです。この夢は、数年以内に実現したいと思っています。この夢が叶えば、日本料理や日本の食べ物、さらには日本文化全般に対する私の理解も深まるでしょう。大阪については、もっと具体的な話、たとえば大阪が食い倒れの町になった経緯などについて何か書きたいと思っています。

もう一つの夢は、沖縄料理についてもっと知ることです。

食べ物の話題になると、私はみんなに「どこか一箇所しか選べないのだとしたら、日本を選ぶべきだ」と言っています。日本以外で気に入っている場所は、インド、シンガポール、シチリア(イタリア)ですが、もちろんこの世界には、珠玉のような食べ物が満ち溢れています。私が本書を書いた理由の一つは、読者のみなさんが、そんな素晴らしい食べ物と出合うお手伝いをすることです。

日本の読者にお伝えしたいことが一つあります。私の祖国アメリカの食べ物のクオリティが概して低いことについては、私からもお詫びしたいと思います。旅行でアメリカを訪れた方は多いでしょうし、中には住んでいたという方もいると思いますので、この国が酷い食事だらけだということはご存知だと思います。わが国で最も有名な都市であるニューヨークにおいてさえ、それは紛れもない事実です。

それでも、一縷の望みはあると思っています。実際のところ、最近ではアメリカにも美味しいものがたくさんあります。とはいえ、いつでも簡単に見つかるというわけではありません。この本を書いたもう一つの理由は、人々がアメリカをうまく操る手助けをし、美味しい食べ物と不味い食べ物を見分けられるよう力を貸し、美味しい食べ物の見つけ方を教えることでした。しかし、本書で述べている話はもちろん、アメリカに限らずほぼ全世界の美味しい食べ物に当てはまるものばかりです。

さらに私は、食と環境、動物福祉、さらには気候変動との関係について、世間がますます多くの関心を向けようとしていることにも勇気づけられています。これらは今日では重要な課題として扱われていますが、二十年前にはおそらくニッチな問題に過ぎないだろうと思われていました。私は、今後ますます重要になっていくと思われるこれらの問題の全てについて、きちんとした見方の略図を描こうと試みています。美味しい食べ物を愛しつつ、自分たちを取り巻くより広い世界のことに関心を持つということは、何を意味するのでしょうか。間違った経済学（中には本当に酷いものもあります）に基づく分析を目にすることはあまりにも多いのですが、そのような議論のひどい誤りを正すことも試みています。

食と経済学は、私の人生と職業における主要な関心事の二つです。この本では、その二つを一緒に論じてみようと試みました。私の意見を楽しんでいただくことができれば幸いです。日本で過ごした時間は本当に楽しいものでしたし、日本で食べたものは本当に美味しいものばかりでした。

この本について何かご意見があれば、どうぞ遠慮なく私のメールアドレスをグーグルで検索して、ご一報ください。

タイラー・コーエン

エコノミストの昼ごはん

——コーエン教授のグルメ経済学——

An Economist Gets Lunch : New Rules for Everyday Foodies.

タイラー・コーエン
Tyler Cowen

田中秀臣［監訳・解説］
浜野志保［訳］

魚一匹が雄牛一頭よりも高値で売られている都市を救うのは難問だ。

——大カトー

謝辞

スティーブン・モロー、テレサ・ハートネット、ケイラ・エイブラムソン、マーク・エイブラムソン、ジョン・ナイ、ケビン・グライアー、ナターシャ・コーエン、ヤナ・チェルニアック、ランドル・クロスナー、ロビン・ハンソン、アレックス・タバロック、キャリー・コンコ、エズラ・クライン、トーマス・ヘッド、マイク・ホワイトリー、ミーガン・マカードル、ベロニク・デルギー、マーク・ビットマン、カレン・ブラック、マイケル・ローゼンウォルド、アレックス・コーエン、ネルソン・ヘッド、セス・ロバーツ、チャグ・ロバーツ、モルターニ、ブライアン・キャプラン、サリア・シェイク、シユ・ワン、ロンロン、チャーリー・リュー、ミシェル・リム、ダリル、ジョディ・エッティンバーグ、二人の匿名読者、その他多くの皆さま（特に、私に美味しいものを食べさせてくれたり、それについて話す時間を割いたりしてくださった方々）に感謝します。有益なコメントや議論をありがとうございました。

AN ECONOMIST GETS LUNCH by Tyler Cowen

This edition published by arrangement with Dutton, a member of Penguin Group (USA) Inc.

through Tuttle-Mori Agency, Inc., Tokyo

目次

第1章
革命前夜

アメリカの食は、危機に瀕している。目前に迫っているのは、かつてないほどの破滅だ。長距離輸送、化学肥料、遺伝子組み換えといった現在の食料生産の方法に対して、人々は反旗を翻しつつある。今日の農業のあり方は食料の大量生産へとつながり、私たちの健康や環境に悪影響を及ぼすのではないか——そんな懸念から、昔のように地元の小規模農場でとれたものを選んで食べる人も増えた。だが、そのような不安には、確たる根拠があるのだろうか。地産地消は、本当に良いことなのだろうか。

その一方で、私たちは高級レストランでの食事にますますお金をかけている。多くの経済セクターが苦境に立たされる中、高級レストランの選択肢だけは、ほとんどのアメリカの都市で増えている。だが、果たして私たちは、最善の方法でお金を使っているといえるだろうか。ひょっとしたら、もっと安くてクオリティの高い選択肢を見逃しているのではないか。

そもそも、いくつもの大問題を抱えるこの世界で、こんなにも食に美学を持ち込むことは適切だといえるのだろうか。美食に対する批判の声は大きく、最近『アトランティック・マンスリー』に掲載された記事でも、食通たちは食の経験を美学の問題にしてしまう邪悪な連中であると糾弾されている。だが、食事に美味しさだけでなく美しさを求めることの何が、倫理的に間違っているというのだろうか。

食の危機に直面しているのは、おしゃれな雑誌を読んでいる教養層だけではない。大規模な経済危機が続いているせいで、四千四百万人以上のアメリカ人が、フードスタンプ〔低所得者向けの食費補助として配布されるクーポン券〕を受け取っている。政治家の予測を超えて、相変わらず失業率の高い状態が続いている。アメリカの場合、もはや飢餓が問題になることはないが、低所得者層を中心とする肥満の問題は深刻で、糖尿病患者の数も増え続けている。

悪いニュースばかりでもない。見栄っ張りで上流気取りのグルメたちを、人気コラムニストのカルヴィン・トリリンがユーモアたっぷりに「ラ・メゾン・ドゥ・ラ・カーザ・ハオス」と呼んでから数十年が経った今、アメリカのレストラン事情も様変わりした。私自身、ボリビア料理、ラオス料理、北朝鮮料理の店を行きつけにしているし、「夫妻肺片」なる料理がどんな味なのかも知っている（まあまあいける）。行政の規制に引っかからない場所であれば、着席して食べるお店よりも屋台の方が人気を集めたりもしている。これは、わざわざ店に入って「肺片」のような正体不明の料理を出されたら困るから……というわけでもないだろう。

だが、最も深刻な問題は、世界の総人口が九十億を超え、農業の生産力は向上しない状況の中、農業分野でのイノベーションによる新たな「緑の革命」がますます喫緊の課題となっているということである。食料価格は上昇を続け、エジプトやチュニジアの政情不安を助長しているが、改善の見通しは立っていない。各国は食糧を備蓄しているものの、食料価格が急騰するようなことがあれば、自国民の食糧を確保するという建前のもと、輸出を打ち切ることになるだろう。グローバルな輸出入のネットワークは、私たちが期待するほど強固なものではないのだ。

一九〇六年、アプトン・シンクレアの自費出版小説『ジャングル』がシカゴの食肉産業の実態を暴露して以来、アメリカの人々は、食品の質や経済を取り巻く現実に幾度となくうんざりさせられてきた。だが、いま現在の状況は、そんな中でも特に危機的なものである。

食に関しては、世界全体が大きな変化を必要としている。変化は少しずつしか起きないだろう。けれどもこの本では、自分のため、そして他の人たちのために、どうすればもっと良いものを食べられるようになるのかについて書いている。私たちに必要なのは、特別な種類の革命だ。

日常的に食べているものであるか否かを問わず、とにかく美味しい食べ物を見つけるにはどうすればいいのか、まずは個人的な話から始めてみよう。妙な話だが、より良い食体験を構築し、そうした体験の特性が何に由来するのかを理解することは、九十億人分の食糧を確保する重要な第一歩となる。

未知なる世界への旅

私はニカラグアへと向かっていた。当時、ニカラグア料理が大好きだという人は見たことがなかったし、ガイドブックでもそれほど賞賛されてはいなかった。そこで私は、ニカラグアに着いたら、自分自身で確かめてみることにした。ここでハッキリさせておこう。全ての食事が大切である。一食たりともおろそかにしてはいけない。

ひとかけのパンとチーズを手に、私はマナグア行きの飛行機に乗り込んだ。到着予定時刻は午後一時半だったので、遅めの昼食をとる前に、少しだけ腹に入れておこうと思ったのだ。チーズはセイフウェイで買った辛口のチェダー、パンはホールフーズ・マーケットで買った三日前のサワードー・ブレッドである。軽食をとったのは、お腹が空きすぎないようにするためだった。過度の空腹は様々なトラブルを招く（一番良い店に辿り着く前に、適当なものを食べてしまうようなことは避けたい）。あるいは、食を巡る冒険を前にした、敬虔なる禁欲のようなものだと思ってもらってもよいだろう。

ともかく、私は飛行機から降りてタクシーを探すことにした。まず空港のターミナル内で、マナグア空港から北へ二時間ほどの場所にあるレオンという町への運賃を交渉した。それからターミナルの外へ出て、比較的年配のタクシー運転手を選んだ。年配の運転手は、身の安全を守るためにもいいし、地元の話や情報にも通じている——それに、美味しい店を探そうと思ったら、おそらく彼らに尋ねるのが一番だ。運賃はあらかじめ決まっていたが、車が走りだしたところで、私は別料金の話を持ちかけた。長い冒険の始まりだ。

「ニカラグアならではの、本当に美味しいものが食べられるお店に寄りたいのだけど。お時間を取らせる分として十ドル、さらにそのお店でランチもご馳走する、ということでどうだろう」。本当はそんなに払う必要はなかったのかもしれないが、私は興奮していた。

彼は私の申し出を受け入れ、レオンの近くにある「ケシージョ」に寄ろうと言ってくれた。はたして「ケシージョ」とは、移動販売車なのか、バーなのか、売春宿なのか——私には見当もつかなかった。運転手の話によると、「ケシージョ」は目的地のすぐ手前にあるらしかった。空腹ではあったが、機内で食べたパンとチーズのおかげで、どうにか我慢することができた。タクシーに揺られながら私は、おそらく「ケシージョ」というのは、スペイン語の「ケソ」（チーズ）に関係があるのだろうと考えた。

レオンから三十分ほどで、この先にケシージョあり、という公式の道路標識らしきものを一つ発見した。数分後には、同じような標識を道路の両脇に五つ見つけた。すべてオープンエアのレストランで、どの店も繁盛していた。こいつは幸先が良さそうだ。

ラパスという小さな町にあるとっておきのケシージョを知っている、と運転手が言うので、私たちは第二の「ケシージョ」クラスタに寄ることにした。聞けば、ケシージョにはメニューが一つしかないという。そのメニューの名前とは……なんと「ケシージョ」である。選択肢は「玉ネギ抜き」か「全部」の二つだけだ。どんなものなのか確かめないまま、私は「全部」の方を注文した。

運ばれてきたケシージョは、きわめてシンプルな食べ物だった。分厚く温かいトルティーヤに、冷たい液状の白いクリームと粘り気のあるチーズと玉ネギが包まれていて、酢少々をふりかけてある。トルティーヤとチーズは、毎日その店で作っているのだという。玉ネギの甘味と食感が効いていて、酢も見事なかくし味になっている。単純至極。風味絶佳。

　昼食代、計十二ドル
　運転手への追加料金を含む

コロニアル様式の建物やニカラグアの観光名所についておしゃべりをしながら、私たちはオンボロ車でレオンへの旅を続けた。道中の田園地帯では、息を呑むような美しい火山や湖の風景だけでなく、その土地の農業の様子を見ることもできた。レオンのすぐ外には、いくつかの小さな農場――かなり小さな農場――があり、鶏の飼育販売を行っていた。了解。

到着するとすぐに、私はレオンが好きになった。レオンは、私が訪ねたことのある中で最も魅力的なラテンアメリカの町の一つである。マジック・リアリズムの小説の中にしか存在しないような、まるで不思議な夢みたいな場所なのだ。どこか寂れた光景は往時を偲ばせるが、建物はいまだに魅力を失っておらず、人々は皆、深く土地に根差した暮らしをしている様子で、夕暮れ時の街角は、家族連れや、いちゃつく若者、風船売りの商人や、ベンチに座る老人たちで賑わっている。

当初、私は町で一番評判の良いレストランに行くつもりだったが、話を聞いたら気が乗らなくなった。ホテルで尋ねてもガイドブックを見ても、いち押しは「エル・メディテラネオ」というレストランで、名前のとおり地中海料理の店である。美味しいのかもしれないが、わざわざここに来てまで食べる意味があるだろうか。それに、私はレオンの街角の雰囲気が気に入っていた。

その辺をぶらぶらと歩いていると、五人ぐらいの売り子が同じものを売っているのが目に入った。フライドチキンとフレンチフライ――エル・サルバドル風、というそうだ。五人の売り子は、同じ街角にいる大勢の売り子たちと同じような恰好をしていた。これは健全な競争が行われているしるしだということは、経済学では定説である。フライドチキンに使われている鶏肉は、おそらく地元の農場でとれたものだろう。そう考えた私は、一番新鮮そうな商品を扱っている売り子に注文をした。不味ければ食べるのをやめて、エル・メディテラネオに行けばいい。だが、それは実に美味しかった。競争の激しいマンハッタンで常に斬新な試みを続けるレストラン（たとえばペリー・ストリートにあるジャン・ジョルジュの店［ミシュランで三ツ星を獲得したヌーヴェル・フレンチの人気店］）のフライドチキンに負けない味だった。ちなみに、ジャン・ジョルジュの店で最近食べたフライドチキンは、レオンほどは美味しくなかったのに、値段は十倍もした。

計二ドル

売り子の女性が、甘しょっぱくて美味しいポロポロしたホワイト・チーズを、チキンの上にたっぷりとまぶしてくれた。これは、中米ではスタンダードな食べ方である。私は今でも、（エル・サルバドルも含め）世界で一番美味しいフレッシュ・ホワイト・チーズが食べられるのはニカラグアである、という仮説を支持している。

チキン（とチーズ）を食べた時点で、ニカラグアに到着してから六、七時間しか経過していなかったが、私は現地の食品サプライチェーンがどうなっているのかに関して仮説を立て始めた。裕福な人々にはお抱えの料理人がいるため、高級レストランの多くは大したレベルに達していない。少なくとも、レストランに出かけるようなあらたまった外食文化はほとんど存在しない。その代わりに私がレオンで出会ったのは、コーンを使った新鮮な食品や、様々な形で食べられる完璧なホワイト・チーズ、パンや焼き菓子などに見られるような、きわめて魅力的な食の世界だった。こうした食文化では、地元の人たちが自分の好きなものを選んで食べている。したがって私は、どうにかしてその仲間に入れてもらう必要がある。

たった六、七時間しか滞在していない以上、この仮説はきちんとした学術論文のレベルには達していないと思う。だが、間違っていることが判明するまでは、とりあえずこの仮説を使ってみよう。

寝る前に私は、ニカラグアがカカオの産地であることをふまえ、コーン入りのチョコレート・アイスクリームを買った。大当たりだった。

ホテルの部屋付けで一ドル

二日目

私はホテルの朝食バイキングを回避することにした。朝食時というのは、街に出れば一日で一番美味しい食事にありつけるのに、ホテルでは一番不味いものしか出されないのが常である。私は、食料品のマーケットでもあるメルカード・セントラルへと向かった。何を食べたらいいのか見当もつかないまま、市場の食品コーナーに行ってみると、誰もが同じものを注文していた。山盛りのキャッサバの周囲に、生キャベツと米と豆が添えられており、キャッサバの上には、アチョーテ・ソース［ベニノキの種子を原材料とする南米のスパイス］で炒めたと思しき豚肉が五切れほどのせられている。

キャッサバはしっとりとやわらかく、風味も良かった。アメリカのラテン料理店で食べるような、バリバリに揚げてあるものとはまるで違う。豚肉は少し硬いが味わい深く、アチョーテ・ソースの酸味が効いていた。付け合わせの生キャベツも食べてみたが、腹を壊すのではないかと不安になる代物だった。

飲み物を手に入れるのは、もう少し厄介だった。「オレンジのジュース」なるものを勧められたものの、その正体はほとんど水で、オレンジの合成香料がほんの少し入っているだけだった。使われている水の新鮮さと安全性について、何度となく尋ねてみたが、決まって同じ答えしか返ってこなかった。店員は「アグア・コリエンテ」(流水)だと自信満々に言うのだ。果たしてそれが良いのか悪いのか分からなかったので、私は「オレンジのジュース」ではなくコカ・コーラを買った。理想的な朝食の飲み物とは言い難いが、アメリカでよく売られているものとは違い、コーンシロップではなく甘蔗糖が使われていた。

ところで、私の「ドリンク」代は、二つで合計五十セントだった。どうしてそんな値段で買うことができたのか。店員は、私の飲み残したコカ・コーラ(ほとんど残っていた)を回収すると——再販売用に——空のビニール袋の中に注ぎ入れ、氷の入ったトレーに並べた。私はコーラを瓶から直に飲んでいたのに、である。企業家精神あふれる痩せっぽちの売り子たちは、私が飲まなかったオレンジ飲料も回収し、同じように再販売用の袋へと詰め替えた。こうして残り物を売りさばくことで、最終的には私が支払った五十セントよりも多くの代金を受け取ることになるのである。

飲食の安全のための規則、第二三六七番のB「手で口をしばったビニール袋に入ったものは飲むべからず」

朝食代　計三ドル

マーケットから出る途中で、私は焼き菓子を購入した。クッキーとパンの中間のようなもので、ほんのり甘い何かがかかっていた。自分ではパンも焼き菓子も作らないので、うまく材料を当てることはできないが、レオンの住人たちがこの焼き菓子を大好きなことは確かで、私以外にも多くの人たちがこれを買っていた。この代金も右の三ドルに含まれている。

美味しい食事を三食食べたところで、出費は最小限に抑えられていた。だが、おそらく今回の旅のハイライトは、再度タクシーを拾ってからの出来事だ。私は運転手に、追加料金を払うのでタマレス［コーンの粉を練り、コーンやバナナの皮で包んで蒸した南米料理］の店へ連れて行ってくれるよう頼んだ。

運転手はタマレス屋を見つけるのにかなり苦労した。タマレスの鮮度が落ちてしまうので、ほとんどの店は昼までに閉まってしまうのだ。辺りを十分ほどグルグルと走ったところで、私たちは籠入りのタマレスを頭に載せて運んでいる女性に出くわした。私は車を停めてもらい、彼女から自分用と運転手用のコーン・タマレスを購入した。

タマレスは二つで二十コルドバ（約一ドル）だった。私は五十コルドバ札しか持ち合わせておらず、売り子の女性は釣りを持っていなかった。ちょうど住宅街の真ん中で、周囲には店もなかった。私は「美味しいコーン・タマレスさえ食べられれば満足だから、お釣りはいらない」と彼女に言った。だが、彼女は首を縦に振ろうとしない。再度お願いしてみたものの、やはり頑として拒まれてしまった。結局、彼女が釣銭を調達してくるまでの間、私は十分ばかりタクシーの中で待つことになった。ともあれ、私は手作りのタマレスを食べることができた――ニカラグアで食べたものの中では、おそらく一番の絶品だった。

コーンとクリームがニカラグア料理の鍵である、という仮説を証明できたとまでは言えないかもしれないが、四日間の旅を終えるまでに、この仮説にとって有利なたくさんの証拠が集まった。町で食べた食事の中では唯一、シーフードだけがいまいちで、そこから新たな仮説も生まれた。さらなるフィールド・テストが必要ではあるが、とりあえず次のようになる。

「いまだに驢馬車が現役で、女性が頭に籠を載せている場合は、海か湖のすぐ近くで魚を食べるべし」

言い換えれば、輸送の速度が遅く、保冷技術が導入されて間もない場合には、魚をはじめとするシーフードの美味しさが保たれるのは、海や湖からせいぜい十マイルの距離までである。

食にまつわるスノビズム

現在、フードライターやコメンテーターや食通たちは、次に挙げる三つの教養にミスリードされている。これらの教養は、ニカラグアでも家庭でも役に立たないし、その他のどんな状況においても誤解しか生まない。

1. 最良の食べ物には、より多くのお金がかかる(「時は金なり」だとすれば、スローフードはファストフードに勝る)。
2. 安価な食料の最大の供給源——巨大アグリビジネス——は、救いがたい悪である。
3. イノベーションの源として、消費者は信頼に値しない。彼らは制約され、指導され、課税されるべきであり、シェフ、フードライター、文化人、そして特に役人の意向に従うべきである。

私たちの世代のフード・スノビズムは、こうした考え方が組み合わさることによって形成されている。このような偏見は、『ボナペティ』[一九五六年創刊のグルメ雑誌。毎号、凝ったレシピを多数掲載]や今はなき『グルメ』[一九四一年創刊のグルメ雑誌。高級志向のレシピや記事が中心で、二〇〇九年以降は特別号刊行のみ]といったグルメ雑誌だけでなく、アグリビジネスに対して批判的な『フード・インク』や『スーパーサイズ・ミー！』などのドキュメンタリー映画や、食べ物の移動販売や屋台や加熱殺菌されていないチーズに対する規制、安くて美味しいものを食べたい私たちの邪魔をする公的規制の数々の内に現れている。作家のマイケル・ポランは、現代社会における食の問題にズバリと斬り込んできたが、最新刊『フード・ルールズ』では、食事を食べきらずに残すよう勧めている。私としては、良い食べ物を見つけるか作るかして――食べるべきだと思う。

「ロカヴォア」〔地元産の食品を選んで食べる人々〕や「スローフード」をめぐる高尚なレトリックに関していえば、このような食にまつわるスノビズムは悲観的かつ父権主義的《パターナリスティック》なものであり、何よりイノベーションの妨げとなる。消費者もビジネスパーソンも、イノベーションの担い手として信頼されていない。輸送手段が限定され、原材料を食品へと加工するのにも手間がかかるといったイメージから、原始農業に対する誤ったノスタルジーが生まれる。安価な即席食品――嫌われ者のアグリビジネス企業によって実現されたものも含め――こそが、人類の歴史において最も重要な進歩であるという事実を認める人は滅多にいないし、ましてや表立って主張する人など皆無に等しい。だが、安価な即席食品こそが、現代文明の礎であり、私たちの大半が死なずに済んでいる理由なのである。産業革命は近代の生活に便利さをもたらしたが、それよりも前に起きた農業革命では、さらなる経済発展を可能にするのに充分なだけの社会的余剰をもたらした。人々を農場から引き離し、科学者や技術者や発明家や企業家として雇うことが可能になったのは、農業革命のおかげである。

昔の食の世界は、決してパラダイスだったわけではない。十九世紀半ばまで遡れば、アメリカの消費者たちは、自分の農場または近隣の農場でとれたものでない限り、果物や野菜や肉や牛乳の新鮮さを疑わざるを得なかった。実際のところ、「きわめて新鮮」と「腐りかけ」の差は曖昧なものだった（素人が作るソーセージやチーズに関しては、今日でも似たような状況ではあるが）。当時の人々は、「新鮮な」食べ物がどこから運ばれてくるのかも、輸送中にどれぐらい熱や風雨に晒されていたのかも知らなかった。包装に消費期限が書いてあることもなかったし、そもそも包装などされていなかっただろう。食品の供給は、時季や地域によって過多になる時もあれば、極端に不足する時もあった。輸送費が高かったため、新鮮な食品を入手できる地域はごく限られていた。ほとんどの食べ物は地元でとれたものだったが、その事実をとりたてて誇らしく思う人はいなかった。唯一の例外である砂糖を除けば、精製や加工にはほとんどコストがかからなかったが、これは単に、当時の技術や経済上の制約のせいで、有効な輸送手段や広い販路がなかったためである。

大半の食品は保存されていたものの、その際に使われた技術は何世紀も前から受け継がれたものだった。野菜は塩水と酢で漬けられたが、これが一番美味しい組み合わせであるとは限らなかった。肉や魚は、塩に漬けて燻製にされるか、密封した瓶に詰められた。食中毒は日常茶飯事だった。食料の生産と管理は、大変な重労働だった。美味しいものが存在していたのは確かだし、多くの人たちが「大地に近い」――近すぎる――と感じていたのも確かだが、全体としては、今日の食生活と比べて羨むべきものではない。

少なくともアメリカでは、一九二〇年代までに何もかもが様変わりした。運河や鉄道、後にはトラックのおかげで、(食品輸送を含む)輸送費が以前の数分の一にまで下がった。この新世界で儲けを生むのは、長期保存が可能で輸送にも耐えうる食品だった。企業家たちは、輸送・貯蔵・保存のための技術にこぞって投資した――かくして種々多様な今日の食品添加物が生まれたのである。アメリカ人は史上かつてないほど食べ物を手に入れやすくなった。漬け物や保存食、自分の農場でとれたものに限らず、様々なものを入手することが可能になった。賃金と比べて食品価格は急降下し、以前よりも安定した供給が行われるようになった。

月並みな冷凍食品や缶詰の製造も可能になったが、だからといって、商業化イコール悪だと決めつけるべきではない。印刷機の発明によって、良い小説も駄目な小説も世に出回るようになったが、文化的な恩恵がもたらされたことは確かなのだから。

アグリビジネスを肯定するとしても、化学肥料による汚染の問題に目をつぶったり、コーンシロップに対する政府の支援を後押ししたり、マクドナルドで食事をしたりする必要はない。現代の低コストの農業は、今後の食のイノベーションのためのプラットフォームと見なすことができる。このプラットフォームには改良が必要だが、人類に食料を供給するという点においては、これまでのところ概ね成功してきた。このプラットフォームの構成要素のうち、何が有効であるのかを理解しなければ、私たちは安くて良質な食事を見つけることもできないし、プラットフォーム自体を危険にさらすことになる。万が一このプラットフォームが破綻するようなことがあれば、あちこちで飢饉が生じるだろう。

それと同時に、私たちは人々が――現時点で――このプラットフォームをより上手く、かつ、より人道的な目的のために使う方法を学ぶ必要がある。ニカラグアの食べ物は本当に素晴らしかったし、たとえどんなに貧しくても、一人ひとりが創造的な力を持っていることを証明している。けれどもアメリカでは、ニカラグアと同じような食のネットワークは組織されておらず、また、組織することも難しい。フランスや日本では、さらに状況が異なっている。したがって、よりよく食べたり、環境に配慮したり、法律や栄養の面からも正しい食べ物を選んだりするためには、食品市場がどのように機能しているのかをしっかりと理解する必要がある。目の前にある全ての情報を手に入れ、それを実際に役立つものに変える方法について、理解を深めることが必要である。

全ての食事が大切なのはなぜか

ニカラグアは特殊な環境ではあるが、現地で私が経験したことは、この本で私が明らかにしたいと思っている切実なメッセージを分かりやすく示してくれる。

1．全ての食事が大切である

駄目な食事は、単に味が不快であるだけでなく、人生の楽しみを無用に否定することにも等しいものである。駄目な食事をすれば、自分の舌を肥やし、世界について学び、価値ある経験を誰かと共有するチャンスをふいにしてしまう。実質的にどんな場所でも――ニカラグアでも、郊外のロードサイドに並ぶ店でも、見るからに謎めいたアメリカのアジア系スーパーマーケットでも――その暗号を解読し、良いものと悪いものを見分けるためのサインを発見することさえできれば、何かしら美味しい食べ物を安く手に入れることが可能である。全ての食事が大切なのはなぜかを論じるにあたって、決定的な問いがいくつかある。私はどうやってレストランを選ぶのか。私はどのように食料品を購入するのか。料理本は役に立つのか。

2．良い食べ物は安い食べ物であることが多い

手間や暇やお金を惜しまず、ほとんどの食事を高級レストランで済ませてしまおうと考える人がいるだろうか。そんな人は滅多にいない。けれども私は、人間の基本的かつ原始的な楽しみである食に関しては特に、人生においてたくさんの発見をしたい。しかも、食べることだけが人生の楽しみではないのだから、できるだけ安く済ませたい。

ジャンクフードは安上がりだし、美味しいと思って食べている人も多いが、あまり私たちの舌を肥やしてはくれない。すぐに飽きてしまうし、健康にも環境にも良くない。この世界は情報の宝庫であり、驚きや秘密の逸品や新たな学びへとつながる小道がたくさんあるはずなのに、ジャンクフードはそうした考え

に真っ向から対立する。ジャンクフードは袋小路である。

さらにいえば、私たちの身近にはもっと美味しくて安い食べ物があるのだから、ジャンクフードなど不要である。私の近隣の地域――北バージニア、メリーランド、ワシントンDC――には、お気に入りのレストランが五、六軒あり、いずれの店でも十五ドル以下で一流の食事を楽しむことができる（もちろん、もっとたくさん頼むこともある）。私は二十年前からレストランのレビューを書いているが、結局、ジョージタウンにあるマイケル・リチャードの高級レストラン「シトロネル」で食べる二百ドルのありがちなディナーよりも、お気に入りの店で食べる十五ドルのメニューの方が好きだ。四川風の担担麵から、フランス産のエポワス・チーズを使ったハンバーガー、サーモン入りのレッド・カレー、唐辛子とドライ・カッテージ・チーズを添えたエチオピア風の生肉まで、店によってメニューは様々である。だが、全ての店に共通する点が一つある。それは、店のオーナーもシェフも、料理を作ることが大好きで、料理に心血を注いでいるということである。

料理に対するこのような献身的姿勢は、世界中で見つけることができる。テキサス一のバーベキュー名人は、熟練の応用科学者である。アルバカーキの食堂や、時には薬局で、うっとりするような唐辛子の味に出合うこともある。ミシュラン・ガイドで星を獲得したレストランがイタリアで一番少ない地域――シチリア――には、ヨーロッパで最も美味しく、意外性に満ち、しかも安いレストランがいくつか存在している。ニュージーランドのフィッシュ・アンド・チップス屋は、十ドル以下でテイクアウトできるのに、良質なシーフードに強いこだわりを持っている。これらの事例ではどのレストランも、自分の店を会社の接待に使ってもらおうなどとは思っていない。その一方でパリには、どこよりも不味くて高い食べ物が増える一方だ。

3. 消費者として革新的《イノベーティブ》であれ

私たちは、何をどのように食べるのか。この問いの根底にある経済学をある程度理解できれば、私たち一人ひとりが個々の消費者として、国家経済や国際経済を改良する力を持っていることが明らかになる。アメリカ国民の典型的な収入は、他の豊かな国々の多くと同様に、一九七三年頃から停滞している。私たちがどのように食べるかによって、少なくとも部分的には、このみじめな状況を変えうるのだろうか。

イノベーションは、企業家から生まれるものだと考えられている。要するに、電気や水洗トイレや自動車のように、生活を大きく変えるようなもの、真の進歩を体現するようなものこそがイノベーションだと考えられているのである。ジェット・パックや空飛ぶ車、家事の負担を軽減してくれる労働ロボットを、今なお待ち望んでいる人もいるだろう。だが、そうした夢の実現には、もう少し時間がかかりそうだ。インターネットという驚異的なものが生まれた時でさえ、現代社会には、一九〇五年生まれの私の祖母が経験したほどの大きな変化は起きなかった。一八七〇年から一九七〇年をピークに、技術の進歩する速度が落ちてきた今、私たちは、もっと広い意味での「イノベーション」に目を向ける必要がある。より良く賢い消費者になることは、自分たちの生活にさらなる進歩をもたらし、私が別の著書で論じた「大停滞」に立ち向かう一つの方法なのである。

本書は食べ物や食べることについての本ではあるが、食べ物や食べることだけに関する本ではない。本書が扱っているのは、もっと幅広い問題である。食に対する私たちの姿勢は、人生や自分自身に対する姿勢と大いに関係している。十八世紀、ジェイムズ・ボズウェルは人間を「料理する動物」と定義した――したがって食通とは、人間の根幹に関わるものを大きく扱うことに関心がある人たちのことである。

新しい宴会を始めるために、食べたものを吐いてしまう古代ローマ人の話をご存じだろうか。あのエピソードは、食と享楽に対するかなり特殊な態度を表しているが、本書では扱わない。

食べ物を社会と政治をコントロールするための手段ととらえる論者もいる。十九世紀フランスのユートピア社会学者シャルル・フーリエは、美食とは一つの純粋科学であり、必要不可欠な「ハーモニー」を料理にもたらすためには、選りすぐりの裁判官と陪審員が必要であると考えた。フーリエは、食とセックスを新たな社会秩序をコントロールするための基礎とすべきだと考え、これを「ガストロソフィー」と呼んだ。善い行いに対しては、褒賞として、守護者から多くの食物とセックスを与えられる。これによって社会主義は、経済協力と生産に対するインセンティブを生み出すことになる。アリストテレス的な節制の徳は、フーリエにとっては忌むべきものだった。フーリエの予測によれば、未来の食事は一日五食と二度の軽食（しかも全て美味しい）になるはずだった。人の身長は二百十五センチほどになり、食べ物を消化する能力は向上し、平均寿命は百四十四歳にまで伸びるはずだった。

このような食の見方も、本書では扱わない。フーリエの楽観主義は好きだが、コントロールのための仕組みとして食を利用しているのが引っかかる。実際のところ、本書が示すのは、政治や食のエリートによるコントロールから脱する一つの方法である。何より、私の狙いは、食事をする人たち一人ひとりを勇気づけて、パターン認識とイノベーションのスキルを身に付けてもらうことにある。

社会的に作り上げられた幻想を切り崩すことで、人々ははるかにうまく人生を生きられるようになるはずだ。まずは、ある食べ物の贈与や売買が、美味しさに関わるものなのか、あるいはより高い社会的地位の獲得や自己満足のような別の何かに関わるものなのかを見極めねばならない。ここ数年、世界一のレストランと評されているのは、コペンハーゲンにある「ノーマ」という店であるが、私がそこで食べたのは退屈な代物だった（幸いにして自腹ではなかった）。社会的な幻想ではなく美味しさに対してお金を払うという方針さえ守れば、可もなく不可もないような高級レストランの多くを避けることができる（もちろん、私のアドバイスを転倒させて、より高い社会的地位を買うためのマニュアルとして本書を読むこともできる。ただしその場合は、美味しいものを食べそこねることになるが)。私は食に焦点を当てているが、この点については食品市場に特別なものがあるわけではない。食に限らず人生の多くの局面において、物事を理解する力は、本当に欲しいものを手に入れるための強力な道具となる。

私はまた、賢く食べるということは、不平等を制限する一つの方法であるとも考えている。アメリカの場合には富裕層のほうが、中流階級やアッパーミドルよりも良いものを食べていることが多い。だが、これは必然的な結果ではない。本書では、収入がそれほど高くなくても、世界で一番美味しいものを食べるための方法を紹介する。

本書を通じて、究極的には、より良い食べ物の消費者になることで世界に文字通り革命を起こすことができるのだということが示せればと思う。

良い食への経済学的アプローチ

プロの経済学者として私は、食とは資本主義の需要供給の結果であると考える。レストランであれ、スーパーマーケットであれ、キッチン用品店であれ、これほどまでに商業化が進み、企業家精神とイノベーションに満ちたセクターは、他に類を見ない。食に関しては、何もかもが貨幣化されている。したがって、食べ物に関心を向けるのであれば、経済理論にも関心を向けなければならない。この本のアイデアの新しいところは、無味乾燥な科学である経済学についていくらか知ることで、全ての食事を非常に人間らしい形で大事にできるようになるということ、そして――直観に反して――最良の食事は得てして高いものよりも安いもののほうが多いと気付くのに役立つということである。

より良い食べ方を発見するために、本書では一貫して次の経済原則を用いることにする。

「食は、経済的な需要供給の産物である。したがって、供給される品が新しく、供給者が創造的で、需要者に知識があるところを見つけるべし」

食について書かれた文章の大半は、経済学とはあまり関係がない。だが、黎明期の経済学は、食料の生産と配分の理論をめぐるものが大半だった。初期の経済学は農業を基礎にしていたし、もちろん、貧困国では今でも変わらない。一七七六年に『国富論』を書いたアダム・スミスは、近代経済学の父であるが、スミスの教育論における事例の内で最良のもののいくつかは、穀物貿易に関するものだった。十九世紀フランスを代表する経済学者であり、今日でもその著作を読むことができるフレデリック・バスティアは、当時の為政者が誰も関心を持っていなかったパリの食料供給事情の解明に焦点を当てていた。私も、自らの職業の歴史的なルーツに立ち返ってみようと思う。

人々がどのようにして事態を立て直しつつあるのか理解するには、そもそもどのようにして過ちが起きたのかを理解しておく必要がある。

第2章

かくしてアメリカの食べ物は駄目になった

アメリカの食文化は、長年の紆余曲折を経て、大きな問題をいくつも抱えている。クラフト社の瓶詰チーズソース「チーズ・ウィズ」を何にでもかけまくるのは、今やアメリカの食卓ではおなじみの風景となっている。ご存じマクドナルドから、極甘クリーム入りスポンジケーキのホステス・トウィンキー、低脂肪プロセスチーズのベルビータ、極彩色のマシュマロが入ったラッキー・チャームズ・シリアルに至るまで、底抜けにひどい食べ物がいたるところに溢れている。「グッド・アンド・プレンティ（美味しくてたくさん）」という名前のキャンディがあるが、重視されてきたのはいつでも味ではなく量のほうだ。

一九六〇年代、ホリデイ・インで提供されていた食事の六割は、シカゴのセントラル・キッチンから配送される冷凍食品だった。そのため、ホリデイ・インのレストランの大半は、コック一人と皿洗い一人さえいれば人手が足りた。同じ頃、有名ステーキ・チェーン「タッズ」は、「タッズ・サーティー・バラエティーズ・オブ・ミールズ」という新業態の店を展開した。この店のメニューはすべてチキンやホタテ、ステーキ、ポテトなどの冷凍食品であり、プラスティックの容器に詰められた商品を、座席の脇に置かれた電子レンジで温めるという方式になっていた。店員の仕事はレンジでチンするだけ（！）であり、まともな味など望むべくもなかった。

アメリカの食べ物が駄目になったのはなぜか。食通の話や食文化史の本に出てくるのは、いつもお決まりの説である。マイケル・ポランの本でも採用されているこの説は、きわめて単純な話で、要するに「アメリカの食は商業化された」というものである。もっと正確に言えば、アメリカでは、食品の供給網があまりにも急速かつ徹底的に商業化されてしまったせいで、味よりも効率が重視されるようになったというのだ。アメリカは、輸入食品と冷凍食品と缶詰と巨大農企業の国に成り下がった。利潤と簡便性を求めるあまり、かつての純粋な食文化は失われてしまった。真っ当なロカヴォアとして振る舞うべく、こじんまりした地元の市場で食べ物を買い揃え、近隣の農家の人たちとのおしゃべりを楽しもうと思ったところで、アグリビジネスがのさばる今、そんなことをするチャンスは滅多にない、というわけだ。

本章では、歴史的事実の再検討を通じて、これまでの通説の誤りを正したいと思う。アメリカのアグリビジネスにおいて、品質の低い食品が大量に流通していることは、客観的に見ても明らかである。このような現状は、実際のところ、商業的な力が遍在することの当然の帰結といえるだろう。だが、アメリカの食文化史をもっと仔細に検証してみれば、商業主義こそが低品質なアメリカの食品を生んだのだという通説が、必ずしも正確なものではないことが分かる。アメリカの食文化が駄目になった最大の原因は、これまで見過ごされてきたところにある。

アメリカの食文化がかくも惨憺たる状況に陥ってしまったのは、（たとえば）ドリトス社が商業的な成功をおさめたからではない。真の戦犯と呼ぶべきは、政治家や立法者たちである。アルコールをめぐる政治闘争のせいで、二十世紀初頭の数十年間に、最高のレストランが大量に閉店へと追い込まれた。それに続いて第二次世界大戦が勃発し、質の低い大量生産のジャンクフードがアメリカ全土を席巻した。こうして立て続けにダメージを食らったことで、良質なレストランの数は頭打ちとなり、他のアメリカ文化が繁栄した時期に、食文化だけが衰退の一途を辿ることになったのである。さらに重要と思われるのは、移民割当法をはじめとする一連の対移民政策である。一九二〇年代に始まった移民制限により、もっとも優秀かつ生産的なイノベーターたちが、数十年にわたってアメリカの食文化から排除されることになった。しかも、ちょうどその裏では、食の商業化が急激に加速していた。禁酒法、第二次世界大戦、移民制限という三つの社会的な力の凄まじさを鑑みれば、多くの食べ物の質が落ちたのも無理はない。

さらに時代が下って戦後になると、共働き家庭が増加し、暇つぶしの手段としてのテレビが普及した。この劇的な変化は、数十年もの長きにわたって、アメリカの食文化に大きな爪痕を残した。「TVディナー」と呼ばれる家庭向け冷凍食品の登場により、家庭での食事のクオリティは一気に低下した。食の専門チャンネル「フード・ネットワーク」が設立され、ケーブルテレビを通じて食文化の向上に貢献するようになるのは、それからずっと後のことである。かくしてアメリカの人々は、ほぼ一世紀にわたって、良い食べ物にとっての凶報の嵐が吹き荒れるのを目の当たりにしてきたのである。

この嵐が吹き始めたのは、冷凍保存と輸送の重要度が高まり、アメリカの食品供給網の規模（距離、時間、産地から消費者までの段階）が拡大した頃のことである。二十世紀になり、大量輸送や大量保存の技術が広まったことで、アメリカの食品市場は急速な拡大を遂げた。南カリフォルニアで穫れたレタスをメイン州で売ることも可能になった。だが、こうした諸々の変化は、良質で多様な食物に対する偏見――無用な偏見――をもたらした。偏見の大半は、思慮浅薄な法律や、偶然発生し、慣れるまでに時間がかかるような社会的な力から派生したものだった。

違うものにもなり得たはずだ。食品市場の商業化は、巨大な敵ではない。アメリカの食文化の凋落を大いに後押ししたのは、時代や地域に関連する特定の状況や、いくつかの馬鹿げた法律なのである。

だが、二十世紀に起きた事についてのさらに大きな誤解は、二つの勘違いに基づくものである。第一に、多くの人々の食糧事情は、かつてなく改善しているということ。今日、アメリカの貧困層の間では、飢餓よりも肥満が問題となっている。第二次大戦の際には、大量動員や資源制約が行われたにも関わらず、大半のアメリカ人が（肉の質を落としてでも）定期的に肉を食べることをやめなかった。ジャンクフードの酷さよりも、こうしたプラス面の方が、実際には大きな意味を持っていた。

第二に、ちょっと前までのイギリス料理の扱いと同様に、アメリカ料理の悪い面が誇張されているということ。アメリカの食文化にとって、二十世紀は決して暗黒時代などではなかった。アメリカのサラダや美味しいハンバーガーは、フランス人からも羨望の眼差しを向けられていた。中西部や南部には新鮮な野菜が溢れ、カリフォルニアでは一年を通して農産物が穫れるようになっていた。テキサスの牛肉やバーベキューは人気を博し、ニューオーリンズのクレオール料理やケイジャン料理も勢力を広げていた。アメリカは最高のステーキが食べられる場所の一つであり、沿岸部に行けば新鮮な海の幸もたっぷりあった。

アメリカの食べ物に対して、外国人たちは偏った見方をしてきた。遠い異国の人々は、アメリカの新鮮な食べ物について知る機会が少ない。バーベキューを目にする機会もなければ、中西部の新鮮なトウモロコシを味わうことも、アラバマでほぼ年中出回っている野菜を口にすることもできない。外国人にとって馴染みがあるのは、アメリカ製の缶詰やインスタント食品、冷凍食品といった、長距離輸送に適した商品ばかりである。他方、アメリカ人がヨーロッパ製のインスタント食品を目にする機会は少ない（ただ単にヨーロッパ人には食品の長距離輸送のノウハウがないからなのだが）。アメリカ人が「ヨーロッパの食べ物」と聞いて思い出すのは、ワインや、熟成ハム、新鮮なイチゴなどであり、ヨーロッパ人が「アメリカの食べ物」と聞いて思い出すのは、マクドナルドや冷凍ピザである。したがって、アメリカの食文化に対する彼らの批判は、間違いばかりとは言わないまでも、偏りがないとは言い難い。

それに、アメリカに来るヨーロッパ人旅行客の大半は車を持っておらず、郊外のうまいもの巡りをすることもなければ、アメリカのエスニック料理の良さもほとんど分からず、アメリカで美味しい食べ物にありつく方法も知らない。彼らは、ヨーロッパの母国にいる時と同じような感覚で、美味しい食べ物にひょっこり出会えることを期待しながら、ボストンやサンフランシスコのような都市をうろうろと歩き回るばかりである。これでは何の成果も期待できない。

とはいえ、今日、かつてないほどクオリティの低い食品がアメリカに出回っていることについては、私も認めざるを得ない。そこで、その理由を探るべく、少々独特なアメリカの歴史を振り返ってみたい。出発点となるのは、禁酒法である。

禁止の津波

出足から順調だったわけではないものの、今やワインバーはすっかり定着した感がある。飲む前のテイスティングや、カジュアルにワインを楽しもうという考え方、ワインバーではおなじみの小皿料理などが人気の秘密だ。ワインバーは居心地がよく、人と交流するのにもうってつけだ。私が気に入っている地元のワインバーは、バージニア州マクリーンにあるモロッコ風のタパス屋だが、ドリンクで利益を出さなければ、店の経営は成り立たないだろう。ワインバーのおかげで、タパスも進化した。美味しいお酒と美味しい食べ物の関係は深い。多くのレストラン（特に高級店）は、売り上げの半分以上を酒で稼ぐ。

先に述べたアルコールに対する政治闘争がピークに達したのは、一九二〇年のアルコール販売禁止である。これを皮切りに禁酒法の時代が幕を開け、数々の名店が、法を犯すか店を畳むかという二者択一を迫られた。アメリカ人の酒に対するピューリタン的な態度は、法律として成文化されたことで、私たちの食文化をかくも長年にわたって停滞させる最大の原因となった。

アメリカ合衆国憲法修正第十八条によって、アルコールの消費と販売はアメリカ全土で禁止されるに至ったが、この国のアルコールに対する不寛容さには、さらに長い歴史がある。第一次大戦以前、既に二十六の州（主に南部と西部）においてアルコール販売が規制されていた。カンザスでは早くも一八八八年から禁止が始まっている。州としての規制がなくても、地域ごとの規制がある場合も多かった。カリフォルニアの場合、バークレー、サンタバーバラ、ロングビーチ、パサデナ、ポモナ、レッドランド、リバーサイド、そしてロサンゼルス郡の大半で、一九一四年までに規制が始まっていた。禁酒運動はアメリカ北西部でも勝利をおさめていた。たとえばコネチカットでは、一九〇八年までに、百六十八のうち九十の町で規制が実施されていた。アルコールの禁止は、一般的に考えられている以上に大規模かつ長期的な実験だったのである。

禁酒法によって、良いレストランの大半が破滅に追い込まれた。特にダメージの大きかったのは高級店である。当時の論者の一人は、この状況を「美食のホロコースト」と呼んだ。ある英国人旅行客は「食事をすることの素晴らしさと喜びが無差別に抹殺され……ほぼすべてのレストランが墓場と化している」と書き残している。サタデー・イブニング・ポスト紙は、アメリカの美食は破壊されてしまったと論じた。こうした問題は、禁酒法以前からアルコール規制の行われていた州では既に起きていたが、今やアメリカ全土に広がっていた。アメリカの美食の中心地であるニューヨーク市も例外ではなかった。ジャーナリストのハーバート・アスベリーは次のように書いている。「長い間、ニューヨークの外食産業は苦境に立たされていた」

ニューヨークでは、国内有数の有名店だったデルモニコスが一九二四年に廃業した。酒の売り上げなしでは儲けが出なかったせいである。その他の名店――レクターズ、シャンリーズ、ザ・テッド・ルイス・クラブ、マレイズ、ローマン・ガーデンズ、トーマス・ヒーリーズ・ゴールデン・グレイズ、ライゼンヴエーバーズ、ジャックス、シェリーズ、そして、当時ニューヨークでは最高のフランス料理店と目されていたムーキンズ――もまた、同様の理由で店を畳むことを余儀なくされた。これらの店の多くは、店内で酒を扱っていたために猛烈な批判を浴びることになった。レストランの他にも、人気ホテルが（バーでの酒の売り上げが重要な収入源だったために）営業困難となってレストランごと潰れてしまうか、あるいは、レストランをやめたりクオリティを落としたりせざるを得なくなった。

行政の腐敗にも問題があった。かつては合法的に営業していたレストランでも、店で酒を売ろうとすれば、突如として違法な存在となり、ギャングの経営する競合店との競争に巻き込まれた。それほど評判のよくない店は、法律や腐敗した警察を逆手に取り、競合店を閉店へと追い込もうとした。他のレストランに自分の客をごっそり取られたら、ライバル店の禁酒法違反を密告すればよいのだ。潰れずに残ったのは、賄賂や汚職、当局とのコネに強い店であって、味は二の次だった。レストランの儲けが増えれば増えるほど、要求される賄賂の金額も上がった。ニューヨーク市内の酒の密売所では、一カ月あたりの賄賂の金額は約四百ドル（インフレ率を勘案すると今日の金額で約四千ドル相当）にも上るのが当たり前だった。この金額には、店に来た警官に出す食事や酒などといった定期的支出は含まれていない。

最も大きなダメージを受けたのは、高価で上質な食べ物だった。酒から得られる利益が失われたのに加えて、店ではワイン入りのソースが使えなくなった。ワインベースのソースをあまり使わないヌーヴェル・キュイジーヌが生まれる前のことであり、フランス料理の店はほぼ一掃されてしまった。アメリカにいたフランス料理のシェフたちは、新たな職を探して路頭に迷うか、蒸気船で母国へと帰って行った。

急成長した消費社会の要望に応える形で、米国のレストランの数は一九一九年から一九二九年にかけて三倍に増えた。飲食業界にもついに好況の波が到来したのだ。だが、この時オープンした店の大半は、食べ物のクオリティよりも速さと便利さを売りにしていた。（店の儲けをアルコールに頼らない）ダイナーの人気が高まった。ソーダ・ファウンテンやアイスクリームパーラー、キャンディショップなども大いに繁盛した。たとえば、ニューヨーク市のブロードウェイは、かつては劇場とレストランの中心地だったのに、安い食べ物と小売の店だらけになってしまった。ホットドッグとハンバーガーの店や、チャプスイ屋、菓子屋やドラッグストア、ゲームセンター、酒の密売所など、いずれも食の新世界の到来を予期させるような店ばかりが、突如としてニューヨークを埋めつくした。

レストランが以前より子供向けの場所になったのも、禁酒法のせいである。家族の暮らしは便利になったが、それと引き換えに食事のクオリティは低下した。子供たちは大抵、口当たりがよくて意外性のない食べ物を好む。そして、特にアメリカの大人たちは、自ら進んで子供の好みに迎合してきた（この点については後に詳述）。禁酒法により、レストランに来る子供の数が増え、レストランの食べ物に対する子供の影響力が大きくなった。今日に至るまで、アメリカの飲酒年齢は大半のヨーロッパ諸国よりも高く制限されており、レストランはこの年齢制限を守らねばならない。このため、アメリカのレストランでは、ワインなしでも楽しめるような食べ物を出すことが増えた。ヨーロッパのレストランでは、十六歳の客にワインやビールを出し、大人と同じように食事を楽しんでもらうことが当たり前になっている。アメリカでは大人が子供に合わせて基準を下げるのに対して、ヨーロッパでは大人の基準が維持される。

一九二〇年代に話を戻そう。アルコールの消費は、酒の密売所や家庭などの人目につかない場所でのみ行われるようになった。酒の密売所では食べ物も売っていたが、当時の報告によると、クオリティはきわめて低く、値段は高かった。これは、良い食べ物に対してマイナスのインセンティブが働いたためである。なるべく人目に付くことを避けたい密売所にとって、料理のイノベーションを通じて長期的な名声を築き上げることは難しい。顧客は顔見知りのみに限定されたため、美味しい食べ物によって新たな客を呼び込むインセンティブは限定的なものとなり、その代わりに社交上あるいは商売上のつながりが重視された。さらに密売所は、訴追されれば店を閉めざるを得ないというリスクも抱えていた。短期的な商売である以上、店のオーナーたちにとって、良質な製品に対して長期的な投資を行うインセンティブはほとんどない。

いつ商売替えを迫られるか分からないのに、どうして最高のレストラン（ただし違法）を作り上げる必要があるのか。ニューヨーク市についてのある研究には、次のように書かれている。「これらの攻撃は……美味しい食べ物が買える店の大半を閉店へ追い込むという目的を果たした」

飲酒が違法化されたことで、輸送も保存も販売も難しいワインは敬遠されるようになった。酒飲みたちはワインではなく安い蒸留酒を飲むようになったが、これはワインと比べて食べ物の品質向上にはつながらなかった。さらにこうした酒の好みは、禁酒法が終わってもなくならなかった。一九四〇年代になってもアメリカ人たちは、美味しい食べ物と一緒にワインではなくウイスキーを飲んでいた。一人当たりのアルコール消費量がようやく禁酒法以前のレベルを回復したのは一九七三年のことである。かくも長きにわたって、禁酒法の影響はアメリカの食の歴史に影を落としたのである。

禁酒法は一九三三年に廃止されたが、折しも世界恐慌の真っ只中であり、レストランの開店に適した時期ではなかった。当時のある試算によると、ニューヨーク市の外食産業が回復しはじめたのは、禁酒法廃止から六年後にあたる一九三九年のことである（別の試算は、禁酒法後初の大レストランであるニューヨーク市の「ル・パヴィヨン」が開店した年として、一九四一年という年を挙げている）。一九三九年といえば、合衆国が第二次世界大戦へと突入する年である。この戦争によって、上質な食べ物はさらなるダメージを受けることになる。

第二次世界大戦の影響の下、アメリカでは包装済みの食べ物やファストフード店が広まり、便利だが質の低い食べ物がますます幅を利かせるようになった。戦時下ではレストランが次々に開店したものの、その種類は限られていた。戦争によって六百万人の女性が初めて仕事を持つようになり、その大半は子持ちの既婚者だった。彼女たちの夫の多くは徴兵されており、アメリカの人口の十パーセント以上が軍事関係の仕事に従事していた。食べ物に関していえば、スピードと利便性が最優先だった。家庭で求められていたのは、安くてすぐに食べられる食べ物だった。こうしたニーズに応えて、ダイナー、アイスクリーム屋、ファストフード店、ハンバーガー屋、カフェテリアといった店がさらに増えた。一九五〇年代と六〇年代の食べ物のルーツは、戦争初期の経験と、禁酒法時代に高級料理が被った大打撃に見ることができる。

戦争中の配給制度と食糧不足により、上質な材料や丹精込めた調理といったものは、優先順位が下がることになった。たとえば、USチョイスグレード（肉質等級で上から三番目）の牛肉は六十パーセントが戦時用に確保されていたため、量産品の鶏肉を食べる人が増えていった。戦争に対するアメリカ人の反応をよく表しているのが、当時ヒット商品となった缶詰のスパムである。スパムは保存しやすく、簡単に食べられ、脂肪分と塩分を豊富に含んでいた。労働力や資源や輸送機関は、戦争遂行のために流用されており、新鮮な野菜や果物は手に入らないことが多かった。コーヒー、バター、チーズ、油脂や、ほぼすべての砂糖が、厳しい制限を受けていた。

戦時中、アメリカ人が砂糖と豚肉を口にする量は減ったが、摂取カロリーは高い水準を維持していた。実際、牛肉の消費量は増加し、一九四三年には新たなピークに達している。戦争による物資不足に適応してしまうと、人々は食べ物の量よりも質を犠牲にするようになった。戦時中でも肉をたらふく食べられることは一種のステータスシンボルとなり、大きな戦の最中でさえ、アメリカ人は自分たちの土地が使えなくなるなどとは夢にも思わなかった。だが、こうした状態を維持するために必要な調整によって、即入手可能だがクオリティの低い食料ばかりが溢れることになり、アメリカの食べ物はますます駄目になっていった。

ヨーロッパと異なり、アメリカには完全な産業基盤と農業基盤があり、農村と都市の間の距離も遠かった。缶詰加工された食品は、戦時下の状況に適応するための重要な手段だった。食品の海外輸送——兵士のための物資と戦時中の海外支援の両方——を通じて、缶詰産業は飛躍的な成長を遂げた。新たに作られた缶詰製造のための設備は、おのずと家庭向け市場でも利用されることになった。

　かくしてアメリカでは、少なくともヨーロッパと比べて、肉のクオリティが低下する一方で、戦時中も肉の消費量を落とさずに済んだのである。

　第二次世界大戦に対する反応を見れば、アメリカとヨーロッパの食品輸送網がどれほど違う形で発展したかということが分かる。ヨーロッパの経済が戦争から受けた影響は、大半の国において、アメリカよりも深刻なものだった。ヨーロッパの大半の地域にとって、戦争が勃発するということは、食料品の多くが入手できなくなることを意味した。人々が口にできる食べ物の量は減った。頼みの綱となったのは、地元の生産物や、庭で獲れたもの、地元の農家との物々交換や、家庭での保存食などだった。極端な例では、家庭のペットや迷い動物が食べられることもあった。こうした反応はヨーロッパの食のクオリティを低下させたものの、戦後においては、利便性と量ばかりを重視したクオリティの低い食べ物が偏重されるという事態は起きなかった。ヨーロッパには、大量生産へとシフトできるような工場のキャパシティがなかった。戦時の食糧難への対応を通じて、アメリカでは長距離輸送が重視されるようになったのに対して、ヨーロッパでは地元の食材へのこだわりが強くなった。皮肉なことに、戦争の影響がより深刻だったヨーロッパの方が、食べ物の味は向上したのである。

　戦争や禁酒法の悪影響が終わった後も、アメリカの食文化は、自由な成長と発展を遂げることができなかった。酒類に関する法規制は、多くの州や郡で戦後まで存続していた。テキサスではレストランでの酒類販売が一九七一年まで合法化されなかった。レストランブームが起きたのはその後のことである。

　いまだに禁酒法が残っている郡も多い。正確な数は定まらないが、ケンタッキー州にある百二十の郡の内、五十五の郡には禁酒法があり、三十五の郡ではアルコールの部分規制が実施されている。テキサス州にある二百五十四の郡の内、七十四の郡が完全に禁酒となっている。アーカンソー州の半分以上の郡に禁酒法がある。千八百万人のアメリカ人が禁酒地域に住んでいると推察される。こうした過剰な規制はイノベーションの足枷となっているだけでなく、反アルコールの姿勢が幅広く浸透していることを示している。アメリカでは一九七〇年代以降まで、ワインが美味しい食事を補完するものとして注目されることもなかった。

移民からの恩恵

アメリカに来て成功した人の話には誰もが勇気づけられるが、私が特にわくわくするのは、アメリカの食文化を改良してくれる移民の話である。

私の家から十分ぐらいの場所にある新しいレストランの看板には、朝鮮語で「ピョンヤン・スンデ」と書かれている（英語表記はない）。そう、あの北朝鮮の首都・平壌である。

店主のマ・ヨンエは、北朝鮮出身のチャーミングな女性で、猫とハートの柄が入ったエプロンを身につけ、客が来るたびにとびっきりの笑顔と挨拶で迎えてくれる。まだ英語力が不充分なので、食べ物に関する私の質問を完全には理解できなかったが、それでも私に会えたことを喜んでくれた。

多くの朝鮮系アメリカ人の例にもれず、彼女は朝九時半から夜十時半まで働き通しで、その時間の大半を自分の店のクオリティを維持するために費やしている。だが、ほんの十年前には、彼女は北朝鮮の公安部に勤務し、麻薬の密輸摘発を行っていた。摘発の主な対象となっていたのは、政府の許可なく中国から密輸されたものである（政府自体が密輸に関わっていた）。

今の彼女は、レストランの壁に聖書からの引用を掲げるほどの敬虔なクリスチャンであると同時に、北朝鮮の体制に対しては徹底して反対の姿勢を貫いており、反対運動の先頭に立って国連まで出向くこともある。

彼女はかつて、偽の報告書を作成した疑いと、クリスチャンであるという疑いをかけられ、北朝鮮の監獄で一カ月にわたる取り調べを受けた。釈放された直後、彼女は再び政治上のトラブルに巻き込まれた。国外脱出を試み、夫を置いて中国との国境を越えようとしたものの、捕えられて再び投獄された。獄中で拷問を受け、何度も灰皿で殴られた時の傷あとは、今もはっきりと残っている。結局、彼女は賄賂を使い、親戚のコネや政治的なコネを頼りながら、偽造パスポートを使って韓国へと脱北した。その後、政治亡命者としてアメリカへと渡った彼女は、今では北バージニアで料理の腕を振るい、地元のグルメたちの舌を喜ばせている。

彼女のレストランでは、豚の内臓料理だけでなく、この上なく新鮮な唐辛子を使った最高のソーセージを食べることができる。キュウリ入りの冷麺や、雉肉の団子もある。同じ地域には少なくとも四十軒の朝鮮料理店があるが、この店は他とは一線を画している。大抵のメニューは他よりも美味しいし、他店のメニューにはないものが常にある。

料理にくわえて、マ・ヨンエは楽器（ピアノ、アコーディオン、竹の棒で弾くヤングムという弦楽器）を演奏し、朝鮮民謡を歌い、朝鮮教会で説教をしたり歌ったりし、テレビでＦＢＩ特集の番組を観る。レストランの儲けの一部を寄付し、難民援助や北朝鮮の反政府運動を支援している。また、いまだに命を脅かされてもいる。

マ・ヨンエの料理は「北朝鮮料理」だが、同時に「アメリカ料理」であるとも言える。マ・ヨンエがいなければ私の食生活も、ひいてはアメリカの食生活も、今より貧相なものになるだろう。

面白いのは、その国の料理が移民に依存するレベルはまちまちだという点である。フランス料理は各国からの影響の下に発展してきたが、近年では移民からの影響はあまり受けていない。パリには北アフリカ料理の名店がたくさんあるが、アルジェリア移民がいなかったとしても、やはりパリの料理が世界を牽引する存在であることに変わりはないだろうし、おそらく今日とほぼ同じような形で発展を遂げただろう。フランスの料理人たちは、既存のフランス料理や地方料理を改良することに力を注ぎ、ヌーヴェル・キュイジーヌの場合には、ソースを薄めて素材の味を引き出すことに傾注してきた。少なくとも近年においては、各国料理の着想をかけあわせることにはほとんど関心が向けられてこなかった。むしろ、古典的なフランス料理が進化したのは、かつてアラブから受けていた影響に抗して、砂糖やシナモンや蜂蜜をメインディッシュから追放し、デザートでの使用に限定したからである。高級フランス料理店でビスティラ（モロッコ風の塩味パイ）を出されることは、まずないだろう。

イタリアでは二十世紀の大半を通じて移民自体がそれほど多くなかったし、フランスの場合と同様、既存のイタリア料理の素材や技術やレシピを進化させることに力が注がれてきた。近年はイタリアへの移民も増えつつあるが、近年の移民がいなかったとしても、やはりイタリアの料理は美味しいはずだ。給仕を雇ったり、レストランの運営に必要な人手を確保したりするのは難しいかもしれないが、料理の内容そのものはあまり変わらないだろう。シチリア料理は、オレンジやミントや香草類をたっぷり使うなど、北アフリカ料理から着想を得ていることが多い。だが、これらの影響は何世紀も前のものであり、近年の移民とは関係がない。

対照的に、アメリカ料理はまさに移民の料理である。最高のアメリカ料理の多くは、移民の着想から生まれており、中には黒人奴隷によって生みだされたものもある。ニューヨークのデリは東欧からの様々な影響を混ぜ合わせたものであり、ハンバーガーはドイツの肉料理から発展したものであり、アメリカのピザはイタリア料理の練り直しであり、バーベキューはおそらくカリブ海やメキシコに起源がある。いまや郊外にも都市にも、いわゆる「エスニック料理」が溢れている。多国籍料理は、ヨーロッパ、ラテン、アジア、最近ではアフリカの料理を利用して作られている。カリフォルニアの「ナパバレー」料理は、現存する最も国際的な料理の一つである。

アメリカ料理は、物理・経済・農業の新たな環境に合うように、移民の料理を翻訳したものである。そのため、新たな方向に向かって絶えず動いており、時にはあり得ないような革新的なアイデアに溢れている。ケイジャン・タイ料理のレストランなるものはアメリカにしか存在しないし、ニューヨークにはキューバ料理と中華料理を混ぜ合わせたレストランが何十軒もある。ちゃんとした既存のレシピの改良から生まれたアメリカ料理は皆無であり、したがって、実際に二十世紀半ばに起きたように、移民の数が激減してしまえば、現在進行形の着想源を失ってしまう可能性も大きい。

食べ物に関して言えば合衆国は、安い原材料、安い輸送、安いマーケティングや、富裕層向けの巨大市場へのアクセスを供給するのがきわめて得意である。国の大部分には、土地が豊富にある。アメリカの食べ物は、ある意味、世界中から集まった多様な民族の料理を含む、これらの投入《インプット》の組み合わせをたくさん試した結果として生まれたものである。こんな風に言うこともできる。アメリカの長いサプライチェーン——通常は国を越えたトラック輸送に関するものだと思われている——には、遠方から移民を引き寄せる能力も含まれているのだ、と。

アメリカの中華料理は四川省で食べるほど美味しくないが、四川省ではアメリカに比べて食べ物の選択肢が少ない。アメリカの食べ物は、そして、商業と市場を中心に動いているアングロ世界の食べ物の大半は、多くのエスニック料理に関して「本場の次に美味しい」という地位を目指している。これらの食べ物はどれ一つとしてアメリカ発祥のものではないが、一つの場所においてこれほど多くの食べ物の選択肢を可能にする組み合わせの仕方には、きわめてアメリカ的なところがある。生活に関わる多くの分野で、アメリカは、一つの様式を究めることよりも、多様性と選択可能性を究めることを重んじてきた。したがって、もしも移民の制限が食べ物の選択肢を減らしてしまうのなら、それはアメリカの食べ物の最大の特色に対する打撃となる。

一九二〇年代まで、合衆国は移民の到来に対しておおむね寛大な国だった。土地を手に入れることもできたし、仕事を見つけるのも簡単で、階級システムは（ほとんどの白人にとって）開放的かつ柔軟で、アメリカの都市は何百万人もの新参者たちを受け入れた。近年になって移住してきた人々がアメリカの人口の大半を占めているのも当然である。一八二〇年から一九二〇年にかけて、合衆国は約三千万人のヨーロッパ人を移民として受け入れた。この移民たちこそが発想と実験の源だったのに、移民政策は彼らを締め出してしまった。一九二一年、緊急移民割り当て法（Emergency Quota Act）によって初めて、移民の年間受入数に制限が設けられた。一九二四年には規制が強化され、以後四十年にわたって合衆国は、海外からの移民に対して合法的な形ではほとんど門戸を閉ざしてしまった。

このような移民の制限によって、アメリカの食文化は痛手を負った。禁酒法、大恐慌、第二次大戦が起きたのもほぼ同じ時期であるが、移民制限だけによって生じる悪影響がどれほどのものだったのかは、中国、インド、ベトナム、タイ、メキシコからの移民たちの持ち込んだ食べ物を全てなくした状態を想像してみれば分かるだろう（もちろん、住んでいる場所によっては、ボリビアやエチオピアに置き換えてもよい）。バラエティに富んだ美味しい各国料理を見つけることがうんと難しくなるだけでなく、この国の主流であるアメリカ料理のレストランにおいても競争圧力が弱くなるだろう。二十世紀半ばまでの約五十年間、合衆国の食文化はこうした環境の下にあった。その結果、アメリカの食べ物は以前よりもまずくて味気ないものになった。

新たな移民の流入を止めたことで、既にアメリカに定住していた旧世代の移民たちの食文化もダメージを受けた。初期の移民たちは、故郷の食文化から切り離されてしまった。中華街は枯渇し、イタリア人街はメインストリームとなり、ギリシャ移民たちはギリシャからの影響があまり感じられないような食堂を開いた。食堂のメニューにはスブラキ［ギリシャ風串焼き］も載っているが、郷土料理はそれだけだ。旧世代の移民たちは自分たちのルーツから切り離され、アメリカの食習慣に近づいていった。自らの属する民族集団の規模が小さくなれば、その集団への社会的同一化の意義も小さくなってしまう。これは、国家としての統一性を高めるには好都合だったかもしれないが、アメリカの食文化にとっては不都合だった。移民たちは標準化と文化適応を追求するようになった。香辛料やニンニクたっぷりの食べ物は下流階級のサインであり、打ち勝つべき悪癖と見なされた。自らのルーツから切り離されたことで、もはや拠り所のなくなった移民たちの暮らしは、アメリカ流の楽な家事という誘惑に曝されることになった。彼らは缶詰や瓶入りケチャップ、さらには冷凍食品や電子レンジを買うようになった。時として彼らは、自分たちが「真のアメリカ人」であることを示すため、こうした流行を過剰に追いかけた。「祖国」の料理が食卓に並ぶのは、特別な祝祭日や親戚一同が大集合する日曜日のディナーだけだった。どうにか消滅を免れた各国料理も、スタイルが硬直化してしまった。ペンシルベニアにある旧式のドイツ料理店では、ボリュームたっぷりの肉料理が皿にてんこ盛りになって出てくるが、南ドイツのレストランで出会うような風味豊かな一品にはまずお目にかかれないだろう。

アメリカの食文化は偏狭でもあった。ダンカン・ハインズは一九四〇年代のアメリカを代表するレストラン評論家である。彼は一九四八年になって初めてヨーロッパに旅行し、アメリカの食文化こそが世界最高峰であると語った。アメリカと肩を並べうるのは、ローストビーフの美味しいイギリスのみである、というのがハインズの意見だった。

一九六五年、ハート・セラー法によって出身国による移民数の割り当てが廃止され、移民規制がようやく緩和された。ハート・セラー法が公式に施行されたのは一九六八年のことであり、実際に移民たちがアメリカに来て繁盛店を開くようになるまでには、さらに時間がかかった。とはいえ、それから十年の間に受け入れられた移民の数は、四百七十万人にものぼる。この数は、一九五〇年代の二百五十万人よりもはるかに多く、一九四〇年代の百万人と比べれば五倍近く、一九三〇年代の五十万人とは比べものにならないレベルである。一九七〇年代と一九八〇年代においてアメリカの食文化が成熟したのは、移民政策の変化によるところが大きい。

新たな移民の波に応じて、アメリカの外食産業も変化を遂げた。一九六〇年代、アメリカには六千軒以上の中華料理店があった。一九六〇年代、米国在住の中国人の数は、主に移民によって八十四パーセント増加した。中華料理店の数は増加しつづけ、その結果、店のレベルが向上し、バリエーションも豊かになった。

どの程度の移民制限がアメリカの食文化に悪影響を与えるのかを示しているのが、アメリカ南西部の例である。移民規制が法整備された後も、メキシコから南西部への移民は、一九七〇年代以降になるまで歯止めがきかなかった。一九二〇年代以降の移民規制法はメキシコからの移民にも適用されるはずだったが、実際の施行は緩かった。かくして二十世紀の最初から最後まで、他国からの移民があまり増えなかった時期も含め、大量のメキシコ人がテキサス、アリゾナ、ニューメキシコへとやってきた。これらの地域では既にメキシコ料理がメジャーになっていたが、移民の流入が途切れなかったおかげで、伝統が硬直化することなく生きつづけた。テクス・メクス料理はバラエティ豊かな新しいメキシコ料理へと進化し、テキサス風、ニューメキシコ風、カリフォルニア風のメキシコ料理が生まれた。これらはすべて一九七〇年代に移民が増える以前の出来事である。たとえばニューメキシコでは、この土地の歴史が始まって間もない頃から、何種類もの美味しい唐辛子がポピュラーな香辛料として広く使われてきた。

子供とテレビが作り上げたもの

二十世紀を通じて、アメリカの家族の構造もまた、食べ物の質が軽視される原因となった。

食習慣の出発点は家庭である。私たちは家庭において、何を食べ、どのように食べ、どのように食べ物を評価するかを学ぶ。大人になってから味覚を鍛えることも可能だが、ほとんどの場合、子供の頃の味の好みはずっと変わらない。ナマコの滑らかな食感を好む中国人が多いのも、唐辛子が辛くても平気なメキシコ人が多いのも、牛の腎臓や腸が好物だというアルゼンチン人が多いのも、決して偶然ではない。彼らはそういうものを食べて育ったからである。北米のスーパーで販売されている食パン「ワンダーブレッド」は、多くのアメリカ人にとっては普通のパンだが、もっと歯応えがあって風味の強いパンに慣れたドイツ人が、これを「普通のパン」だと感じることはまずないだろう。

社会で起きたいくつかの偶然を通じて、二十世紀のアメリカにおける家族の構造は、当時の新しいテクノロジーと結びつき、食のクオリティを低下させた。テレビの視聴、ワーキング・マザー、子供といった要素が組み合わさって、アメリカの食べ物の好みはレベルを下げていった。

エイミー・チュアの著書『タイガー・マザー』によると、アジアの子供たちが理工系の分野で成功する理由は、子供がテレビを観る時間を制限し、バイオリンなどの楽器を強制的に習わせ、親の期待に応えられない子供を「クズ」と呼ぶことさえあるような厳しい子育てにあるという。こうした育児法についてどう考えるかはさておき、甘やかす子育てよりも厳しい子育てのほうが、国の食文化にとってはプラスになるようだ。食事の主導権を子供に握らせてしまうと、食のクオリティは低下の一途をたどることになる。これがアメリカの食に関する問題の中でも大きな部分を占めている。

近年の移民を除けば、アメリカの子供たちは他の国の子供たちよりもはるかに甘やかされてきた。アメリカの親たちは、たくさんのおもちゃを買い、育児書を読みあさり、財布の紐を子供に握らせる。ベストセラーになった『スポック博士の育児書』（一九四六）は、親は子供からの要求に対して柔軟に応えてやるべきだと説いた。ヨーロッパの人たちがしばしば驚嘆するように、アメリカの文化は子供を中心に出来ており、大人たちはおチビちゃんたちを喜ばせるべく奔走する一方で、年長者に対してはあまり敬意を払わない。

こうした甘やかしの一環として、アメリカでは食に関しても子供の好みが優先される。これが子供に限らず全ての人にとっての食のクオリティを損ねることになる。アメリカの親たちが生産・購入・調理するのは、より刺激が少なく、単純で、甘い食べ物である。これは食に関する主導権を子供が握っているせいである。子供たちは甘いお菓子やフライドポテト、シンプルな肉料理やスナック菓子を好む。家族一人ひとりのメニューを用意するよりも、全員分をまとめて調理するほうが簡単なので、アメリカの食べ物には、より単純で刺激が少ないものが増えていった。子供たちが食べ物のクオリティまでチェックしてくれるはずはない。野菜が新鮮ではないとか、ソースがひと味足りないとか、魚を焼きすぎているとか、そんな文句を言う子供は滅多にいない。

対照的にフランスでは、食べ物に関することも含め、子供の要求はアメリカよりも無視されることが多い。子供というのは、単に大人から与えられたものを食べるものだと思われている。アメリカの食べ物の多くは、文字通りの意味で、子供向けの食べ物である。それをたまたま大人までもが口にしているのだ。

プラスティック製の遊具やチキンマックナゲットをお目当てに、マクドナルドに子供を連れて行けば、好むと好まざるとに関わらず、大人も一緒にマクドナルドで食べることになる。多くのファストフード店は、子供をターゲットとしたマーケティングを行っているが、これは子供と一緒に親も来店することを期待しているからだ。バーガーキングとマクドナルドは、子供を狙った大規模なマーケティング・プログラムを展開しており、店には色鮮やかな遊び場が併設されている。このような店は、暗に子守の役割を果たすことになる。子供たちが遊びまわっている間に、大人たちは座って食事やおしゃべりができるというわけだ。ファストフード店は高校周辺にもクラスタ化する。高校周辺のファストフード店の数は、その他の地域の三倍から四倍にも上る。さらに、日本やヨーロッパ諸国の大半に比べて、アメリカというのは人口統計上も若者が多い社会である。

アメリカの親が子供に与える小遣いの金額は、世界中のどの国と比べても高い。これは、アメリカが比較的裕福な国であることに加え、アメリカ人が（理由はさておき）子供に対して甘いからでもある。もちろん子供たちは、小遣いの多くを甘いお菓子やファストフード、スナック菓子などに使う。他国の子供たちが食に関しては親がかりであり、基本的には親から与えられた食べ物を食べているのに対して、アメリカの子供たちは、買い食いを通じて味覚を形成し、食に関する自主性を獲得していく。その結果アメリカには、不味い食べ物や味気ない甘い食べ物が大量に溢れることになる。

たとえば、アメリカにおけるドーナツチェーン躍進の推進力となってきたのは、子供である。おそらくアメリカの食文化にとってはどん底の年だった一九六二年、アメリカで子供がいる世帯の割合は五十九パーセントだった。これらの世帯の九十一パーセントがドーナツを定期的に購入していた（子供がいない世帯では七十四パーセント）。ドーナツは思いっきり甘く、やたらとカラフルで、大量の添加物を含んでいる。スノッブな食通にとっては悪夢のような食べ物であるが、アメリカのような子供中心の文化においては、人気が出るのも当然である。

ファストフード店は、アメリカの社会潮流が（多少弱まった形であれ）大陸に到達するまでは、西欧においてさほど人気を集めなかった。すなわち、共働きや、郊外からの通勤、家に帰って昼食を食べられるほどの長い昼休みがない就業日、広域で展開される広告や、子供のための購買力の増大である。マクドナルドは一九八四年になってようやくイタリアに初出店を果たしたが、今日でもイタリアではあまり繁盛していない。

テレビもまた、アメリカの食習慣を悪化させた一因である。アメリカではヨーロッパよりも早い時期にテレビが人気になった。アメリカ人は一九五〇年代頃からテレビに夢中になり、一九八〇年代を通じて視聴数は増加していった。一九五五年までには、アメリカの全世帯の三分の二がテレビを所有するようになった。同様の変化は、ヨーロッパでは二十年遅れて生じた。これが、ヨーロッパではなくアメリカが多くの低クオリティ食品の流行の先駆けとなった一因である。

テレビによって、手早く作って食べられる食べ物の消費が促された。たとえば一九七〇年代について考えてみよう。昼下がりには延々と昼メロが放送されていた。五時には既に再放送が始まっていたし、六時には夕方のニュース、八時にはプライムタイムの番組が始まった。食事に時間をかけることで払わねばならなくなる「テレビの代償《コスト》」は高かった。それにほとんどの家族は、みんなでテーブルを囲んでコース料理を楽しみたいとは考えていなかった。そんな手間をかけるよりは、父親か母親か、あるいは十代の子供が何か手早く作れるものを用意したり、冷凍食品を温めたり、デリバリーを注文したりすることを選ぶだろう。

私が子供の頃、お気に入りのテレビ番組の多く——『スタートレック』や『かわいい魔女ジニー』など——は、ちょうど夕食時に重なってしまう午後五時から午後七時という時間帯に再放送されていた。七時半か八時には、新しいシットコムの放送が待っていた。カーク船長を見たくてたまらなかった私は、ハンバーガーと、せいぜいフライドポテトぐらいしか食べたくなかった。母は了承してくれたが、もしも食卓に一時間以上拘束されるようなプランが提案されていたら、私は断固として戦っただろう。かくして私は、冷凍のフライドポテトの温め方や、「チキンデライト」にフライドチキンの宅配を注文する方法や、簡単なハンバーガーの作り方を覚えた。私の食べ物の好みはこの頃に形成され、二十代の初めにドイツでのつましい暮らしを経験するまで、ほとんど矯正されなかった。

労働市場への女性の参入も、同じく「即席」の食べ物を増やす原因となった。一九四〇年、既婚かつ子持ちのアメリカ人女性のうち、仕事に就いていたのは四・六パーセントだった。この数字は一九四八年までに二十六パーセントへと上昇し、一九九一年には六十六・八パーセントに達した。「なぜ女性たちは、食べたら具合が悪くなるような物を作るために、わざわざ熱い火のそばで何時間も立ちっぱなしで材料を混ぜねばならないのでしょう。二セントでジェロを買えば、たった二分で、こんなに素敵なデザートが作れるのに」と謳った即席ゼリーの素「ジェロ」の初期のパンフレットには、説得力があった。

チェーンやファストフードのレストランは、この時期に急成長を遂げ、親たちの時間と労力を節約してくれた。一九七五年までに、主婦が食事の支度と掃除にかける一週間あたりの平均時間は、一九一〇年と比べて三十二時間短縮された。こうした時間の短縮は、骨折り仕事からの解放を意味していた。誰が後戻りしたいなどと考えるだろうか。だが、このことは新鮮な生の食材を使った手作りの料理に出来合いの食品が取って代わっていくことを意味するものだった。離婚率の上昇によって多くの女性が働かざるを得なくなると、この流れはより強固なものとなった。

企業家たちはさらに歩みを進め、テレビっ子や鍵っ子にやさしい食べ物を提供するようになった。電子レンジは一九四五年に特許が取得され、一九四七年には企業向けの商品が販売されるようになった。一九五五年にはまだ千二百九十五ドルもする高額商品だったが、一九六七年にはキッチンのカウンターに置ける小型モデルが四百九十五ドルで買えるようになった。今日では五十ドルも出せば満足に使えるものを買うことができる。

一九五四年、スワンソン社が「ＴＶディナー」を初めて全国的に売り出した。この「ＴＶディナー」の中身は、コーンブレッドの衣がついたターキーに、グレイビーソースとサツマイモと豆のバター煮を添えたものだった。考案者であるスワンソン社の取締役は、自分自身の「悲惨な」戦争体験からヒントを得ていた。つまり、彼がかつて沖縄の戦場で雨に打たれながら食べたのが、これと同じメニューだったのだ。続いて発売されたスワンソン社の商品の多くは、シェフではなく微生物学者がレシピを開発していた。これは、どのような食品が厳しい製造過程とその後の保存に耐えうるのか、判断するのが難しかったためである。こうした要素は、食べ物の味よりも重要になっていった。冷凍の即席食品は、仕切りつきのトレーに盛り付けられており、テーブルの上に置かなくても、よそ見しながらでも食べやすかった。その後、テレビを観ながら食べる物を置くための折りたたみ式サイドテーブルが普及し、食べ物が膝に落ちるのを防いでくれるようになった。

アメリカでピザが売られるようになったのは、一九五〇年代に入ってからのことである。一、二枚もあれば全員で食べることができるピザは、家族の暮らしにぴったりだった。注文を受けた商品を車で運ぶのも簡単だった。何よりピザは、テレビを観ながら食べるのに最適だった。温めなおしも簡単で、宅配も頼みやすく、わざわざテーブルや食器を使わなくてもトレーから手づかみで食べることができた。忙しい家族にとっては、後片付けの手間もかからなかった。

テレビが普及したことで、膝の上に乗せて食べたり、大きな袋やボウルから食べたりすることのできる食べ物が売れるようになった。ピザに加えて、クッキー、ポテトチップス、フライドポテト、個包装のキャンディやチョコレートといった、扱いやすいパッケージ入りのスナック類も売り上げを伸ばした。飛び散りやすいソースやブイヨンのかかった新鮮な食べ物は不人気になった。問題はアグリビジネスそのものではなく、テレビのせいで気が散ってしまった消費者が、食に関して充分に革新的ではいられなくなったという点にあったのだ。

テレビが生活の中心を占めるようになったことで、アメリカの市場は広告を重視するようになり、食べ物の均質化が進んだ。人気番組の大半は全国ネットで放映されていたため、食品市場における影響力のバランスも変化した。全国でCMが流れるということは、その製品が多数の人に対して販売可能でなければならないことを意味した。ニッチで特殊な商品には、全国ネットの広告枠を買う価値がなかった。その結果、全国で宣伝される商品は、アメリカの消費者の「最大公約数」にアピールするような、あたりさわりのない大衆的な味ばかりになっていった。どこで食べても変わらない全国区のブランドにとって、この流れは有利に働いた。一方、ニッチな食べ物は、消費者に知ってもらうことさえ難しくなっていった。同じメッセージを何度も流すことがマーケティングにおける最重要事項であり、広告が扱うのは単一の製品または一貫した製品群でなければならなかった。夕方のニュースや「アイラブルーシー」のような人気番組でCMを流す以上に効果的な広告があるだろうか。全国CMを流すことは、クラフトチーズ社にとっては有益かもしれないが、地元で有機野菜を販売している食品店にとっては無理な話である。

禁酒法はアメリカの食文化に停滞をもたらしたが、その悪影響は禁酒法が撤廃された後も続いた。優れた食文化というものは、一度破壊されたら復興することは難しい。家庭における料理の知識は失われてしまったし、素晴らしいレストランのネットワークを一夜にして構築することはできない。優れたレストランには、美味しいものには金を惜しむことのない舌の肥えた客が必要である。レストランがあっても二流の店ばかりという状況が数十年も続いた後では、クオリティの分かる常連を急に獲得することは困難である。アメリカでは、飲食店でも家庭でも、便利で信頼できるものを探すことに慣れてしまった。さらに、大半の一流シェフは他の先輩シェフによって鍛えられるのだが、こうした師弟関係を一から再構築することは難しい。

結局のところ、偶発的な歴史上の要因――法律、政治家、子供、これらの力に対する私たちの黙認――がいくつも重なったために、アメリカの食品供給網は、クオリティよりも利便性を追求するようになってしまったのである。もちろんアグリビジネスは利益追求に貪欲なので、消費者の需要さえあれば、食べ物の流行をその良し悪しにかかわらず支えることになる。一見するとアグリビジネスが間違っているように見えるかもしれないが、彼らはプラットフォームの作り手であって、コンテンツの主要な作り手ではない。私たちがまず考えを向けるべきもの……それは、私たち自身である。

新たな食の革命を目指して、反撃を開始するのに良い場所は、スーパーマーケットの通路である。おそらく、あれこれ欲しがる小さな子供をうまくなだめられるように設計されたショッピングカートの後ろあたりがいいだろう。アメリカにある風変わりな食品市場を自分のお気に入りに変えるには、どうすればよいのだろうか。アメリカのスーパーマーケットの通路には、これまでの過ちが多数反映されている。したがって、スーパーマーケットでの経験を改善すれば、全ての食事を大切にする〈いつでもグルメ〉《エヴリデイ・フーディ》としてのあなたの信用はおのずと強化されるだろう。

第3章

スーパーマーケットでの体験に革命を!

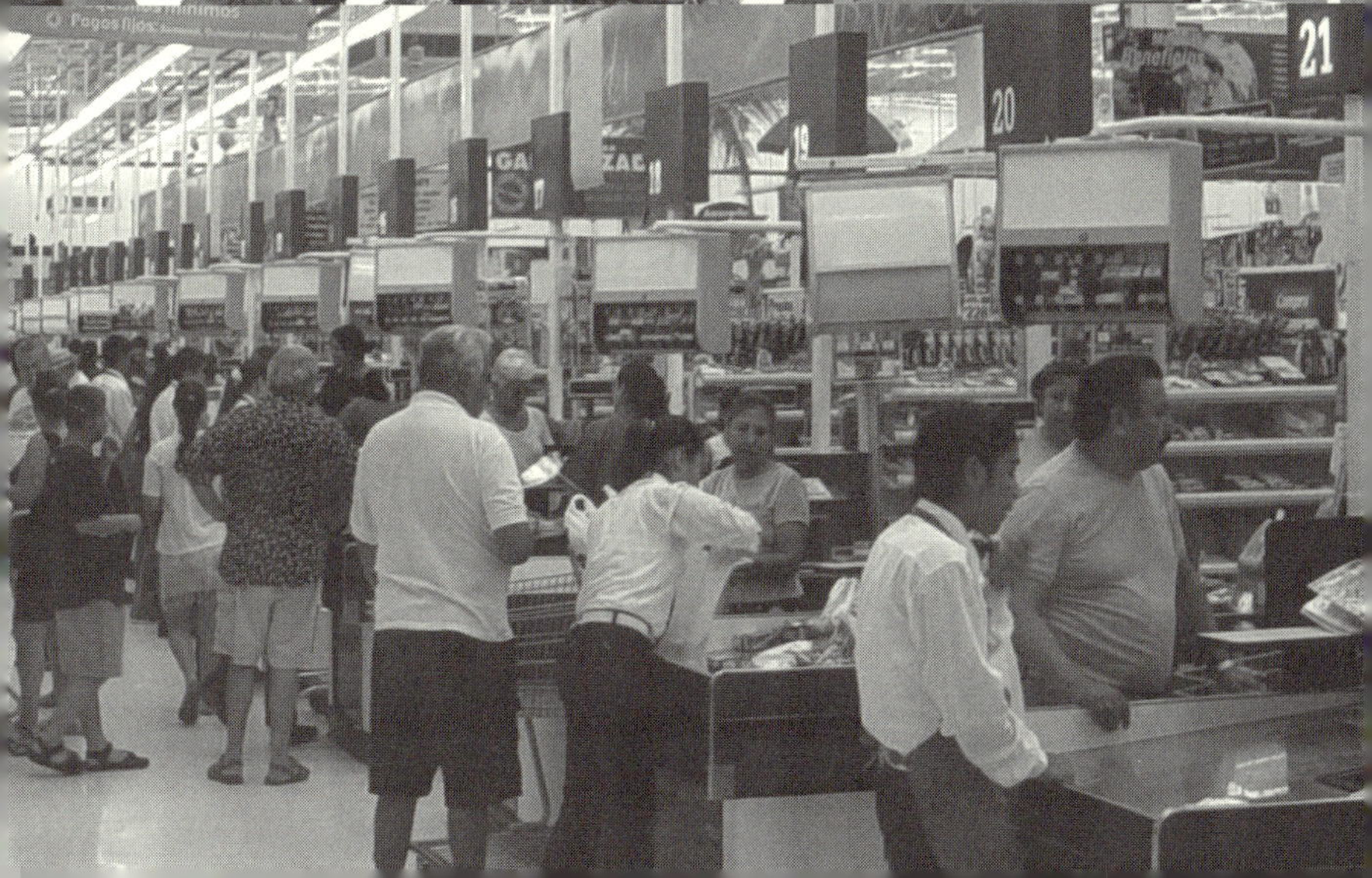

私たちの大半は、伝統的なアメリカのスーパーマーケットに慣れ親しんでいる。おそらくは、慣れ過ぎていると言ってもいいほどだ。「セイフウェイ」や「ウェグマンズ」といった大規模チェーン店でも、地元の街角にある小さなお店でも、便利な食料品がたくさん売られていて、陳列棚にはざっと分類された商品が所狭しと並んでいる。だが、こうした便利さのせいで、アメリカのスーパーマーケットは退屈なものになっている。致命的な代わり映えのなさが、私たちの毎日の買い物を支配している。私たちは、自分は何が欲しくて、それはどこで買えて、いつ買うべきで、手に入れてからどうすべきなのかを知っている。食という宇宙の新たな領域を発見しようとする時、頭を使わずに済むほど習慣化してしまった買い物の仕方は、最大の障壁となる。

いつものルーチンを一週間ほど中断してみれば、イノベーターとしてのあなた本来の能力が開花するだろう。革新的な消費者は、市場や食品経済全体に対して多大な影響を及ぼす。結局のところ、現在主流となっているアメリカのスーパーマーケットは、便利ではあるものの、実は食料品の販売——あるいは購入——に最適の方法であるとは言えない。少なくとも、常に最適であるとは言えないのである。

この点を念頭に置いた上で、私は一つ実験をしてみた。一カ月だけ、主流派のスーパーマーケットでの買い物をやめ、その代わりに、民族色の強いスーパーマーケットだけで買い物をすることにしたのである。

今回選んだのは、「グレートウォール」という中国・アジア系のスーパーマーケットだった。一カ月という期間はあまり長くないように思われるかもしれないが、私自身の目的は、好みではないかもしれない食べ物に耐えられるかどうか挑戦することではなく、新しい店に慣れるまでにどれぐらい時間がかかるかを示すことにあった。

全面開示――私は他の都市へと出かけることもあったし、レストランで食べることもあったので、私の食生活がこのスーパーマーケットによって完全に支配されていたとは言い難いのだが、それは地元のホールフーズを利用する時も同様である。私は、伝統的なアメリカのスーパーマーケットとはきっぱり縁を切り、毎日、町の外にある特定のエスニック系スーパーマーケットへとわざわざ出かけて買い物をしなければならなかった。この実験の背後には、どんな意図があったのか。先に述べたとおり、それは「食は、経済的な需要供給の産物である。したがって、供給される品が新しく、供給者が創造的で、需要者に知識があるところを見つけるべし」という私の経済学的アプローチである。エスニック市場に関していえば、実のところ、買い物に来るのは知識の豊富な客がほとんどである。買い物客の大半は、中国を含め、アメリカよりも食べ物の調理に対する意識の高い文化圏の出身である。このような買い物客は、ほとんどが移民または移民二世でもある。彼らは大半の食品の価格がアメリカよりも安い文化圏の出身であるか、彼ら自身の収入が低いか、またはその両方である。おそらく世界で最も古く最も洗練された食文化、すなわち中国を選ぶのは、当然のことだと思われた。

万里の長城《グレートウォール》

グレートウォール・スーパーマーケットは、ワシントンDCから車で二十分ほど離れたバージニア州メリフィールドにある。ここは中上流階級の人々が暮らすフェアファックス郡の郊外で、中国系の移民が多い。中国人の経営するこの店には、十本の長い通路があり、その両脇にもいくらかの販売スペースがある。この店が入っているのは家賃の安いストリップモール［数軒の店舗が並ぶ屋外型の小規模ショッピングセンター］であり、隣りにはラテン系の大型リサイクルショップが入っている。

グレートウォールで最も手ごわい仕事は、何かを見つけることだ。何度も店を訪れたことがあり、（少なくとも西洋の基準では）中華料理にも比較的詳しい私でさえ、たった一つか二つの品物を見つけるのに二十分もかかってしまうことがあるのだ。聡明な義理の娘の手を借りても、迷宮に迷い込んでしまったような気分になる。

多くの瓶詰めには、漢字のラベルが貼られている。英語の表記は非常に小さくて見つけにくく、記載の位置もまちまちで、目につきにくいことも多い。だから「八番通路の真ん中、右側の棚にあります」と教えてもらったところで、せいぜい手がかりになる程度で、答えにはならない。教えられた場所に行けば、そっくりな見た目の瓶詰めがズラッと並んでいるのを目にすることになる。中華料理についての知識があったとしても、「豆のソース」には様々な色や種類があり、店には何種類もの醤油が売られている。かなり見つけやすい商品（肉など）を除けば、少なくとも最初のうちは、欲しい物がすんなり見つかることはほとんどない。

特に見つけにくいのは、乾物と菓子類だ。商品の中には、英語のラベルがついていないものもある。本やレシピで見た名前とパッケージの名前が一致せず、自分が何を探しているのか、いまいち確信が持てないことも多い。果たして「ヤーサイ」というのは、「漬け物用からし菜」あるいは「からし菜の漬け物」と同じものなのか。多分そうだろうとは思いつつも、やっぱり自信は持てないし、英語の説明が書かれていたとしても同じことだろう。棚の前を通るたびに私は、他の人たちが私を見て「あいつは一体、ここで何を買おうとしているのか」と思っているのではないかという気がしてしまう。私はすぐに、いかに自分が文化的な背景知識や単純な経験則といったものに頼り切っているのかということを思い知らされた。

私はロンロンに尋ねてみることにした。ロンロンは私の大学で経済学の博士号取得を目指して勉強している中国人の大学院生で上海近郊の出身である。小柄で人懐っこく、同級生たちの中でもとりわけ頭が切れる学生だ。ロンロンは私に「ダブル・マッシュルーム・ソイ・ソース」を勧めてくれた。中国で彼女のお母さんが作るのと全く同じ味がするらしい。

私はロンロンに、グレートウォールで商品を探すのに苦労することはないのかと聞いてみた。彼女はきっぱり「ノー」と答えた。ただし、アメリカに四年近くも住んでいるのに、地元のスーパーマーケットチェーンである「ジャイアント」では、いまだにとまどうことがあるとも言っていた。特に難しいのが、シリアルの棚だと言う。彼女はとても英語が得意だが、私ほど素早くすべてのラベルを読むことができないし、パッと見ただけではその食べ物がどんな味なのか分からないのだ。

グレートウォールを利用する際のもう一つの障害は、探している商品の場所を尋ねることである。スタッフはどう見ても熱心に働いているし、セイフウェイとは違って、店内にいる従業員を見つけることも難しくはない。問題は、ほぼ全ての従業員がスペイン語話者（おそらくエルサルバドル出身）であり、英語力もまちまちであるということだ。幸い私はスペイン語を話すことができるが、それが役に立たない場合もある。中国の食品をスペイン語でどう呼ぶのか分からないこともあるし、そもそも適当な訳語が存在しないことも多い。甜麺醤《スイート・ビーン・ソース》を探していた時には、「サルサ・ドゥルセ・デ・ロス・フリホレス」はどこにあるのかと尋ねてみたが、この言葉は甜麺醤以外のものを意味するらしく、正しく案内してもらえなかった。「ドゥルセ・イ・アグリオ」は そのまま「甘酸っぱい」という意味になるが、このように翻訳が簡単なのはごく例外である。タケノコの漬物をスペイン語でどう呼ぶのか探し当てるのは難しい。大抵の場合、ラテン系の店員は店に並んでいる商品の英語名も中国語名も知らない。店に足を踏み入れた途端、まるで言語能力の一部を奪われたような状態になってしまう。ロンロンとは別の中国人大学院生シユ・ワンは、初めてグレートウォールを訪ねた際、従業員がスペイン人ばかりであることに心底驚いたという。

ほとんどのレジ係を含め、店には中国人のスタッフも働いているが、彼らは英語があまり話せず、私は中国語が全く話せない。可能であれば一番うまいやり方は、欲しい商品の名前が漢字で書かれた、中国語の料理本を持っていくことだ。関係のありそうな文字を従業員に見せてみるといい。中国人の従業員が見つかれば、彼らはすぐに喜んで正しい場所へとあなたを案内してくれるだろう。

大抵の場合、私はそれらしき棚の前を歩き、いかにもありそうな場所を探すことで、商品を見つけることができた。何度も繰り返すうちに、店の仕組みが分かるようになり、効率も上がってきた。店に行くたびに、私は少しずつ店を「使う部分」と「使わない部分」に区分した。「使う部分」に含まれるのは、青果、精肉、鮮魚、豆腐、スパイス、ソース、冷凍食品（主に団子）、多種多様な乾麺・生麺の売り場である。アメリカまたはラテンの商品、袋入りの魚の干物、コンデンスミルクの缶詰、アジア菓子、調理器具などには、あまり用事がなかった。

さらに厄介なことに、アメリカの大手スーパーとは違って、最も大事な商品を視線の高さに並べようという気遣いもあまり見られない。店内の目につく場所に、一押し商品のディスプレイやプロモーションがあるわけでもなく、ジャイアントやセイフウェイと比べて、店全体が雑然としている（ホールフーズとは比べるまでもない）。

品物を探す際の最後の障害は、ショッピングカートを押して陳列棚のある通路を進む際に発生する。主な通路は、かろうじて二台のカートがすれ違える程度の幅しかない。そして通常、少なくとも片方の車線がカートで塞がれており、場合によっては両方の車線がカートまたは人によって塞がれている。通路を通り抜けるのは難しく、カートを押していればますます困難である。そのせいで、棚を見回してみたり、商品をじっくり眺めたりする気が失せてしまう。私は当初、行き来するのに時間がかからなさそうな、空いている通路を探していた。だが、このやり方はあまり賢くない。他の客が滅多に買わないような（だから通路が空いているのだ）耐久性の高い商品のコーナーばかり見ることになってしまうのだ。結局、カート置場にカートを戻してみても（大抵はそうせざるを得なかった）、ごく普通のアメリカのスーパーと比べたら、とても動きづらい感じがした。

私はまた、これらの問題を避けるために、夜遅くなってから店を訪れたり、週末を避けたりするようになった。後でロンロンが教えてくれたとおり、夜になると、中国人以外の客が目につくようになる。彼らもやはり、日中や週末の混雑を避けようとしているのだ。ロンロン自身にとっては、週末に買い物をするのがいちばん好都合だという。週末のほうが時間に余裕もあり、特別な料理を作ることもできるからだ。週末の混雑も、中国に比べれば大したことがないので、彼女にとってはあまり気にならないのだという（シュ・ワンも同意見だった）。

多くの買い物客は、大抵、あまり動こうとしない。その理由は上に挙げた以外にも様々である。女性が一、二分も通路を塞いでパイナップルの品質を確かめている、という光景は珍しくない。グリーンピースを買いに来たお客は、どれだけ時間がかかっても、一粒一粒チェックして商品を選ぶ。最高のニラ選びに没頭している女性もいれば、店員に最高のアサリを選ぶ手伝いをさせている男性もいた（どんな選別基準だったのかは不明だが）。ビニール袋に商品を「詰めこむ」技術に夢中になっている人はいなかった。

他の買い物客たちがあまり動かないせいで、私の動きも制限された。誰かが通路を塞いでいる時は、どいてくれるのを待つしかなかった。私は必要なものを手に入れたらすぐに家に帰りたかったのだが、まったくどうにもならなかった。

六種類の青梗菜

買い物のプロセスについての話はこの程度にして、グレートウォールの内容を見てみよう。

中国の食品を数多く扱っているということを除けば、一番目につく違いは、とにかくたくさんの青菜が売られているということだ。カートを押して店に入ると真っ先に目に飛び込んでくるのが、大量の青菜である。新鮮で安く、近隣のどのスーパーよりも魅力的な品揃えだ。青菜はこの店の最大の売りもので、一度食べたら、またこの店に来たくなるだろう。地元にある他の中国系スーパーも、この点ではグレートウォールにかなわない。商品の仕入れを維持するため、グレートウォールはニュージャージー、ニューメキシコ、テキサスの特別な農場と契約している。

青菜はこの店の「目玉商品」でもある。つまり、それ自体ではあまり利益が得られなかったとしても、利率の高い他の商品を買ってもらうために、客を引き寄せることのできる商品である。アメリカの食料品店で目玉商品となるのは、牛乳のような定番商品や、チラシやウェブで大々的に価格を宣伝できる商品が多い。こうした商品を目当てに、客は店に足を運ぶことになる。

グレートウォールで売られている青菜は、ニラ、サツマイモの弦、チャイニーズブロッコリー、春菊、スナップえんどう、サヤインゲン、紅ヒユ菜、ツルムラサキ、ムカゴ、白莧苗、油菜の若芽、等々である。

六種類以上の青梗菜を買える店が他にあるだろうか。ほとんどの青菜は山積みで売られていて、見るからに新鮮で、売り場には店員がいる場合が多い。この店で初めて目にした延々と続く青菜の列は、私に強烈な印象を残した。どれも同じような見た目で、どれを買えばいいのか分からなかったが、実際に買ってみたら、どれもおいしくて調理も簡単（蒸すだけでも充分おいしい）だった。

変わった野菜だけでなく、キャベツ、ブロッコリー、ほうれん草、ピーマン、コールラビ、リーク、カリフラワー、カボチャなど、普通のアメリカのスーパーで売られている野菜も揃っているので、グレートウォールで買い物をして、アメリカの定番料理を作ることもできる。これらの商品の品質は標準以上で、価格ははるかに安い。例えば、グレートウォールではピーマンは一ポンド当たり九十九セントだが、近くのセイフウェイでは一ポンド当たり五ドル九十九セント、つまり六倍の価格である。品質はどちらも変わらない。サヤインゲンはグレートウォールでは一ポンド当たり一ドル四十九セント、セイフウェイでは一ポンド当たり二ドル九十九セントであり、どちらかと言えばグレートウォールの商品が私の好みだ。いまだに私は、様々な野菜を大量に買い込み、レジで合計金額を聞くたびに、あまりの安さに驚かされる。

野菜売り場は、店内で一番活気がある場所だ。大手スーパーでは一番の売れ筋商品（乳製品など）を売り場の角や奥に配置している。こうすることで、客は長い距離を歩かされ、その途中で購買欲が刺激される。グレートウォールは野菜を入口の真正面に据えている。店に来た客は、すぐに足を止めて野菜を見ることになる。特に週末には、すぐにショッピングカートの渋滞が発生する。

グレートウォールで買い物をするようになってから、たちまち野菜を食べる量が増え、以前よりも野菜が美味しいと感じるようになった。ガンを予防するとか、地球の環境を改善するとか、ダイエットに良いとか、動物虐待を減らすとか、そんなことを自分に言い聞かせる必要はなかった。私は野菜を食べたいと思ったし、あまりにも値段が安いので、まるで食費がかかっていないかのような感じがした。大金を投資しなくても、新しい未知の野菜を食べることができた。学習曲線というほどのものでもなかった。今回の実験では、二、三回買い物をしただけで、たくさんの野菜を食べるという方向へシフトしたのである。少なくとも、団子を作るときには必ず一緒に野菜を蒸すようになった。店に行くたびに、次はどの野菜を食べてみようかということをまず考えたが、どの野菜を既に食べたのか、覚えていないことも多かった。まるで暗闇の中へと飛び込むような気分だったが、どれも美味しかった。驚くべきことに、がっかりしたことは一度もない。

こうした不均衡な報酬のおかげで私は、新たな食の革命の必要性や、それを達成する方法について考えさせられた。

野菜ほどではないが、その近くで売られていた果物もやはり美味しかった。グレートウォールでは、平均よりも美味しい葡萄や標準的なアメリカの果物がとても安く売られていて、ドリアンやランブータンといった少しエキゾティックな果物が売られていることもあった。

新鮮で臭い

グレートウォールで二番目に目立つセクションは鮮魚売り場だ。品揃えはアメリカの大手スーパーよりもはるかに豊富である。ある日数えてみたところ、カニやハマグリ、タコ、イガイ、魚など、五十一種類もの商品が売られていた。これだけ数多くの品物を並べるため、鮮魚売り場ではあらゆるものが所狭しと詰め込まれ、魚の水槽はメインカウンターの下と従業員の背後の二箇所に設置されている。売り場のスペースのほぼ全てが、生死にかかわらず、生き物を保存し展示するのに使われている。コルヌコピアのように盛りだくさんの商品だが、大半のアメリカ人の食欲を満たすには、あまりにも骨や鱗が多く、磯の匂いもきつすぎる、というのが最終的な印象である。魚についてロンロンに尋ねてみたところ、少なくとも中国と比べると、いくらかがっかりせざるを得ないという答えだった。彼女は水槽の中で泳いでいる生きた魚に慣れており、展示されている死んだ魚は、料理してみても美味しくないことがあるというのだ。

多くのアメリカ人とは異なり、私自身は魚を丸ごと食べるのが好きで、特に美味しいソースと一緒なら言うことはない。だがグレートウォールで売られている魚の多くは、鱗の処理をしなければならず、骨に比べて身があまりにも少ないので、典型的なアメリカ人はあまり食欲をそそられない。魚の切り身も売られてはいるが、ほとんどの商品は、骨や目玉のついた丸ごと一匹の魚である。魚介のスープストックを作ろうと思ったら素晴らしい売り場ではあるが、ここで売られているたくさんの魚をどうやったら作りやすくて食べやすい料理に使えるのか、私には全く分からなかった。小さな鯖をまるまる一匹買って帰ったときには、ホールフーズで売られている美味しい缶詰が恋しくなった。蒸した鯖を箸で食べるのは、それほど楽しい事でもない。味は悪くないのだが、食べるのに手間がかかりすぎる。

ほとんどの海老には殻がついたままである。タコやイカやイガイは、どれも海から獲ってきたばかりのような見た目で、目も触手も全てそのままになっていた。調理しやすそうとか食べやすそうとか、そんな感じに見せようという工夫は皆無だ。ここでは、ありのままの見た目と匂いを保っていることが大前提なのである。水槽では生きたカエルや亀やうなぎが食用として売られていた。気持ち悪い見た目のクラゲも大量に売られていて、中にはクラゲの頭と称する商品もあった（answers.comによると、クラゲには頭がないらしい）。まだ死んでいない魚が水槽から引き上げられ、氷の上でバシャバシャと暴れていることもあるが、誰も気に留める様子はない。私が見かけた中で一番奇妙な商品は、「パンガシウスの浮き袋」だった。

鮮魚売り場は、アメリカの大手スーパーでは嫌がられるような、強烈な匂いを放っている。この匂いは、中国人の客にとっては宣伝効果があるが、中国人以外の多くの潜在的顧客の足を遠ざける。私の妻と義理の娘はこの匂いを嫌っており、グレートウォールへの買い物に付き合うのを嫌がる理由の一つになっている。最初のうちは彼女たちも、そこに行くべきでない事務的な理由を挙げるだろう。だが、さらに議論を続けると、遅かれ早かれあの匂いの話に戻ってくる。おそらく、それが最大の理由なのだと思う。Yelp.comのオンラインレビューでも、魚と肉の匂いは、おそらく（写真から察するに）中国人ではないと思われるレビュアーたちからの批判に再三晒されている。混み合った水槽でたくさんの魚が泳ぐのを見たり、自宅で自ら鱗の処理をしたりすることは、万人にとって気持ちの良いことではない。「鮮魚と青果がこんなに近くで売られているのはなぜか」という文句も出ている。入口の近くにある野菜売場を除けば、鮮魚売場は店の中でも一番見つけやすい。店の奥という目立つ場所にあるだけでなく、かくも特徴的な匂いを放っているからだ。誰かに場所を聞くまでもない。個人的には、私はその匂いを不快だと思ったこともないし、むしろ売り場が見つけやすくてありがたいぐらいだ。

　精肉売場には、様々な牛肉が売られている。人気の商品はフランクステーキ［脂の少ない赤身の腹肉］で、美味しくて安いが、硬い。骨付きカルビや肩バラ肉《ブリスケット》、内臓なども売られており、プラ容器に入れられているものもあれば、カウンターの向こうに並んでいるものもある。この肉の売り方は中国を思い出させる、とロンロンは言っていた。これが、彼女がグレートウォールで買い物するのが好きな理由の一つなのだと言う。

　精肉売場のほとんどは、内臓や耳や足を含めた、様々な豚肉で占められている。新鮮なラードの大きな塊も売られているが、これは中華に限らず様々な料理に使える便利な品である。「牛の陰茎」というのは、おそらく冷凍のペニスだろう。地元にあるベトナム系のスーパーとは違い、豚の子宮を売っているのは見たことがない。列に沿って移動していくと、鶏の足、家鴨の舌、鶏や家鴨のスモークなど様々な燻製肉が売られており、その中にはすぐに調理できるかたちの商品もある。精肉売場全体の一番上には、魚肉団子、

肉団子、「ラグビー型魚肉団子」など、多種多様な「肉団子」がずらりと揃えられている。精肉売場は店の端でイートインのレストラン（この店については後述）とつながっていて、肉屋が丸のままの家鴨を吊るして売っている。ここは非常に人気の高いセクションで、週末ともなれば行列ができることも多い。

この店で買った豚バラ肉をたくさん食べることになるだろうと思ったが、そんなことはなかった。グレートウォールにも豚バラ肉はあったが、薄切りではなく、分厚い塊の状態で売られていた。私もいちど買ってみたが、均等に薄く肉をスライスするのは難しく、イライラしてやめてしまった。やはりグレートウォールは、食材を処理して美味しく食べられるように調理する能力がちゃんとある客を想定しているのだ。豚バラ肉を使った中華料理は大好きだが（たとえば、唐辛子、生姜、シナモンスティック、醤油、八角で炒めたものなど）、グレートウォールで買い物をするという義務から解放されるまでは食べられなかった。グレートウォールのおかげで野菜が好きになり、料理をする機会も増えたが、食材の汚れ落とし、鱗取り、肉のスライス、下準備といった新しいスキルを身につける気にはどうしてもなれなかった。

さらに私は、チキンストック、ビーフストック、海鮮ストックなど、以前よりもストックを作る機会が増えたことにも気がついた。動物のガラは非常に安く手に入れることができた。この店で買ったものを使った料理の半分以上は、何らかのストックをベースにしていて、そのおかげで我が家の食事のクオリティは向上した。ストックを作ることは「大変だがおそらく価値はある」から「朝飯前」へと変わった。新鮮なストックを作ることなど、以前は一度もやったことがなかったのに、数週間が経つころには、私にとってほとんど当たり前の作業になった。

グレートウォールの商品は通常、完全に新鮮なものか、完全に乾燥または冷凍されたものである。買い物や料理をする上で、興味があるのは生鮮食品だったが、その取り扱いには不断の努力が必要だった。購入した魚介類を冷蔵庫に入れておいて、二日後に料理する、というような状況は想定されていない。魚は、買った日の内に食べられるべきなのだ。

グレートウォールで販売されている商品のうち、冷凍品が占める割合はどの程度なのか、店としては把握する気がないようだった。実際、「冷凍」という言葉がでかでかと誇らしげに書かれている標示がたくさんあった。大手のスーパーにおいて、アメリカ人の買い物客の大半が好むのは「生鮮食品」という発想である（たとえそれが、魚のように、一旦冷凍したのを解凍したものであることが多いとしても）。スーパーでは様々なレベルで「生鮮」が偽装されている。買い物客たちは、何が冷凍されているのかなど知りたくないし、彼らにとっては、解凍済みの商品のほうがよく見えるのだ。このような偽装がグレートウォールで行われているのを、私は見かけなかった。

アメリカの大手スーパーでは、冷凍された製品のほとんどが「冷凍食品」という別個のコーナーに置かれており、電子レンジなどで温め直しやすいような包装やラベルが施されている。冷凍チーズマカロニや冷凍ピザや冷凍バッファローウィングは、地元のセイフウェイの定番商品だ。グレートウォールでは、多くの冷凍品がプラスティック容器に入った魚や肉やシーフードで、ちゃんとしたパッケージやブランド名の表示などはほとんどないまま積み上げられている。買い物客は、包装された冷凍の魚を手に取り、自分のカートに入れ、次の商品へと移ればよい。ただし、レンジでチンするだけ、という状態にはなっていない。冷凍の魚を買ったら、それをどう使えばいいのか、どうやって下処理をすればいいのか、自分で考えなければならない。アメリカの冷凍食品の老舗ブランドであるストウファーの商品で一番近いのは「緑豆とタロイモの冷凍キャンディ」かもしれない。

グレートウォールには変わった商品が尽きない。一つの通路のまるまる半分が、様々な種類のお茶で埋めつくされており、ほんの数種類のシリアルがそこに置かれている。私が見つけた変わり種は「功夫茶」と「更年期障害茶」である。

私は二人のシンガポール人の友人を連れてグレートウォールを訪れた。私は彼らに、私が試すべきものは何なのかを尋ね、アイコン的な商品と実際に楽しめそうな商品を取り混ぜて、商品を選んでくれるようお願いした。彼らは、焼き海老味の煎餅と「ロンシュースー」（「龍髭糖」とも呼ばれる、ほのかに甘い粉）を選んでくれた。どちらも不味くはなかったが、ダイエットをやめたいという誘惑に駆られるほどの魅力はなかった。

私のスナック菓子の消費量は急激に減った。果たしてそれは、中国菓子が好みに合わないせいなのか、あるいはおいしい中国菓子をうまく見つけられなかったせいなのか。理由はどうでもいい。いつもなら私はチーズやチョコレートやクラッカーをしょっちゅう食べているのだが、中国製のしょっぱい海老せんべいを同じように食べる気にはなれなかった。これに関しては、「慣れれば美味しい」という曖昧な言い方がぴったりだろう。私がグレートウォールで買って食べたもののほとんどが生鮮食品だった。生鮮食品のほうが自分の好みに合うし、見分けたり探したりするのも簡単だ。

エスニシティという点では、グレートウォールは単なる中国系の店ではない。店で売られているソースやスパイスを使えば、ベトナム料理やタイ料理の主なメニューを作ることもできる。たとえば、タイ料理の場合、新鮮なレモングラスや安いココナッツミルク（ホールフーズでは二ドル四十九セントだが、グレートウォールなら一ドル十九セント）を手に入れるには、この店が地域で一番である。韓国料理や日本料理の材料は揃えにくいが、これは数ブロック先に「コリアンHマート」という巨大な韓国系スーパーがあるせいかもしれない。それでも、美味しいプルコギの素や、大きな壺入りのキムチを買うことはできる。

ラテン系の商品は「アメリカ製品」として区分された通路に並べられているが、この通路は「ラテンアメリカ製品」と名づけるべきだったかもしれない。この通路には豆やゴヤ社【全米最大のヒスパニック系食品会社】の商品が大量に売られている。アジア人がこれらの商品を買っているのを見たことはない。グレートウォールで中国系以外の買い物客を見かけることがあるとすれば、その大半はラテン系だろう。私の近隣のワシントンDC地区における最近の移民の出身地は、エルサルバドル（大半を占める）、グアテマラ、またはホンデュラスである。「アメリカ製品」のコーナーには、ラテン系の商品の他にも、缶詰やケロッグ社の子供向け朝食「ポップタルト」が並んでおり、プリングルスのポテトチップスはかなりのスペースを占領している。アメリカ製品のコーナーは唐突に終わり、甘いアジア風デザートを作るのに使う「オーガニック小豆」が現れる。

グレートウォールで肉や豆や米を買うことができるが、「アメリカ製品」の通路に売られている商品だけでは、伝統的なアメリカ料理を作ることはできない。そもそもこの店ではチーズが手に入らない。プロセスチーズのスプレッドがたった二種類売られているだけなのだ。ただし、牛乳はたくさん売られていて、乳糖抜きの牛乳は種類が豊富である（中国人には乳糖不耐症が多い）。

この実験を通して目覚ましい変化を遂げたのは、買い物の頻度である。気が付けば私は、普段の食料品の買い物よりも頻繁に店を訪れていた。

グレートウォールには、根菜や冷凍食品のように、日持ちのするものもたくさん売られていたが、それを買うことは少なかった。店に行くたびに、私は生鮮食品に引き寄せられた。自分の食べたいものを考えると、三日分ぐらい「作り置き」するなどということは無理だった。食事を作るたびに毎回、というのが基本的な買い物のペースになった。いつでも新鮮な食べ物を食べようとすると、こういうことが起きるのだ。だが、車に乗りたくない気分の時もあったので、朝早かったり道路が混んでいたりする時には、何度か食事を抜くことになった。一年を通じて私が食事を抜いたのはこの時だけだった。

お会計

レジでお会計をする時の体験は、アメリカのスーパーとは全く異なっている。中国のスーパーとそっくりだ、とロンロンは言っていた。笑顔を向けられることもなければ、「良い一日を」と声をかけられることもない。けれども全体としては、私はこの店のサービスが好きだ。商品のバーコードをスキャンするのが速く、もたついて待たされることは一切なかった。レジ係はみんな（魚介類を選ぶのには三十分もかかるのに）仕事をどんどんこなすことに熱心で、客のほうもレジで立ち止まって店員との会話（新聞に入っていた新しいクーポン券、お天気、クレジットカードが読み取れなかった理由、アボカドは三日後まで特売か、等々）に花を咲かせることもない。沈黙が当然であるというこの店の特徴は、スーパーとして進歩しているように思われた。レジ前に出来る途方もない長蛇の列は、見た目よりも簡単に制御できるのだ。

一度だけレジ係に話しかけられたことがある。それは「あずきアイスキャンディー」を買ったときのことで、箱を手に取った彼女は、私を見上げ「美味しいわよ」と言って、微笑んだ。

レジ脇のスタンドに必ずジャンクフードが陳列されているというようなことはないが、衝動買いを誘うような試みは存在していた。レジの近くのスタンドには、必ず何かが山積みにされていた。あるレジの近くには、安いチューインガムが置かれていた。また別の日には、干し柿、ロールパン、ナツメヤシ、ライスヌードル、クラッカーが、レジ付近に雑然と積み上げられていた。

お会計が済むと、買い物客は何か一口つまみたいという誘惑に駆られるかもしれない。グレートウォールの左側の壁にはレストランがあり、スーパーとは別の企業家が経営をしている。数年前、このレストランには簡単な麺類と小規模のビュッフェしかなかった。最近になってメニューが増え、朝食時には点心が食べられるようになり、ビュッフェの規模も大きくなった。店の壁には「テイスティー・チャイニーズ・フード」と書かれているが、これが店名なのか単なる宣伝文句なのかは不明である。

メニューの大半は、私にとってはいまいちである。どれも脂っこくて、美味しいものはほとんどない。私はかつてこの店についてのオンラインレビューで「本格的すぎる」という表現を使った。カフェテリア方式の食べ物がランプの下に置かれている。麺類ばかりが目立っている。野菜料理はぐにゃぐにゃで、悪名高い「ブラウンソース」がかかっていることもある。私好みのスパイシーな四川料理は出していないし、（メニューの大半を占める）広東料理はもう少しレベルが高くなければ美味しくならない。このレストランは、私がアジアで入った不味い中華料理屋を髣髴とさせるのだが、実はこの点が重要なのだと思う。週末になると店は満席になるが、私が話した中国人たちは皆、この店のレベルが高いとは考えておらず、むしろ最低だと断言する人も少なくない。この店が評判になっているのは、安いからだ。

店のメニューで一番おいしいのは、おそらく朝食メニューの点心で、出来たてを食べられることも多い。伝統的な料理の中では、ビュッフェに出ている野菜や麺よりも、豆腐のほうが美味しい。ビュッフェから取るのではなく、作りたての麺を注文するのも悪くない。豚肉と豆腐の料理はかなりいける。

レストランは朝の九時頃かそれよりも少し遅い時間に開店する。この時間帯には、中国人以外の客を見かけることも多い。中国系ではない大勢の地元の人たち――浮浪者と呼んでも差し支えないだろう――が、朝になるとこの店に来て、豚肉と砂糖の入った一ドル五十セントの大きなロールパンなど、格安のパンや焼き菓子を食べるのだ。これは悪くない。その日、私はドレスダウン（午前九時にスーパーで点心を食べるのにドレスアップする奴がいるだろうか）していたので、パンを買うために列に並んでいる間、何かを察したような微笑を幾度となく向けられた。不運にも苦境にあえぐ同志として仲間意識を持たれたのだろう。私が思いつく限りこの地域で一番安い朝食だ。

お持ち帰り

グレートウォールに不可欠なものは何か、ロンロンに尋ねてみたところ、彼女は答えを以下のリストにまとめてくれた。

1. 新鮮なタケノコ、缶詰は不可
2. 烏骨鶏《ブラック・チキン》（肉が本当に黒い）
3. 虎皮蛋糕巻《タイガースキン・ケーキ》［虎の皮のような模様のロールケーキ］
4. シラウオ（キュウリウオの仲間）
5. 家鴨の足

シユ・ワンは、ロンロンのリストにもある家鴨の足に加え、安いスナップエンドウ、サクランボ、（四川省の出身なので）豆板醤を挙げてくれた。中国で売られているものと同じレベルだとは思えなくても、彼女にとって、これほど多くの中国の食べ物をアメリカで目にするのは、ホッとすると同時に驚くべきことでもあった。彼女はまだ中国にいた頃にグレートウォールについて聞いたことがあったのだが、まさかここまできちんとした店だとは思っていなかったのだ。グレートウォールを「一世代前の中国のスーパーみたい」と評した彼女は、店内のスピーカーから流れてくるBGMも、彼女の両親が聴くような古くさい感傷的な中国の歌ばかりだと言って、この店の魅力をジャッキー・チェンの魅力にたとえた。

グレートウォールでの一カ月にわたる買い物実験から、どのような成果が得られただろうか。

・スーパーマーケットでの買い物代を抑えつつ、より健康的な食事を摂ることは可能だ。そのためには、買い物のプロセス自体に時間をかける必要はあるが、それ以上は何も必要ない。スーパーマーケットを正しく選びさえすれば、自ずと補強が行われる。

・日々の食事に野菜が足りていないのならば、あるいは、野菜は高すぎるとか不便だとか思っているのならば、中国系のスーパーマーケットに行けば問題は解決するだろう。野菜がもっと注目される世界——インセンティブが働き、経済原理に従って動いている世界——を手に入れることは可能だ。グレートウォールはそのような世界が上手く回る事の証明である。

・スーパーマーケットでの生鮮食品以外の買い物に関して言えば、私は、自分たちの行動のいかに多くが、習慣や、単にすべきことや好きなお菓子の見つけ方を知っているということによって決定されているのか、ということに気が付いた。新しい食べ物やレシピを発見する最良の方法の一つは、慣れ親しんだ食環境の外に思い切って出てみることで、その手段としてグレートウォールは完璧だ。迷宮のような店は、ダイエットにも味覚の向上にも役に立つ。

・一日三食の内、一番変化したのは朝食である。シリアルの代わりに米や粥や野菜や団子を食べるようになった。グレートウォールでの買い物を通じて私は、朝食が単なる日々のルーチンではなく、料理に関する最重要決定事項の一つであるような世界と向き合うことになった。私はこれまで自分が一日の中で最も大事な食事をどれほど軽視してきたのかということに気付いた。

・これまでたくさんの中華料理を作ったり食べたりしているとしても（私自身、何年もそうしてきたのだが）、おそらく「真の中華料理体験」にはまだ遠く及んでいないだろう。中国系のスーパーマーケットで買い物をするだけで全てが分かるわけではないが、「真の体験」に向かって充分に大きな一歩を踏み出せるはずだ。

・マイナス面としては、常に「新鮮な」ものを買い続けねばならないというのが、時間と労力という点からすると、少々しんどかった。ここにレストランの利点がある――つまり、自分であれこれしなくとも、新鮮な食べ物が食べられるということだ。そしてもちろん私は外食するのが好きだ。

以上を全てまとめると、Yelp.com に投稿されたあるレビューの締めくくりは、私自身の印象に近いように思われた。

「全てがこちらの望むように新鮮か――ノー。実店舗として改善の余地はあるか――イエス。もう一度来たいと思うか――もちろん。韓国風チキンを片手に、グレートウォールへの買い物に出かければ、郊外の昼下がりを満喫できるはずだ」

買い物実験が終了して数カ月が経った今でも、私は定期的にグレートウォールで買い物をしている。野菜や団子をたくさん食べ続け、お手軽なストックを頻繁に活用している。実験を通して得られた教訓は、いまだに役に立っている。特に重要な点と思われるのは、自分が利用している他のスーパーマーケットについて、以前よりも懐疑的になったということだ。その店の目玉商品や欠点を当然のものとは思わなくなった。私は、グレートウォールに限らずいろいろなスーパーマーケットで実験をしてみたいと思うし、食べ物に関する自分の選択全てに対して、以前よりも批判的に考えるようになった。

ところで、私は外食が大好きだ、という話はしただろうか。このトピックについては、新たな章を設ける必要がある。

第4章
おいしい店を見つけるためのルール

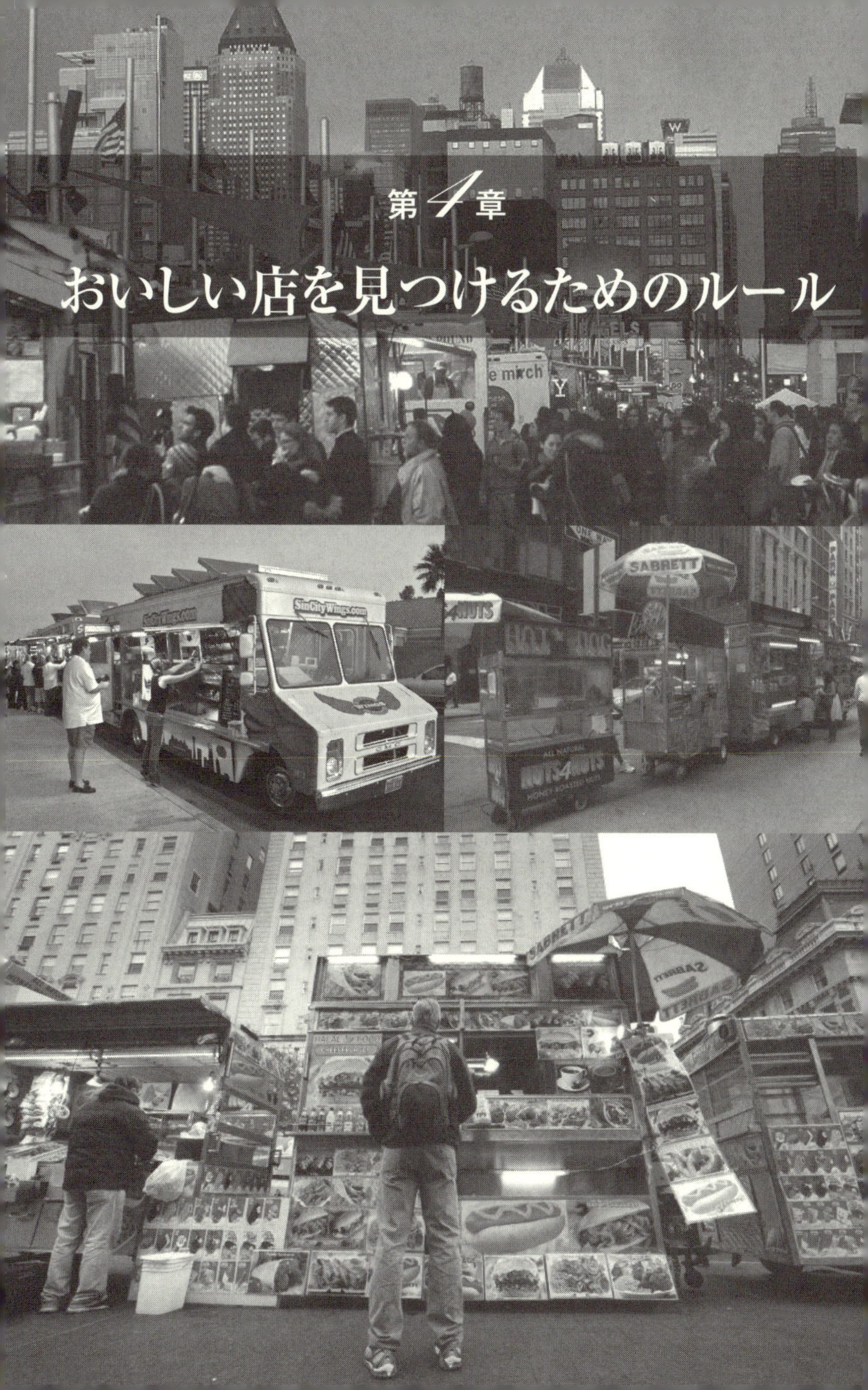

「先日病院のカフェテリアに行って、とても素晴らしいランチをいただいたの」

いや、そんなはずはない。

病院のカフェテリアは、病院にとって利益の中心でもなければ、病院全体の評判に大きく関わる要素でもない。「バイパス手術ならメイヨークリニックで受けたいな、お見舞いに来る親戚たちがあそこの食事を気に入っているから」なんてことを言う人はいない。カフェテリアというものは、せいぜい文句が殺到しない程度に不味くなければ充分なのだ。

病院のカフェテリアには多かれ少なかれ一定数の来客を見込むことができる。もしもあなたが緊急処置室の誰かを待っていたり、手術を終えたところだったりしたら、辛いカレーを求めて遠くの店まで歩いていくなんてことはしないだろう。これに対して病院も、多くの来客と売上と収益があるにもかかわらず、カフェテリアの食事の味にはあまり気を使わない。金額の問題ではない。病院にとっては、美味しい食事を作るインセンティブがないのだ。

美味しい食べ物を、やはり大金をかけずに見つける方法に関する一般原則を定めるにあたり、このような単純な推論をどこまで適用することができるのだろうか。

かくして私たちは経済学へと戻ってくる。あらゆる種類のものがどのように生産されるのかを理解しようとするにあたり、経済学者は通常「生産関数（production function）」と呼ばれるものを仮定する。生産関数が示すのは、野菜や果物のような原材料、資本、労働、土地の投入《インプット》の結果としての産出《アウトプット》（この場合は食べ物）である。それはクオリティの高い食べ物の出所を理解するための最初の枠組みとなる。それでは、これらの常識的なカテゴリーをそれぞれ検討し、すべての食事を意味のあるものにするためにはどのような原則を立てればよいのか、見てみよう。

原材料

既に述べたように、アメリカでは質の高い原材料が当然のように手に入るわけではない。アメリカのレストランでも優良店は第一級の材料をたくさん揃えているが、そういう店は得てして高い。あなたは、魚を獲り、猟獣を狩り、新鮮な野菜や職人の手作りチーズを手塩にかけて育てるための費用を支払わねばならない。素晴らしい新鮮な材料――何も手を加えずにそのまま出せるレベルのもの――を使っているアメリカのレストランでは、ディナーを食べるのに五十ドル以上かかるのが普通だ。

ニューヨークにある「マサ」は、アメリカで最も美味しいレストランの一つと名高い名店であり、おそらく寿司屋としては全米一である。オーナーシェフは、東京築地の魚市場で魚を買い付ける専属のスタッフを雇っており、この買付人が空港へと駆けつけ、直行便（具体的にはJAL006便）でニューヨークまで魚を送るのである。魚が税関を通過すると、輸送車のドライバーが店に電話をかけ、魚の到着時刻を連絡する。「マサ」の基本のプリフィックスコースは四百五十ドルである。

もしあなたがお金持ちで金を惜しまないと言うのなら、素晴らしいことだ――どうぞお好きなように。けれどももしあなたが安くて美味しいものを食べたいと思っているのなら、自分が住んでいるのは東京でも、プエブラでも、メキシコでも、シチリアの小さな村でもないということを自覚する必要がある。少なくともシカゴやニューヨークやアメリカの郊外の大部分では、良い材料は空から降ってきたりしない。少なくともアメリカのほとんどの土地では、（原材料を含む）基本的な資本財のレベルは高くないので、誰かが上手い具合に調合しなくてはならない。

素材に重点を置いているメニューは避けたほうがいい。アメリカで手に入る材料（野菜、バター、パン、肉など）は、世界標準を下回っている。最も開発の遅れている国でさえ、少なくともアメリカでの収入を現地で使うことができれば、アメリカよりもまともな原材料が手に入る。シンプルなナスのサラダをトルコで注文するのは名案だが、北バージニアで注文するのはまず間違いだ。ソースがかかったメニューや原材料が複雑に組み合わさったメニューを頼んだほうがよい。

もしあなたが貧しい国に住んでいるのなら、安全性や清潔さの水準は低いかもしれないが、新鮮な素材にたくさん出会うはずだ。おそらく農場から十五分のところにレストランがあり、ほぼ毎日のように新鮮な材料が届くだろう。冷蔵保存の技術は普及していないかもしれないが、腐りやすい食べ物は非常に新鮮な状態で流通しているだろう。ハイチやタイでは、朝獲れたばかりの魚介類を昼食に食べながら、漁師たちが魚や貝を水揚げするのを見た。そういう素材を美味しく食べるのに、奇抜なソースや革新的な調理は不要だ。

アメリカの都市や郊外で暮らすほとんどの人にとって、これは日常レベルでは全くの別世界の話である。最善の選択肢は、それなりに良い材料をうまい具合に組み合わせることのできる人たちから、調理済みの食べ物を買うことである。人間は極めて創造的だが、トマトはあまり新鮮ではない。アメリカとはそんな国である。イワシの塩焼きをパンに載せた一品は、ポルトガルでは美味しい（しかもかなり安い）が、イリノイ州ピオリアでは別のものを食べたほうがいい。

アメリカには食材という点では最良の原材料は揃っていないが、人間の才能に関しては最良の原材料が存在している。それはアメリカが移民国家であり、商業主義が比較的発達し、賢く野心的な人々にとって魅力的な条件の整った国だからである。全ノーベル賞の約三十九パーセントをアメリカが獲得しているのは偶然ではない。食事に関しても、アメリカには多くの才能が揃っている。素材中心ではなく構成中心のメニューを探すべき理由がここにもある。それはアメリカの強みを活かすということなのだ。

例えば私がアメリカの郊外にあるボリビア料理のレストランにいるとしよう。コチャバンバ地方の名物料理であるシルパンチョを注文する良い機会だ。ステーキ自体には味がついていないが、皿に載っているのは肉だけではない。肉の下にはライスとポテト、肉の上にはスクランブルエッグとトマトとタマネギが盛り付けられ、グリーンチリソースが添えられている。このソースが肝心だ。ステーキがそれほど美味しくなかったとしても、美味しい料理は他にもたくさんある。ステーキに食指が動かなければ、ピーナッツ(マニ)スープを注文してみよう。レシピにもよるが、この料理には通常、豆やパスタ、ビーフストック、ジャガイモやその他の南米産根菜、骨付き牛肉、玉ねぎ、トマト、ニンジン、パセリなどが入っている。スープにパスタがたくさん浮かんでいれば最高だ。ビーフストックに浮かぶパスタと紫芋――この奇抜な組み合わせは、一種の詩である。

原材料の中には、乾燥唐辛子や種子から作られた香辛料のように、長距離の輸送にも堪えるものがある。メキシコあるいはニューメキシコから乾燥アンチョチリを買う場合、農場での生育からキッチンあるいはレストランでの使用までの間に、数週間、数カ月、もしくは数年が経過しているかもしれない。それでも、この商品の価値や新鮮さはほとんど失われることがない。アンチョチリをキャノーラ油で数分揚げてから、三十分間水に漬けて戻し、ペースト状にすり潰せば、万能調味料の出来上がりだ。ディップソースにも(白玉ねぎとトマトティージョのピューレを加えてもよい)、メキシコ風のモレソースにも使える。

スパイシーな食べ物の多くは、比較的良い状態でアメリカまで輸送されてくる。だが、フランスのブレス鶏や、トルコの茄子、香港のホタテ料理などは、材料を遠路はるばる輸送することが難しい分、再現するのもはるかに難しい。お金をかけて専門家に輸送してもらうのでない限り、冷蔵または冷凍状態で届いた材料は、風味が落ちてしまう。先述したとおり、高級レストランが良い原材料を揃えられるのは、それなりの費用をかけているからなのだ。

〈いつでもグルメ《エヴリデイ・フーディ》〉にとって、原材料は最も分かりやすい形の資本だが、資本との関連は原材料だけにはとどまらない。

病院のご飯は不味く、カジノのご飯は美味しい？

レストランや、より広い意味での飲食店を評価するもう一つの方法は、それらの店が享受している、あるいは場合によっては享受しそこねている、内部相互補助《クロスサブシディ》について考えることだ。「内部相互補助」は経済学の専門用語だが、充分に直裁な表現である。民間組織がその生産過程を取り巻く環境から受けている後押しは、肯定的なものだろうか、それとも否定的なものだろうか。

ラスベガスのカジノの中には、おいしいレストランでギャンブル客を引きつけているところもある。このような場合には、ギャンブルが食べ物を相互補助《サブシダイズ》していると言うことができる。ラスベガスのレストランの中でも最良の店は、カジノやスロットマシンの手前ではなく、その奥に配置されている。これは、食事に行く途中あるいは食事からの帰りがけに、賭場に立ち寄ってギャンブルに興じてくれることを期待しているためだ。だから、もしあなたがベガスのカジノに入るとしたら、最初に目につく入口近くの店で食べるのはやめた方がいい（もちろん、ギャンブルに熱中して、一流の中華料理にたどり着く前に文無しになってしまう、というのなら話は別だが）。最近、ベガスのカジノでは、本格的な中華料理が食べられるようになってきた。これは、中国人のギャンブル客を呼び寄せるためである。一九八〇年代のベガスは、同様の発想で日本人客を引きつけようと試みていた。彼らの食べたい物を提供するだけでなく、彼らの好みに合ったギャンブルまで用意していた。要するに、ビジネスプラン全体が、鶏飯を相互補助《サブシダイズ》しているというわけだ。

内部相互補助の発想は、様々な環境において適用される。パリのレストランは、肉屋の近くに店を構えていた。好みの部位の肉や内臓を早く簡単に手に入れるためである。メキシコの屋台《コメドーレス》を支えているのは、長年の家庭料理を通じて培われてきた、おばあちゃんたちの腕前である。したがって、店のシェフを訓練したり高い金で雇ったりする必要はない。これらはすべて、内部相互補助の事例である。

一九七〇年代の規制緩和以前、航空運賃が法律によって人為的に高く固定されていた頃は、機内食はかなり美味しい場合が多かった。より多くの客を引きつけるためにロブスターまで出していたが、規制によって高額の運賃を課さざるを得なかったので、ロブスター代ぐらいは元を取ることができた。今日のアメリカでは飛行機での移動が当たり前のものになっているが、運賃が高かった頃は、飛行機の乗客は富裕層がほとんどだった。法律がある以上、航空運賃の引き下げによって客を増やすことはできなかった。そこで、高額運賃を支払って飛行機に乗る旅客たちの心を摑むべく、航空各社は可能な限りサービスの向上に努め、その一環で機内食も美味しくなったのである。

今日では、格安航空券が出回る一方で、機内食は大抵味気ないものになっている。少なくともビジネスクラスやファーストクラスを除けば、機内食が美味しくなるなら運賃が上がってもいいと考えている客はほとんどいない。さらに、飛行機のキャビンでは食べ物の新鮮さを保つのは難しい。私自身、航空運賃が安くなったのはありがたいと思っているが、機内で美味しいものを食べたいのなら、自分で食べ物を持ち込む必要があると承知している。もしも機内食が再び美味しくなりはじめたとしたら、それは航空会社がその分の金額を運賃に上乗せしているからで、そうすることが集客につながると考えているからである。機内でもようやく、まともなヨーグルトやスナックバーが食べられるようになったかもしれない。だが、できれば現金で支払いたい時でもクレジットカード払いしか受け付けてもらえないという単純な事実は、航空会社による食べ物関連のサービスがいまだに不充分であることを示唆している。

飛行機旅行の大半は短時間だったり、待ち時間や乗り継ぎがあったりするため、市場原理によって、美味しい食べ物は機内よりも空港内に配置されることになる。デルタ航空の機内でステーキを注文しようとは思わないはずだ。今やアメリカの空港では、ルース・クリス・ステーキハウスや真っ当なワインバーで食事を楽しんだり、寿司をつまんだりすることも出来る。自分の好みには合わないかもしれないし、それぞれのジャンルの最高峰というわけではないが、いずれも選択肢としては悪くない。ダラス空港にはそれなりに美味しいバーベキューの店があるし、シンシナティ空港には「ゴールド・スター・チリ」がある。ロンドンのヒースロー空港では、高価だが美味しいスモークサーモンが食べられる。空港は、食べ物を主要な業務ではない副次的なものとして扱うことをやめた。品揃えが良くなれば、利用者たちが使う金額も増えるということに気付いたのだ。ご飯を食べに空港まで車で行く、食事を楽しむために到着時刻を早める、あるいは、タクシーを拾って目的地に向かう前に空港で食事を済ませておく、なんていう話を耳にすることも次第に増えてきた。私自身、シカゴのオヘア空港から講演先であるウィスコンシン州ベロイトへとタクシーで向かう前に、空港内のウルフギャング・パック・ピッツァで食事をしたほうが速くて美味しいだろうと考え、そうしたことがある。

内部相互補助がないと食べ物はどうなるのかを示しているのが、自動販売機である。自動販売機で食べ物を買うという行為は、比較的純粋な取引である。金銭を放棄し、食べ物を手に入れる。特定の資産の交換があるだけで、飾りもサービスも補助的製品もない。周知のとおり、自動販売機で購入する食べ物というのは、信頼感はあるがスペシャル感は皆無である。高性能の高級自動販売機の世界的な中心地である東京でも、事情は変わらない。日本では自動販売機で麺類を購入することは珍しくないが、その場合は、味ではなく利便性に対して金を支払っているのだ。

飲み食い？

レストランは飲み物の販売によって大きな収益を上げている。実のところレストランにとって、食べ物とはショーウィンドウの飾りつけのようなものである。つまり、食べ物によって客を引き寄せておいて、別のもの、具体的には高価な飲み物を買ってもらうのが狙いなのだ。だとすれば、飲み物を何も注文せずに水道水だけで済ませてしまえば、損をすることはないように思われる。しかし、これらのレストランには、酒を飲む人にとって魅力的なメニューが多い。たとえば、栄養たっぷりの牛肉や羊肉は、酒飲みにとってはたまらないが、水しか飲まない人にとってはさほど魅力がない。

店が飲み物からどれほどの収入を得ているのかを正確に分析するのは、なかなか厄介だ。たとえば、炭酸飲料について考えてみよう。レストランの経費のうち、どの部分がコカ・コーラに関わっているのかを正確に推し量ることは難しい。例えば、コカ・コーラを運ぶウエイターは、同時に他の役割も果たしている（彼の給料の何パーセントがコカ・コーラの運び賃なのだろうか）。さらに、コークの代金が二ドル五十セントでも、仕入値は二十セント以下だ。これはかなり高い利掛けである。缶ビールの利掛けは五百パーセントにまで上ることがある。

もっと高級なレストランでは、ワインの利掛けは卸値価格の二・五倍から三倍ぐらいだが、この数値はレストランによって様々で、店の客層や装飾、阿漕さによってても変わってくる。つまり、卸値で百ドルのボトルワインは、二百五十ドル以上で販売されることになるが、ウエイターの運び賃だけでこれほどの差額が生じるはずはない。酒屋に行けば同じワインを百四十ドル程度で買えるだろう。

この全てが純粋な利益になるわけではない。ワインの代金には、グラスの購入費や、破損した時の費用、保存にかかる費用や、ソムリエの給金が含まれているからだ。超高級レストランでは、ワインセラー自体に百万ドル相当の価値がある。ニューヨークの高級レストラン「ダニエル」のワインセラーには、八十万ドル分のワインが貯蔵されているとの試算もある。商取引の観点からすれば、これはワインの仕入価格とは別の関連原価にあたる。本当にお酒が好きならば、迷わずお金を払えばよい。だが、ワインを注文することがあなたにとって単なる衝動買いでしかないのなら、よく考え直したほうがいい。あなたの注文するワインには、果たして本当にその金額分の価値があるのだろうか。

飲み物代の高さは、価格差別の一形態であることが多い。「価格差別」とは、経済学用語で、その製品に対してより高い金額を支払う意思のある人たちから付加的な金を引き抜くことを意味する。たとえば、映画館のシニア割引は、価格差別に該当する。映画産業は、ある特定の客層（高齢者）に関して、特別価格を設定すればよりたくさんの映画を観てもらえることを理解している。その他の客層は高齢者ほどは価格を気にしないので、映画産業は彼らに対して「差別化」を行うことになる。

レストランの価格設定について種明かしをしよう。メインコースのような主要メニューの代金は、目につきやすく頭にも残りやすいが、飲み物のようなメニューの代金はそれほど目立たない。外食産業には（少なくとも）二種類の顧客が存在する。一方は、価格を非常に気にするタイプで、安売り品を買うためなら時間を惜しまない。もちろん、飲み物の代金もしっかり記憶している。

もう一方は、それほど価格を気にしないタイプで、飲み物代がいくらなのか覚えていないまま代金を支払うことが多い。このタイプの顧客たちは、初期費用（メインディッシュやコースの価格）ばかりに気を取られ、飲み物代を含めた最終的な合計金額のような後発費用にまではあまり気が回らない。彼らの多くはかなり裕福で、金遣いも荒い。いずれにせよ、このタイプの顧客たちは、高い飲み物代のせいでどんどんお金を使わされることになる。一方、価格を気にするタイプの顧客たちは、より安く、より利ざやの低いもののみを購入する（すなわち、飲み物なしで食べ物だけ注文する）ので、レストランに対して尻込みすることもない。

実のところ、酒を飲まない美食家にとって、金持ちと近視眼的な人々は、友であり支援者でもある。このような客層は、ドリンク代の分だけ多めに支払うことで、質の高い食べ物の価格を下げ、より身近なものにしてくれている。彼らは、自分でも知らないうちに、あなたを含めた他の客を援助しているのだ。

歴史を振り返ってみると、以前はこうした内部相互補助を今日よりも利用しやすかった。たとえば十九世紀の酒場では、ドリンク代による内部相互補助を極限まで活用した、「フリーランチ」という文字通り無料《フリー》のランチを顧客たちに提供していた。食べ物の供給が地元の農家や猟師たちから解放されると、このようなフリーランチが広まった。もちろん、ドリンクが売れればランチにかかる費用は取り戻せるだろうと見越してのことだ。一八九九年に実施されたミネアポリスにある六百三十四軒の酒場の調査では、フリーランチの内容が「手が込んでいる」と判定された酒場は三軒、「素晴らしい」が八軒、「良い」が五十軒、「まあまあ」が八十八軒、「ひどい」が七十七軒で、それ以外の酒場ではフリーランチを提供していなかった。一九〇一年に実施されたシカゴの酒場の調査では、「ほぼ全店」がフリーランチを提供していた。シカゴのフリーランチは特によく知られていた。当初、厳格な礼儀作法として、フリーランチを食べる人は飲み物を注文することになっていた。しかし、飲み物なしでフリーランチだけを食べる「たかり《フリーローダー》」が次第に増え、この慣習はレストランにとって機能しなくなった。一九一〇年までには、フリーランチは不潔な食事を提供するものとして批判されるようになった（このシステムを悪用する人が増えるにつれ、酒場としてはメニューの質を落とさないと商売として成り立たなくなっていた）。一九一七年にアメリカで戦争が始まる頃には、この慣習は無駄が多いと考えられ、ほとんど姿を消していた。だが、これほど極端な形ではないにせよ、飲み物を売るために食べ物を利用すると言う慣習は、いまだに生きている。ピーナッツはいかがですか。

安い食べ物と高いドリンクの掛け合わせは、私たちの一部にとっては朗報であるが、少なくとも二つの注意事項がある。

第一に、ドリンク類の利掛けは、長時間にわたるテーブルの利用料でもあり、店内の装飾費用を徴収する手段でもある。レストランは食事を販売するだけでなく、テーブルという空間を提供してもいる。ただし、はっきりと分かる形で席料を取るわけではない。レストランは、分単位でチャージを徴収するためにテーブルにキッチンタイマーを置いて回転率を上げるような真似はしない。図太い経済学者である私としては、そういうシステムだとしても一向に構わないが、きっと不安に感じて落ち着かないという人が多いだろう。だが、ドリンクメニューの高い利掛けは、目に見えない形ではあるが、このシステムと目的を同じくしている。時を刻むキッチンタイマーの音が聞こえないまま、空間の利用料金が課されていく。多くのレストランがドリンクをもっと注文させようとしていることに、あなたも気付いているはずだ。もっとお金を使ってほしいと何度も頼まれつづけ、他の人たちはみんな実際にお金を使っているという状況で、何も注文せずにじっと座っているのは難しい。そんなプレッシャーぐらい、などと甘く見ないほうがいい。したがって、実際面では「内部相互補助の利益を享受できるのは、最初に安い飲み物を注文し、あまり長居しないつもりでいる場合のみである」ということになる。とびきり美味しい食べ物のためにお金を貯めておきたいのなら、お金を消費する場所には出入りしないことだ。逃げろ。

さらに私は、眺望が素晴らしかったり、装飾が革新的だったりする店は、とりわけドリンクの料金が高いことにも気が付いた。子供の頃、父はよく私を、世界貿易センタービルの最上階にあるレストラン「ウィンドウズ・オブ・ザ・ワールド」に連れて行ってくれた。こうした店のドリンク類は法外に高いことが多いものの、良い景色を見たい客はその金額を払ってくれる。このような場所で美味しい食べ物に巡り合えることはあまりないが、これは、ドリンク類が利益の中心になっているからであり、多くの客は食べ物の味に関係なく店に来てくれるからである。お得な食べ物と美しい眺めは、通常、同じ場所では両立しない。

ドリンクの利掛率がかなり低いレストランもある。たとえば中華料理店では、酒類もコーラもかなり安い。これは、食べ物で利益を上げられる見込みがあることや、主な顧客が大人数の中国人家族客であることによる。こうした客は、そもそもコカ・コーラもペプシも飲まないことが多い。だから、もしもコカ・コーラが好きなら、中華料理店で注文するのが正解だ。他の店よりもうんと安いし、浪費家の客からコカ・コーラ代を搾取して儲けようという魂胆もない。さらに話を拡げれば、コカ・コーラが比較的最近のイノベーションであるような国から来た高齢の非アメリカ人を客にしている店の場合、おそらくコカ・コーラの価格は安くなるはずだ。つまり、そのような店では、コカ・コーラは価格差別の媒体とはならない。

もちろん、伝統的な中国人客を相手に商売をしている中華料理店ばかりではないので、店によってはコカ・コーラが安くない場合もある。都会的で華やかな雰囲気の「ＰＦチャンズ」に行けば、ソフトドリンクの料金はやっぱり高い。私の地元にある中華料理店「チャイニーズ・スター」は、顧客の大半が中国人であるが、コカ・コーラは一ドルでおかわり自由である（二〇一〇年頃）。これに対して、同じフェアファックスに店を構える「ＰＦチャンズ」では、コカ・コーラは二ドル五〇セントもする。この店のメニューには、ソーヴィニヨンの白もある。

なぜポップコーンは損なのに、スターバックスコーヒーは損ではないのか

様々な食の現場を覗いてみると、こうした内部相互補助の考え方が驚くほど頻繁に姿を現す。映画館の食べ物は不味いことが多い理由も、内部相互補助の概念を使えば説明しやすい。食べ物は映画を相互補助《サブシダイズ》するが、その逆は無い。映画館に来る客にとって、映画鑑賞はかなりお得であるのに対して、映画館の食べ物を食べることはかなり損である。この話には歴史的な経緯があるので、これからそれを説明しよう。

ポップコーンがアメリカの映画館に現れたのは、大恐慌の真只中の一九三〇年代のことだった。ポップコーンの売り上げのおかげで、どうにか潰れずに済んだ映画館も多かった。一九四〇年代後半までには、ほぼ全ての映画館がポップコーンの製造機を設置していた。一九四五年までには、アメリカのポップコーンの半分が映画館で消費されるようになった。一九四九年の調査によると、映画の観客全体の六割が映画館で軽食を購入していた。ポップコーンと炭酸飲料は、利益率の高い商品としての名声をたちまち獲得した。それから長年かけて、劇場の支配人たちは、ポップコーンに大量の脂肪分や塩や油を添加することで、観客たちの需要を刺激してきた。こうした動きは一九九〇年代半ばに「ポップコーン健康不安」が取り沙汰された時だけ鳴りをひそめたが、今日でも相変わらず体に悪いポップコーンが売られている。

映画館でお得にものを食べるための特別な奇策があるわけではないが、もしもこの本が良い映画のための内部相互補助を見つける方法について書かれた本だったとすれば、ポップコーン問題に対してももう少し注意を払うだろう。大きなポップコーン売り場を探せ！

映画産業の経済学について考えると、ポップコーンを買う気はますます失せるだろう。現在の映画館は、チケットの売り上げの大半をスタジオに送り返している。映画の上映が始まる週末（その映画の歴史において最重要のイベントである）には、最大九十パーセントものチケットの売り上げが映画の制作者に対して支払われ、上映期間全体を通じてはチケット売り上げの約半分が映画の制作者へと支払われる。これは収益の配分としては合理的なものである。スタジオは映画を制作するが、ヒットさせるのは容易ではない。それに加え、スタジオは多額の宣伝費を支払わねばならない。万人受けする大衆映画の場合、この費用は特に多額にのぼる。これとは対照的に劇場は、ポップコーンの販売によって多くの金を稼ぐ。ポップコーンの売り上げは一切、制作会社に支払われることがない。

劇場側のインセンティブは、映画料金を下げ、ポップコーンの価格を上げることである。低い映画料金によって観客／食事客が引き寄せられ、劇場の収益はそれほど減ることがない。その代わりに、ポップコーンの価格を比較的高いものにする。品質を落とすこともまた正味の利掛けを上げる方法なので、売店で販売されるポップコーンなどの味は、通常あまり美味しいものではない。

この状況をさらに悪化させるのが、誰が映画を観に行くのか、ということである。映画館に来る客の多くは三十歳以下、特に十代またはそれ以下の若者や子供が多い。先述したとおり、これらのグループは、特にアメリカにおいては、きちんとした味覚を持っていない場合がほとんどだ。

映画館できちんとしたものを食べようと思うなら、一番良いのは、「独立系《インディー》」の劇場に行くことだ。こうした劇場は、外国映画やカルト映画を上映し、年齢の高い成熟した観客たち、すなわち若者たちよりは舌の肥えた人たちをターゲットにしている。さらに、よくあるシネコンに比べると、独立系の劇場はチケット収入の取り分が高くなっている。独立系の劇場では、多い場合でチケットの売上の五割が劇場に入るので、劇場は客をポップコーンの消費者ではなく映画の観客として扱うことになる。独立系の映画館を食事の場所としてお勧めすることはできないが、少なくともサンドイッチやフムスやごく普通のリンゴが売られている可能性はある。重要なのは、食べ物の利益率ではなく、成熟した人々がリピーターとして足を運んでくれるかどうかである。

スターバックスにも、内部相互補助の有効な事例を見ることができる。スターバックスで売られているようなコーヒーが好きならば、特に分かりやすいだろう。創業当初、このチェーン店はアメリカにおけるコーヒーの消費に革命を起こした。スターバックスを嫌う人たちでさえ、スターバックスが当時の競合店の大半よりも濃くて美味しいコーヒーを出していることは認めざるを得ず、このチェーンは一躍有名になった。だが、やがてチェーンの規模が拡大するにつれ、以前よりも売上総額や利益率の高さが問題になりはじめた。今日のスターバックスは、何らかの形でコーヒーと関係のあるような、ミルクたっぷりの甘いドリンクを得意としている。いま私たちが目にしているのは、ミルクと砂糖がコーヒーを相互補助《サブシダイズ》してくれているおかげで、コーヒーの質が維持され、何より手に入れやすくなっているという状況である。「コーヒーのイメージ」や、おそらくコーヒーの香りによって、スターバックスは甘いドリンクの新たな販路を開拓した。すなわち、これはコーヒーに対して有利に働く内部相互補助であり、コーヒー好きにとってはスターバックスでの買い物は特にお得だということになる。だが、ミルクと砂糖が好きならば、コーヒーの香り代を余計に支払っていることになる（これによって店のコーヒー風の基盤が支えられる）ので、自宅で自分好みにミルクと砂糖を混ぜたほうがいいかもしれない。そのほうがはるかに安上がりだ。

ここまでは飲食産業における資本について見てきた。今度は、実際に食べ物を作っている人たちに目を向けてみよう。

レストランの労働者を搾取する方法

第一に、調理を行う労働力が安く手に入れば、クオリティの高い食べ物の価格は下がる。アメリカのように比較的裕福な国では、こうした労働力を見つけることは難しい。労働生産力が高く、最低賃金が法律で定められており、国の大部分においては不法移民の労働者たちでさえ最低賃金よりも多く稼いでいる。それでも尚安価な労働力の一例として挙げられるのは、家族経営のアジア料理店である。コックやウエイターとして働いているのは家族であり、比較的少ない給与しか得ていないか、無給の場合もある。家族に対する貢献の一部として、店で働くことを期待されている場合もある。その結果、こうしたレストランの価格はお得なものになっていることが多い。

これとは正反対の事例が、高給取りの労働者たちが大勢働いているレストランである。駐車場の案内をするボーイや、上着を預かってくれる女性、ソムリエ長、フロアマネージャー、ウエイターの一団、客を出迎えるマネージャー等である。こうした人々を雇っておけるということは、それだけ儲かっているということだ。たとえば、アメリカとメキシコでチェーン展開をしている高級ステーキハウス「パーム」に入ってみると、多くの人々が働いていることに気が付くだろう。誰もが店内を忙しそうに歩き回っており、これだけ多くの店員たちをまとめて働かせるには資金も労力も必要だと感じることだろう。客は店に満足しており、有名セレブや政治家の顧客も多い。私もこれまでに三度「パーム」を訪れたことがあるが、食事は確かに美味しかったものの、果たして何のためにお金を払っているのだろう、と疑問に感じた。他の条件が全て同じならば、質の高いサービスを受けられるのは好ましいが、メニューの中から美味しいものを選ぶ手助けをしてくれたり、単に高級感に浸れる以上の具体的な利益を得られたりする場合に限っての話である。「パーム」のサービスから自分が何を得られるのかは定かでない。メニュー（ステーキ、ロブスター等々）については既に知っているつもりなので、店員たちの役割は、客に「自分は特別重要な存在なのだ」と感じさせることであると思われる。「パーム」に行くと、すぐに葉巻のことが頭に思い浮かぶ。

レストランでの労働について考えるもう一つの方法は、店員たち、例えばウエイターが提供するサービスを最大限に有効活用するということである。

外食において最も重要な戦略の一つは、ウエイターもしくはウエイトレスに何を注文すべきか尋ねることである。この際、適切な質問の言葉を選ぶことが重要だ。ウエイターのインセンティブについて考えてみよう。ウエイターたちのインセンティブは、利益率の高いメニューを勧めるか、または定番の一品（キッチンでは当日分を大量に仕込んである）を宣伝することである場合が多い。このことは高級レストランだけに当てはまるものではないが、特にある種の高級レストラン、すなわち、旅行客や常連ではない客、情報の乏しい客の多い店については非常によく当てはまる。

したがって、ウエイターに「何を頼むべきですか」とだけ尋ねることはやめたほうがよい。おそらくウエイターは、メニューの中で一番利益率の高い品を勧めてくるか、あなたの相手をさっさと終わらせて次の仕事に移りたいと考えるはずだ。ウエイターは多分あなたのことを、料理に関しては平均よりも愚鈍な客だと思うだろう。ウエイターというのは大抵、これまで接客した中で最も愚かな客というのを覚えているものだが、こんな質問をすれば、あなたもその程度の客だと思われてしまう。レストランに入ったら、表面的にはどれほど礼儀正しく接客されようとも、ウエイターはあなたに対して侮辱的な評価を下すものだと考えておいたほうがいい。彼らは馬鹿な客や、払うべきチップを払わない客を見慣れており、彼らの知る限りあなたもそうした客の一人なのである。

私は狙いを定めて攻撃を仕掛ける。下劣なウエイターでさえチップを欲しがるもので、もしあなたが立ち上がり、あらゆる食事を美味しく食べたいという意思を示そうものなら、あなたを憐れに思いつつ一番美味しくないメニューを勧めてくるだろう。

一歩前に踏み出す方法の一つは、ウエイターに「一番美味しいのは何ですか」と尋ねることである。ウエイターが喜んで最良のメニューを教えてくれれば万々歳だ。「鹿肉のシュペツレ添えでございます」という具合に答えてもらえたら嬉しい。だが「私どもの料理はどれも美味しゅうございます」などと答えられると、ちょっとイライラしてしまう。「一番美味しい？　それはあなたの好みによりますね。私にはお答えしかねます」という答えが返ってきた時も問題だ。こうした回答は、そのウエイターが臆病だったり情報不足だったりして、貪欲な美食家の相手をし慣れていないことを示している。要するに、こういうウエイターたちは上司やシェフからきちんとした指示をまったく受けていないか、もらった指示をすっかり忘れてしまっているのである。これはその店全体にとっても悪い兆候である。

場合によっては「定番料理」という言葉を使う必要もあるだろう。あるいは、自分は本当に美味しいものが大好きで、素晴らしいメニューを見つけるため遠路はるばるやってきたのだ、と打ち明けたほうがいいこともある。そのどれも効き目がなかったとすれば、あくまでも丁重に、誰か他に役に立つ人はいないか尋ねてみるべきかもしれない。

高級レストラン（ディナーで五十ドル以上というのがこのカテゴリの大まかなベンチマークである）でメニューを選ぶ方法としては、拙著『インセンティブ』で概説した単純なものがある。それは、メニューを見て「一番頼みたくないメニューはどれか」または「一番食指が動かないメニューはどれか」と自問してみることだ。

その論理は単純だ。高級レストランでは、メニューは非常によく練られている。キッチンで使える時間や注意力はごく僅かだ。余程の理由がなければメニューに載ることはない。一見不味そうな感じがするメニューは、おそらく特に美味しいはずだ。

人気がありそうなメニューの多くは、そのメニュー全体の平均的なクオリティを若干下回る場合がある。例えば、ローストチキンの専門店ではないレストラン（すなわち、ほぼ全てのレストラン）では、あまりローストチキンに夢中にならないよう心がけるべきだ。ローストチキンというのは「そこそこ」のレベルであることがあまりにも多いのだ。それなりに美味しいローストチキンなら、私でも焼ける（すごく美味しいこともある）。結局はよく知っているような味のものしか出てこないのだから、多くの人たちは、わざわざおなじみの味を体験するためだけにローストチキンを注文することになる。エレガントなレストランで頼むカラマリフライはそれなりに美味しいが、絶品というほどのものは滅多にない。

要は「見た目の悪いもの、未知のものを注文せよ」ということだ。高級レストランでは、自分が一番欲しくないような品を注文するとよい。このルールには注意事項が二つある。第一に、豚の血と臓物の辛口煮込みが万人向けでないことは私も知っている（より幅広い複数コースの食事の一品としては悪くないと思うが）。この観点から、アジア料理のレストランについては、後の章でもっと具体的なアドバイスをする。第二に、こちらの方が重要なのだが、もしあなたが毎晩ローストチキンを食べたいと思うのならば、このルールは当てはまらない――その場合は、単にローストチキンを注文すればいい。

大都市の中心地が食にとって悪い理由

賃料が支払えなければ、レストランはこの世から消え去るしかない。全てのレストランの半数以上が開業から三年以内に店を畳んでいるという現状において、これは小さな問題ではない。経営が厳しくなれば、料理人を解雇したり、高価で稀少なチリ産のスズキの代わりに安いティラピアを使ったりすることができる。けれども賃料は、経済学者が「固定費」と呼ぶものであり、店の来客数や使っている材料にかかわらず、毎月支払わねばならない。これはレストランが直面せざるを得ない究極の現実検査《リアリティテスト》である。レストランの経営者が土地と建物を購入し、毎月の賃料がゼロになったとしても、賃料と同じ金額を前もって支払ったという事にしかならず、この問題の基本を変えることにはならない。

賃料は、所与の空間において可能となる商売の種類を制約する。チェーンの洋服店、スターバックス、ディズニーショップ、ティファニー宝石店などは、賃料の高い事業である。高級ショッピングモールには、賃料の高い店ばかりが並んでいる。賃料の高い店は通常、一時間当たりの買い物客の数が非常に多いか、商品の利掛けが高いか、その両方である。そうでなければ毎月の賃料を支払うことができない。1ドルショップ［日本の百円ショップのような安売り店］や古物商、郊外のストリップモールに入っている地元の中華料理店などは、賃料の低い事業である。賃料の低い場所は見た目が悪いことも多いが、それでもおいしい食べ物が見つかることはあるし、特にジャンクフードではない安い食べ物にありつける可能性は高い。

賃料の高い地区には目を見張るような美味しい食べ物がたくさんあるが、大体は目玉が飛び出るような値段である。

マンハッタンのレストランが賃料の高い地区に店を構えるのは、富裕層の顧客たちのいる場所から近いためである。二〇一一年のミシュランガイドに掲載されたニューヨーク市の三ツ星レストラン四軒（ル・ベルナルダン、パー・セイ、ダニエル、ジャン-ジョルジュ）は全て、リンカーンセンターからほど近い、マンハッタン中心部の大通りに出店している。これらの店は大富豪の家から近く、マンハッタンの観光名所や劇場や買い物スポットが立ち並ぶエリアにも近接している。マンハッタンの外の方が土地も広くて人口も多いのに、ミシュランで星のついた全四十一軒のレストランのうち、マンハッタンの外に店を構えているのはわずか三軒である。

高級レストランの多くは賃料の高い地区に出店しているが、賃料の高い地区のレストランの大半はお粗末なレベルである。マンハッタンやその他の大きな市街地には、（以下が悪党たちのリストだ）ＴＧＩフライデーズやハードロックカフェといった店ばかりが並んでいる。これらの店は料理を大盛りにすることで商売を続けており、要するに、危ない橋を渡るような真似は滅多にしない。パリの場合は、おしゃれな地区にさえ、二流のビストロがたくさんある。ミシュランのお墨付きを得ているレベルの店でなければ、やはり量によって質を補おうとするだろう。客の回転数が落ちれば、賃料は払えなくなる。

多くの場合、食べ物はブランド名（ハードロックカフェなど）や、よく知られた属性を示す名称（デリ、ピザ、ベーグルなど）と結びついており、後者にも一種のブランディング機能がある。味の予測がつく周知の製品や、それに関連するイメージを求めて、大勢の客がこれらのレストランを訪れる。値段はそれほど高くないが、売上が落ちれば店を閉めなければならない。私見では、この手の店は基本的に避けるべきである。

マンハッタンの中心街で奇抜なエスニック料理店を維持することは、ますます難しくなってきた。値段の高い高級中華やラテン料理、フュージョン料理の店は繁盛しているが、安くて美味しいエスニック料理店は、賃料の低い周縁地区へと追いやられている。コロンビア料理から古典的なイタリア料理に至るまで、安くて美味しいエスニック料理の名店が、クイーンズ、ブルックリン、ブロンクスなどの地区に続々オープンしている。クイーンズ地区フラッシングの中華街も、多くの美味しい店で大盛況である。マンハッタン中心街から離れたウエストサイドでも、安くて美味しい店に出会うことができる。この辺りは、イーストヴィレッジの中でも中心街から遠く離れた奥まった地区と同じく、いまだに賃料が低いままなのだ。パークアヴェニューをはじめとしたニューヨーク市内の中心街では、このような安くて美味しい食べ物を見つけることは難しく、賃料の高い地区がじわじわと広がりつつある。土地バブルの崩壊によってこの動向は減速したものの、停止するには至っていない。

マンハッタンのアヴェニューは、ストリート沿いの場所よりも賃料が高い傾向にある。マンハッタン島は細長い形をしているため、南北に走るアヴェニューには車通りも人通りも多い。五番街《フィフス・アヴェニュー》にある店は、大半の住民や訪問者が何処かしらから目にする。三十九番ストリートにある店の正面は、近隣住民やこの地区で働く人たちの目に入る。八十六番、五十七番、十四番などほんの少数の広いストリートだけは、アヴェニューと同じような賃料の高さだが、これは交通量が非常に多いためである。もしもマンハッタンの中心街にいて、美味しくて安いエスニック料理を食べたいのなら、アヴェニューよりも先にストリートを当たってみたほうがいいだろう。広い道よりも狭い抜け道を選んだほうがいい。小綺麗な韓国料理屋は、三十五番ストリートでは収支を合わせることができるが、五番街では生き残れないだろう。言い換えれば、今、どこにいようとも大通りからほんの少し外れるだけで、お値打ちな食べ物にありつくことができるのである。

アメリカにおける現在の外食産業の進化を理解するカギは、ここ三十年にわたって賃料が（平均で）上がり続けてきたという点にある――もちろん、それは不動産バブルが弾けるまでの話だ。しかし、財政危機によっても長期的なトレンドがひっくり返ることはなかった。高級店の価格はさらに上がり続けている。これは、旅行客の増加や、粗暴犯の発生率の低下、商業活動全般の成長といったこととも関係している。賃料の高い都市の中心地にあるエスニック料理店は、さらに高級化しつつある。価格が安く実験的で内装も凝っていないエスニック料理店は、地理上の周縁へと移りつつある。同じことはロンドン、パリ、ベルリン、さらにはメキシコシティをはじめとする目下成長中の大きな市街地でも起きている。高い賃料によって奇抜な食べ物が外へと押しやられるにつれて、クラブシーンや通好みの美術ギャラリーといった奇抜な文化もまた大都市の外縁へと移りつつある。好むと好まざるとにかかわらず、こうした傾向については理解しておく必要があるし、ある程度はこれまでの考え方を変えなければならない。

ここから導き出される結論の一つとして、近年の大停滞は多くのグルメにとって好都合だったということが言える。賃料は上昇ではなく安定もしくは下落の傾向にあるため、珍しい飲食店が街の中心部に近い場所に店を構える機会も増えてきた。この傾向がどれほど続くかは分からないが、同時に、賃料が安定したことによって、飲食店が郊外や都市の周縁へと分散していくペースも落ちつつある。

それでは、賃料の安い食事へ話を戻そう。私の大好物だ。

美味しくて安い食事を見つける良い方法の一つは、賃料の高い客層が近くにいる賃料の安い地区を探し出すことだ。ロサンゼルスだったら、イーストロサンゼルスのメキシコ料理か、コリアンタウンのアジア料理を食べるとよい。映画スターたちの住んでいるウエストハリウッドよりもイーストハリウッドのほうがお値打ちに食べられる。ハリウッド北西部のタイ料理は特に美味しい。私が飛行機でラガーディア空港に行く際には、空港とマンハッタンの間をタクシー移動する途中でフラッシング（クイーンズの中華街）に寄ることにしている。アメリカの中でもおそらく最良の中華料理が集まっている地区である。

何よりも私は、とびきりのエスニック料理を求めてアメリカの郊外を探索することが大好きだ。このような郊外は文化不毛の地と見なされることもかなり多いが、美味しいものを探すにはとても楽しい場所だ。カリフォルニア州オレンジ郡や、北バージニアやサンノゼの近郊、ワシントンDC近くのメリーランド、ニュージャージー州の物騒な地域、マサチューセッツ州サマーヴィル、ヒューストン界隈や、その他のたくさんの地域で、私はグルメ探訪を楽しんできた。最高の店を事前にグーグルで調べない時もあるし、アイフォーンをいじり続けたりもしない。車で適当に走りながら、「美味しく、革新的で、手頃な価格の食べ物」という経済学のルールに合いそうな飲食店を、自分の目で探すのだ。

所与の地区において同じ種類のエスニック料理のレストランが増えれば増えるほど、その料理のレベルは向上することが多い。なぜか。互いに競合しあうレストランは、自らの地位に胡座をかいていられないからだ。このような店は、知識の多い客層をターゲットにしている。さらに、主な原材料の調達に関しては、よく発達したサプライチェーンに参入することができる。言い換えれば、インド料理店が一軒しかない町には、おそらく、とても美味しいインド料理の店は存在しないということだ。この戦略をヒューストンで使えばメキシコ料理かベトナム料理を選ぶことになるし、ミシガン州のいくつかの地域ではレバノン料理かアラビア料理、カリフォルニア州モントレーパークでは中華料理か台湾料理を選ぶことになるだろう。私の地元であるフェアファックス郡では、ボリビア料理、ペルー料理、エルサルバドル料理が、メキシコ料理よりも賢い選択ということになる。競争原理が働いているからだ。

郊外のストリップモールに出店している店と同様に、一軒家型のレストランの場合も賃料が安い。その中でも、新しい移民の多い郊外地区にある店では、かなり美味しいものが食べられる。アメリカのエスニック料理店の大半が、賃料の安い場所を探している。彼らがターゲットにしているのは、食べ物の量と種類を最優先に考える人々である。こうした人々の多くは、所得が比較的低い状態でアメリカにやってくる。彼らは大抵、デート向きの店を探しているわけでもなければ、高級店やかわいらしい店や「クール」な店に高い金を払うつもりもない。

自分がアメリカのこれまで知られていない地区にいるとしよう。そこが移民のいる地域で、自分は何か食べたいのだとしたら、私は迷わず町の中心部から離れて、ストリップモールへと向かうだろう。食べ物を探すのに最適なのは、通常、ウォルマートやベストバイなどの大型店舗が入っていないようなストリップモールだ。大型有名店は大勢の買物客を呼ぶ代わりに高い賃料を支払うが、この組み合わせは面白いエスニック料理とは概して相性が悪い。

究極的に賃料が安いのは、移動販売車《フードトラック》である。ニューヨーク市や、オレゴン州ポートランド、テキサス州オースティンでは、移動販売車による食品の販売が認められるようになり、これらの都市の食べ物のレベルを大幅に引き上げた。今どきの屋台で売られているのは、不味いプレッツェルや油っぽいホットドッグではない。移動販売車では、本格的なメキシコ風タコスや、自家製ソーセージ、点心、ベトナム風サンドイッチのバインミーなど、色々な種類のごちそうが売られている。最も有名な移動販売車の一つ「ロサンゼルス・コギ」（ツイッターのアカウントは@kogibbq）は、辛いニンニク風味の朝鮮漬にメキシコのチーズとブリトーを組み合わせた「コギ・キムチ・ケサディージャ」など、韓国とラテンのフュージョン料理の専門店である。手早く食べられてお手頃なので、きちんと座って食事をするような時間やお金がない時にはうってつけだ。

私が気に入っている地元の移動販売車は、「ラス・デリカス」である。毎週日曜日の午後、フォールズ・チャーチ（私の自宅近く）のアーリントン大通り、国道五十号沿いに停まって、コチャバンバ地方のボリビア料理を販売している。ピーナッツスープやチャークという料理（濃厚な白いチーズに、ねじれた形の塩辛い乾燥ビーフジャーキーと、ボリビア産の白トウモロコシを混ぜたもの）などがメニューに載っている。私の好みとしては、地元のボリビア料理店よりも美味しい。自宅近くの都市であるワシントンDCは、移動販売車による販売を見切り発車で認めたものの移動販売車に対しては、厳しい取り締まりを行って商売を出来なくさせてやるという脅しが頻繁に行われている。お役人というのはそういうものだ。地元のレストランも競争を望んでいないので、規制に向けたロビー活動を行っている。コロンビアのアダムスモーガンと十八番通りには、エルサルバドル料理やメキシコ料理やプエルトリコ料理の移動販売車が出ている。食べ物は非常においしいが、やはり市としては彼らのような移動販売車が増えることを好ましくは思っていないようだ。

アメリカの食べ物のレベルを上げつつ、価格はうんと下げたいと思うなら、一つ提案がある。誰でも免許が取得できるように、各々が責任をもって商売を行うという条件つきで、移動販売車などの屋台の規制を緩和しよう。多くの都市では既にこのような規制緩和が行われているが、消費者や移動販売者の業者にとってはプラスに働いているし、食中毒が多発しているわけでもない。アメリカで次に起きる食の革命は、モバイルなものになるだろう。莫大な広告料をかけてスーパーボウルでCMを流すのではなく、グーグルやツイッターを利用した宣伝が行われる。これが、賃料の低い食べ物の未来予想図だ。

賃料の低い飲食店は、比較的低いリスクで実験を行うことができる。ある食べ物を出す店が上手くいかなかったとしても、経営者のもとに高価な建物や、高級な内装、長期のリース契約などが残ることはない。ストリップモールのレストランや移動販売車は、大きなショッピングモールにあるレストランよりも、大大胆なことにチャレンジしやすい。大型ショッピングモールにあるレストランは、高い賃料を払っており、内装にもお金をかけている。そうした店は、大勢の客を呼び寄せるため、味が予測できるようなよくある食べ物しかメニューに載せない。賃料が低ければ、より多くの人たちがレストランの開業に挑戦したり、家庭の味を店で出そうという気になったりしやすい。最も創造的で革新的な最良の料理のアイデアを持つ人たちが、最もたくさんのお金を持っているとは限らない。かなり多くの場合、彼らは掃き溜めのようなひどい場所に店を構え、その不動産の価値を徐々に上げていくのだ。

美味しいエスニック料理店が中下層の小売店と並んでいるのはよくある光景だし、一番美味しい移動販売車がまるで目立たない場所で営業していることも多い。移動販売車や、移民の経営するレストランについては、その周辺の通りの風景を見てみたらいい。何かひどい見た目のものはないだろうか。掘っ建て小屋のようなボロ家や、壊れたプラスティックの看板や、百円ショップや、乗り捨てられた車は？　そんなものを見つけられた時は、静かに微笑んで、店のドアを開け、注文しよう。

魅惑の美食世界へようこそ。

よく食べることの社会的要素

結局のところ経済学とは、人件費と資本コストと賃料の合計がいくらになるかという問題だけを扱うものではない。私たちの選択においては、人間という要素、あるいは「行動に関わる」要素（行動経済学の部門でそう呼ばれている）も重要である。人間は本質的に社会的な生き物である。私たちは、他の人たちの社会的身振りを真似ることもあれば、自らを群集から切り離すためにあえて違うことをすることもある。

美味しい食事における社会的要素ということになると、私の最初のアドバイスは「メタ合理的たれ」ということになる（この言葉は決定論から借用した）。メタ合理性とは、自分の限界を認識し、最良の情報は往々にして他人の手の内にあるのだと知ることを意味する。自分が所有している食に関する本の全てを記憶していたとしても、食に関してはまだ多くの謎が残されている。自分よりも他人のほうが詳しい時にはそれを認識し、どのような行動を取ったら一番良いのか、思い切って尋ねてみよう。ただし、賢い聞き方をしなければならない。美味しい食べ物を探している時、社会科学の知識は、食べ物についての知識よりも役に立つことが多い。

どこで食べたらいいのか尋ねる必要がある時は、まずは美味しい食べ物が大好きで、食にプライドを持っている人たちを探すことから始めよう。三十五歳から五十五歳の人たちから助言をもらおう。この年代の人たちは、良い店でたくさん外食をしていたり、食に関する豊富な経験があったりする可能性がとりわけ高い。大金持ちでなくても構わないが、金銭的にゆとりがある人か、中流階級の人を探そう。職業柄移動することが多く、そのため外食することや食べ物に関する情報を収集することに慣れている人に話を聞こう。安くて美味しい地元の店については、消防士に尋ねてみよう。必要があれば、消防署を訪問したり電話したりしてみよう。タクシーの運転手にも尋ねてみよう。地域の教科書セールスマン——常に営業であちこちを回っており、外食の機会が多い——も、食べ物に関する有力な情報源である。食べ物について誰かに話を聞いてみたものの、相手がまったく乗り気にならない場合は、その人たちの話は無視してよい。

グーグルで検索するのなら、「賢い」検索ワードを入力せねばならない。「ワシントン 美味しいレストラン」で検索すれば、たくさんの情報が出てくるが、おそらく多すぎて手に負えないだろうし、美味しくないレストランも大量にヒットしてしまうだろう。こうした最大公約数的な検索ワードよりも、もっと具体的な検索ワードを使おう。たとえば、インド料理が食べたくなかったとしても、「ワシントン 美味しいインド料理」で検索してみよう。そうすれば、食についてのより信頼できる、よりきめ細やかで、より情報量の多いソースが見つかるので、そのソースをインド料理以外についても利用すればいい。カリフラワーを食べたくない時でも、「ワシントン 美味しいカリフラワー料理」で検索するとよい。素人くさいグーグル検索とはおさらばしよう。

ネットの口コミを読む場合は、否定的な意見を気にしすぎないようにしよう。どんな繁盛店にも、悪口を言う人はいるものだ。代わりに、肯定的な意見に注目しよう。口コミはどれぐらいの長さか。賢そうな感じや、熱心な感じがするだろうか。もしそうならば、試してみよう。

最後に、未知のレストランについて判断することが不得手な人はいるが、人について判断することはほとんどの人が得意である。レストランについて判定したいのに、尋ねるべき相手がいない場合は、その店に行く人たちの様子を見てみることをお勧めする。これは、既存の社会的情報を効果的に使いこなすにはどうすればいいかという経済理論の共通テーマにも関係している。

出先で食べ物を探している時、私が懸念していることの一つは、人々の笑顔が絶えない和やかな雰囲気の店に入ってしまうことだ。ワシントンＤＣやマンハッタンといった都市の繁華街には、この手の店が数多く存在する。こんな店には、私は早々に背を向ける。誤解しないでほしい。楽しく過ごすこと自体は悪くないが、美味しく食べることとは同義ではない。非常に多くのレストランが、お酒を飲んだりデートや宴会に使ったりできるような社交の場面を作り出すことで、「うまくやって」いる（そして、かなり高い価格を設定している）。これらの店は、食べ物を使って客を集めようとはしていないが、おしゃれなイメージを維持したいので、「不味くはない」料理を出していることが多い。店に姿を現すことが滅多にない有名シェフを看板にしており、高すぎる値段のフュージョン料理を出している。最悪の店というわけではないが、自腹の場合は大抵パスすることにしている。

この手のレストランに行くのであれば、開店から四〜六カ月以内に行こう（ただし、最初の二週間は厨房の手順の調整などが行われているので避けたほうがいい）。非常に多くの場合、この手の店は開店時に良い評判を獲得しようと心血を注ぐ。そして、有名シェフが看板になっているので、口コミが集まるのも早い。有名シェフ、あるいはその有能な代理人は、洗練された料理評論家や賢いフードブロガーから確実に良い評価を得られるように、レストランの開店当初は店に顔を出している。すると誰もがそこに行きたいと思うようになり、店は素晴らしい社交の場としての地位を確立する。店には常に笑顔と笑い声が溢れるようになる。要注意！　こうなったら、そろそろ店に行くのをやめねばならない。すっぱり手を切って、振返ることとなかれ。

二〇〇五年にラテン料理界の大御所リチャード・サンドバルがワシントンDCにオープンした「ゼンゴ」も、当初は素晴らしい店だった。刺身、サクサクのエンパナダ、炙りマグロの揚げワンタン包みタコス風など、非常に美味しいラテンとアジアのフュージョン料理を出していた。内装もおしゃれで、コスモポリタンな雰囲気があった。店の場所は、ワシントンDCの中でも新たに活性化しつつあった地区の、大きな競技場のすぐ隣だった。私は妻にこう言った。「店が気に入ったら、今の内に何度か行っておこう。

すぐに駄目になってしまうから」。二〇一一年頃の時点で、ゼンゴはまだ営業を続けており、それなりのレベルを保っている。だが、この数年間、私は自腹でこの店に行ったことはない。店のオーナーであるサンドバルは他の店に行っているし、店の雰囲気も当初とは違っていて、店の中で最も革新的だった料理にももはやそれほど新鮮味がない。Zagat.com に掲載された次のレビューが、すべてを言い表している。

「DCでのお気に入りの店の一つ――素晴らしいラウンジ、素敵な内装、料理も美味しい」

少なくとも店に対する評価の中身はこの順番どおりで、料理は一番後回しなのだ。「ゼンゴ」のように、毎年母の日が近づくたびに客に対して一斉メールを送りつけてくるようなレストランには、気をつけたほうがいい。この本は、一番美味しくて一番お値打ちな食べ物の探し方について書かれたものだということをお忘れなく。「ゼンゴ」の内装は今でも素敵だが、この本のテーマとは無関係だ。

ここ十年の間に私が気付いたのは、流行店のライフサイクルが加速してきたということである。私たちにとって興味深い店が、笑顔の溢れる楽しい空間へと変わり、料理のレベルが落ちてしまうまでに、かつては一年ぐらいの時間がかかっていた。ここ最近は、せいぜい六カ月ぐらいしかかからないように思われる。問題なのは、インターネットのせいで、店の評判があっという間に確立して広まるようになってしまったことである。したがって、お気に入りの流行の店を見つけたときは、時間をおかずに何度も行っておいたほうがいい。あなたの大好きなお店は、すぐに消滅してしまうだろう。もちろん、それほど流行と関係のない店であれば、話は違ってくる。

さらに、「ゼンゴ」のように、店にいる女性たちがおしゃれな「目の保養」という意味で美しい場合にも、私は不安になってしまう。私にとってはこれも危険な兆候である。私は「なぜこんな女性たちがここにいなければならないのか」と自問する。美人は食べ物の趣味が悪い、という話ではない。通常のグループと同じく、美人の中にも舌が肥えている人もいればそうでない人もいる。たくさんの美女が群がっているると、食べ物が美味しいかどうかにかかわらず、その店に行ってしまう男が大勢いる、ということが問題なのだ。こうなってしまうと、店の側も食べ物のクオリティを落としてくる。

一番いいのは、大抵、店の客が少し深刻そうな様子だったり、険しい顔をしたりしている場合だ。食事中の人たちが酸っぱそうな顔や嫌そうな顔をしているところを見たいとは思わないだろう。だが、彼らが店に来た目的については、ある程度の真剣さを目にしたいと思うはずだ。その店の価格帯がどのようなものであれ、そこで食べている人たちが本気だというところを見たいだろう。

鏡を見ながら、本当に美味しいものを食べてみるといい。あなたは、どれぐらい笑顔になっているだろうか。どれぐらい明るく楽しそうに見えるだろうか。きっと思ったほどではないはずだ。

私が思い出すのは、一九九〇年に友人のケヴィン・グライアーと一緒に、今は閉店してしまった「ザビッツァー」というミュンヘンの店に行ったときのことだ。イースターの日曜日の翌日で、私たちは二組しかいない客のうちの一組だった。もう一つのテーブルに座っていたのはフランス人の家族で、そこに座っている間中、あえて言うならくさりきったような顔をしていた。彼らは、コースの料理が運ばれてくるたびに冷笑を浮かべ、楽しそうな様子もなくそれを食べていたのだが、ある時点になってふと、私たち自身は彼らにどのように見えているのだろうと気になりはじめた。その店の料理は、私がそれまで食べた中でも美味しいほうで、フランス人一家も私たちと同じくきれいにたいらげていた。その時私は、楽しそうに見える客というのは必ずしも良い兆候ではないということを悟ったのである。

多くのレストランにおいて、客同士がお互いに怒鳴りあっていたり、骨肉の争いでも繰り広げているかのように見えたりするのは、吉兆である。それは、彼らが常連客であり、店でくつろいでいることを示すものだからである。それは、彼らが店に通い詰めている証拠だ。初めて入った店でそんな風に振舞う人はほとんどいないが、店主や店員たちと顔なじみならば、そんなこともするかもしれない。多くの中華料理店は、大声で怒鳴っている中国人の客で溢れかえっている――本当に喧嘩しているのかどうか、私にはさっぱり分からない――が、それは私もその店に行きたいと思わせるサインである。

レストランは客によって判断できるというこの原理は、色々と応用が利く。フィレンツェに行って、ガイドブックを手にした英国人観光客たちが、午後六時頃に早めの夕食を食べようとして殺到しているレストランを見かけたら、そんな店には入らないほうがいいということは、おそらくほとんどの人が分かっているだろう。この論理は、多くの他の事例にも当てはまる。もう一つの格言は、次の通りだ。「良質な客は、レストランにとって良質なシェフよりも大切である場合が多い」

もちろんレストランの経営者たちは、自分たちの店が常連客によって判断されることを知っているので、彼らのビジネスプランを支えてくれるような客層を開拓すべく努力してきた。一九五〇年代に最初にビジネスを拡大しはじめた時、マクドナルドは「家族向けのレストラン」になるべく骨を折った。マクドナルド・コーポレーションの創業者であるレイ・クロックは、店舗のデザインを若者たちがたむろしにくいようなものにした。彼が目指したのは、居心地が良すぎたり「おしゃれ」すぎたりしない店だった。ピンボールマシンや新聞の自販機や公衆電話やお菓子とタバコの自販機などは設置せず、若者たちがトラブルを起こしそうな場所には見えないようにした。客の回転率を上げ、日常的に立ち寄ってもらおうと考えた。かくしてマクドナルドの店舗は、スターバックスとは対照的に、あえて社交の場にはなりにくいようなデザインになった。当時、若者たちがたむろするせいで、多くのドライブインが儲からなくなったという話がよくあった。マクドナルドは家族向けのレストランで、見た目も居心地もその通りである。ダンキン・ドーナツはかつて新製品のホットサンドを「パニーニ」と命名したが、そんな名前はおしゃれすぎるという客からのクレームを受けて、すぐに「とろけるチーズの包み焼き《スタッフト・メルト》」に改名した。

他の商品の大半と同じく、食べることは社会的な経験である。栄養とカロリーと味だけに関わるものではないため、人々は自分たちにぴったり合った、自分たちを楽しませてくれるような社会環境を探し求める。これが、レストランが何をしようとしているのかという「暗号」を読み解くための出発点である。

好むと好まざるとにかかわらず、レストランに関しては（経済学でいうところの）「長期均衡」が存在する。それはつまり、レストランの質は通常、その店が引き寄せる客の種類と、その他の静態的な特徴によって判断される、ということを意味している。この均衡に逆らおうとする試みは、概ね失敗に終わる。もしもあなたがそれまで入ったことがないレストランに来ていて、まさに今から店に入ろうとしているのなら、非常に簡単な質問を自分に問いかけてみるといい。「ここにいるのは、おそらくその店との相性は良いだろうという点で、自分と似た人たちだろうか」。答えがイエスなら、食べ物に対する姿勢が似ていると答えがノーならば、店に入るのをやめて引き返すべきだ。店から立ち去るのは少々気まずいかもしれないが、わざわざ店に入って食べ物と客とのミスマッチに苦しむことになるよりはマシである。それに、おそらく後でその経験を誰かに話すことになるのだから、店の料理についての悪い口コミを広めずに済んだと思えば、店主に対しても良いことをしたと言えるはずだ。

第5章

バーベキューは最高のスローフードだ

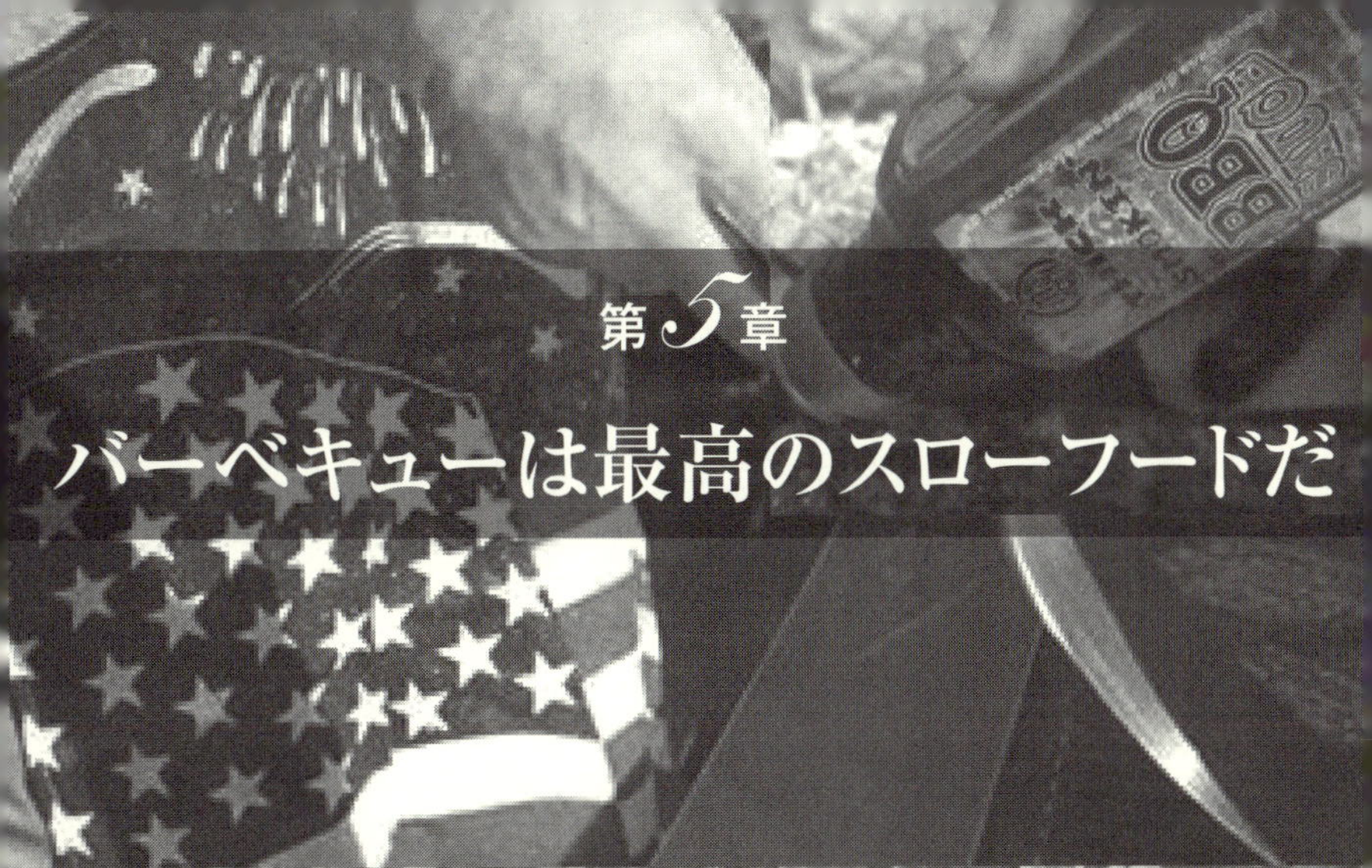

私は、たしかにエスニック料理が好きだが、アメリカ人でもある。生まれはニュージャージーだが、バーベキューが本当に好きになったのは大人になってからのことだ。要するに、私の好きなバーベキューピットは、次の二種類だ。

1．オープンピット——歴史的なバーベキュー技術の原型で、食材を地面に埋めたり、穴の上に渡した棒に並べたりして焼くか、支柱のない屋外の構造物の中で焼く。

2．クラシックピット——通常はレンガで作られていて、電気器具ではなく火を使って肉を焼く。オープンピットと混同されることもある（これは誤解で、1のオープンピットほどオープンな構造ではない）。

そして、あまり好みではないが、絶対に嫌だというわけではないのが、

3．機械式ピット——厚切り肉が調理機へとねじ込まれ、機械によって制御された調理が行われる。

機械式ピットは、木やガスなどの熱源を利用している。近年普及しつつあるハイブリッド型の機械式ピットでは、ガスを使って木を燃やし、その木を使って食材を調理する。

これらの調理形式は、バーベキューを裏庭でやるかポーチでやるかによっても異なってくる。後者の場合は、より正確には「グリル」と呼ばれ、高温で素早く肉を調理する。ある試算によるとアメリカ人は年間なんと二百九十億回もの直火焼き料理をしているそうだが、短時間で手軽に焼き上げる調理法では、昔ながらの時間のかかるバーベキューよりも味が落ちてしまう。カンザスシティにある「アーサー・ブライアンツ・バーベキュー」では、ベイビーバックリブを焼くのに十時間、肩バラ肉《ブリスケット》に十二時間、豚肩肉に十六時間かけている。メンフィスのあるレストランは、豚肩肉を焼くのに三十六時間もかけることで知られている。煙と共に低温でじっくり焼き上げることが、古典的なバーベキューの真髄である。

私は、ミズーリ州ハリスバーグにある「ロニー・レイズ・BBQ」を訪れた。コロンビアからは車で三十分ほどの場所である。店には素晴らしいバーベキューのサインが全て揃っていた。小さい町にあり、口コミの評価が高く（この店に連れていってくれたのは、一緒に仕事をしていた教科書のセールスマンだった）、店自体は小さく、他の客は見るからに地元の人たちばかりだった。

この店のバーベキューは、各地の形式をミックスしたもので、絶品だった。だが、私が感銘を受けたのは、ロニー・レイズの経営者マイク・ホワイトリーである（店名は彼の父の名前から名付けられている）。店の特徴についていくつか尋ねてみたところ、マイクは私のところに来て話をしてくれた。おしゃべりだが仕事熱心なマイクは、はにかんだりすることなく、すぐに科学的な話を始めた。彼は私に、バーベキューの何が好きで、何が嫌いなのか、他にどんな場所でバーベキューを食べたことがあるのか尋ねてきた。こんな話をするのは賞賛を引き出すためだと思われるかもしれないが、彼の場合は、バーベキューの技術についてもっと学び、自分の店の味を向上させたいと本気で思っていた。そこで私たちはすぐに、バーベキューの様々な形式や、様々なレストラン、世界各地のバーベキューについて延々と語り合った。彼は特にメキシコ中部のバーベキューについて興味津々だった。マイクは、すべての科学者が羨むような探究心と自己批判の精神を備えていた。

バーベキュー屋の店主なんて所詮は無学な田舎者だろう、と思うかもしれないが、マイクはミズーリ大学で心理学の学位を取得しており、以前は青少年カウンセラーとして働いていた。彼は暇な時間に料理をするのが趣味で、小遣い稼ぎにケータリングサービスをやっている。彼は十代の頃、友人の家族が互いに協力しあって中華料理店を切り盛りしているのを見て以来、チームワークの可能性に興味を持っている。友人の家族は皆、店の料理や、彼らの食の伝統に誇りを持っていた。マイクは、彼らが鶏の毛をむしる際にどうやって協力しあっているのかを学んだ。そんな相互協力の技術を、他の料理にも生かせないだろうか。

バーベキューは、クオリティ、チームワーク、継続的な改良が常に要求されるマーケットセグメントである。そして、最高峰のバーベキューはアメリカで最良の――そして最も安い――食べ物である。支持者たちにとってほとんど宗教と化しているようなアメリカの食べ物は、じっくりと肉を焼くバーベキューの他にはない。マニアたちは美味しいバーベキューを求めて何時間も旅をする。そして、どのピットマスターやスタイルが最高であるかをめぐって熱く語り合う。味の追求が「聖なる探求《ホーリー・クエスト》」の様相を呈するような食べ物のジャンルは、バーベキューの他にはほとんどない。このような熱心さの背後には何かリアルなものが存在している。それは、私たちが必要としている食の革命にとっての重要な要素の一つである。

全米一美味しいバーベキューは、なぜそれほど美味しくなったのか。さらに、もしバーベキューがそんなに美味しくなりうるのなら、なぜあらゆる場所に美味しいバーベキューがないのだろうか。悲しいことに、私の地元である北バージニアには少ししか選択肢がないので、私の調査は全米各地、さらには国境を越えてメキシコへと及んだ。

食べ物の中には、山や海を越えて移動することが可能なものもあれば、そうではないものもあるように思われる。例えば、フランスの田舎のオーベルジュで提供されるような、古典的なフランス料理のレシピについて考えてみよう。その土地で獲れるハーブやスパイスを含め、不可欠な材料が二、三十は含まれているだろう。肉は放し飼いまたは特別に飼育されたものでなければならない。ソースには上質なワインが必要とされることが多い。関連する調理技術は、世界標準からすると、シェフの卵に教えることは難しい。パン、バター、チーズ、パテを作るには特別な技術が必要である。フランス国内では、フランス料理というものがあるというよりは、地方ごとの料理法があるとされる場合が多い。それでも、古典的なフランス料理のレシピを世界中で複製することは可能である。その気になれば、おそらくどこにいても素晴らしいコッコーヴァン［雄鶏の赤ワイン煮込み］を食べることができるだろう。ドイツにはパリよりも安いフランス料理店がたくさんあり、とても美味しいことが多い。リオデジャネイロで一番思い出に残っている食事の中には、フランス料理のフルコースが含まれている。フランス人は文化的なグローバリゼーションを受け入れるのを躊躇しているが、それにもかかわらずフランス料理のシェフたちは、各国ごとに多少の差異はあるものの、グローバル化した料理法を生み出した。フランス料理は値段が高いので、レストランも大いに金を使ってフランス料理らしい華やかさを再創造することができる。

だが、良質なバーベキューは、きわめて限られた数の地域や国でしか食べることができない。たとえばアメリカでは、テキサス州、南部の一部、ミズーリ州とイリノイ州の一部と、ハワイ〈公共の場でバーベキュー〈通常は豚のロースト〉を行う伝統がある〉である。他の国では、メキシコ中央部や、ジャマイカのほとんどの地域でも美味しいバーベキューが食べられる。アフリカ北部の砂漠地帯では、一部の部族の祭りの日を狙って訪れれば、羊や山羊の見事なバーベキューに巡り会えるという話を聞いた。マオリ族のバーベキュー（ハンギ）は、結婚式や祭りでふるまわれるもので、スモークの風味がしっかりつくまで、長時間かけて地中で燻製する。ニュージーランドに行けば、ハンギの食べられるレストランや、ハンギのテイクアウトができるマオリ族の店をしょっちゅう見かけるが、レストランの伝統として確立されているとは言いがたい。これまでに二度ハンギを食べたが、それほどの味ではなかった。おそらく、多くの食べ物と同様、家族のピクニックや結婚式で食べればもっと美味しいのだろう。

全体的には、いくつかの中核的な店を除けば、バーベキューレストランにはがっかりさせられることが多い。「本物のバーベキュー」に対するノスタルジックな思い入れがあるのかもしれないが、そんなものは現実には存在しない。バーベキューは、食文化の古い時代へとつながる通路である。かつて食べ物の生産は、私的かつ職人技的なもので、適切な時間や場所でしか食べることができなかった。テキサス州レキシントンの「スノーズ・バーベキュー」は、『テキサス・マンスリー』誌によって米国ベスト・バーベキューに選ばれたことがあるが、その時、この店が土曜の朝しか営業していないことに文句を言う人は誰もいなかった。むしろ、それはこの店のバーベキュー店としての地位を示すものだった。テキサス州ロックハートの「スミッティーズ・マーケット」に行くと、バーベキューの火が床のほうにまではみ出し、客が料理を注文する場所のすぐそばにまで飛び散ってくるが、この火こそが店の自慢である。私が妻と一緒に店に行った際は、入店前、彼女に「転ばないようにね」と声をかけた。店の営業を支援してもらうため、消防署長と保険調査員には無料でバーベキューを食べさせている、という眉唾ものの噂まである。

そうは言っても、バーベキューは高度な商業的発展の産物でもあり、現代アメリカの消費社会と巨大ビジネス——主に食肉産業——に依存している。バーベキューは、最上級の原材料がなければ最高の料理は生まれないという昔ながらのヨーロッパ的な常識には当てはまらない。肉は必ずしも最高の品質のものとは限らないし――だからこそ長時間の調理が必要なのだ――銘柄よりも調理法のほうが重要となる場合も多い。最高のバーベキューソースの多くは、現代のアメリカのスーパーで簡単に手に入るような大量生産の材料から作られている。長いけれども効率的な食品供給網を利用することは、バーベキューの価格を抑えることに役立っている。バーベキューは職人技的なイメージのある商品だが、その一方で、大衆商業社会の影響をたくみに取り入れている。

バーベキューはさらに、気どった高級料理や都会の俗物根性に毒されていない、多かれ少なかれ純粋なアメリカの食の技術がいまだに残っているかもしれないという期待を抱かせてくれる。手書きのメニューや小屋、裏庭に散らかった調理器具の残骸といったものは、もはやバーベキューの現状を表してはいないが、まったくの的はずれというわけでもない。テキサス人は、いかにも彼ららしいマッチョさで、ソースの存在を全否定する。彼らにとってバーベキューとは、肉の品質と下処理に全てがかかっているのだ。

古き良きスローなバーベキューに関する基本的な観察結果は、次のとおりである。

- 一番美味しいバーベキューの店は朝早くにオープンする。
- 人口五万人未満の町でバーベキューを食べるべし。
- 美味しい胸肉を食べられる店は少ないが、美味しいリブを食べられる店は多い。

これらの観察結果の背景にあるものを理解できれば、バーベキューという料理に特有の創造性の出どころも全て分かるはずだ。

初期の伝統とルールを作ったアマチュアたち

「バーベキュー」という言葉は、「バルバコア」というスペイン語から来ており、新世界のインディアンについて書かれた一五二六年のスペイン語文献にまで遡る。この言葉は、串刺しにした肉を地面に掘った穴の上でじっくりとローストするというカリブ海式の調理法を指すものである。「バブラコット」というタイノー語の言葉は、バーベキューのグリルに使われる串の枠組みを指していた。ジャマイカのジャークピットバーベキューは、こうした初期の伝統と直につながっているが、メキシコの原住民たちは、彼らもまたスペインによる征服以前からバルバコアを料理していたと主張している。どちらのグループが最初に着想を得たのかは、おそらくこの先も分からないままだろう。

最初の（インディアンでない）アメリカのバーベキューは、一六六〇年代のノースカロライナにまで遡るようだ。奴隷たちがカリブ海からこの技術を持ち込んだのかもしれない。バーベキューが人気を博したのは、その主な材料が植民地の生活様式に合っていたためであるらしい。豚はたくさんいた。現在もノースカロライナのバーベキューソースに使われている酢には、天然の殺菌作用があった。コショウには、壊血病などの病気を予防するビタミンＣの吸収を高める効果があった。低温でじっくりと調理することで、木製のバーベキューラックが炎上してしまうおそれも減った。細かく刻んだ肉は、歯の悪い人にも食べやすいように用いられるようになったと考えられている。ただし、トマトは当時あまり食べられていなかったので、初期のソースには使われていない。

テキサスでは、バーベキューは大人数の集団に食事をふるまうための伝統的な手段として、十九世紀に広まった。羊や山羊や豚や雄牛が、最大二十四時間かけてオープンピットで調理された。市民集会の中でバーベキューが行われることもあった。一八六〇年から始まったサム・ヒューストンの政治集会は、「グレート・アメリカン・バーベキュー」と呼ばれた。「バーベキュー」という言葉が、食べ物自体よりも政治集会を指して用いられることもあった。

一九〇〇年代初頭、バーベキューは教会や政治集会から小さな屋台、バーベキュー小屋、レストランへと広がっていった。可処分所得や外食の増加、一九二〇年代の消費者革命——すべて経済的な力である——のおかげで、商業的なバーベキューが拡大することになった。自動車が登場すると、多くの客が田舎へと足を伸ばせるようになり、バーベキューをはじめとする様々なレストランが田舎で開業するようになった。中華街とは異なり、客の大半は食事をするために徒歩や交通公共機関を利用しない。一九二〇年代にはしばしば「バーベキュースタンド」という言葉がロードサイドの食堂一般を指すのに用いられた。アメリカ社会の消費者革命のおかげで、サイドディッシュも以前より手軽に作れるようになった。ソースの材料はスーパーマーケットで買うことができたし、工場生産のパンが新たに手に入るようになったことで、バーベキューサンドイッチも作りやすくなった。要するに、バーベキューが大衆向けのレストランへと開花したことは、二十世紀初頭のアメリカにおける広い意味での消費者革命の一部であった。

だが、バーベキューが本当にファストフードやジャンクフードになることは決してなかった。「ピッグ・スタンド」社は、一九三〇年代には百店舗以上のバーベキューショップを展開したが、一九四〇年代には店舗数がほぼゼロになってしまった。一九五〇年代半ばに六十三店舗へと達した「ルーサーズ」も、一九九〇年代までに二十店舗へと減ってしまった。「申命記《デューテロノミー》スキャッグス師」と名乗るシンシナティのラジオ説教師はかつて「もしも神がシンシナティにバーベキューを与えてくださるおつもりだったとすれば、ずっと昔に与えてくださったはずだ」と語った。ニューヨークのラジオスターだったバリー・ファーバーは、一九七七年の時点で、バーベキューは食の世界を支配すると信じていた。彼はバーベキューが「次のピザ」になると信じ、タイムズ・スクエアにバーベキューの店を開いた。店の経営とファーバーの壮大な計画は、どちらも失敗に終わった。クオリティの高い大衆市場向けのバーベキューという存在に最も近いのは、メキシコ系ファストフードチェーン「チポトレ・メキシカングリル」の肉料理で、「スーヴィード」で調理されている。この調理法については、本章の終わりで論じるつもりだ。

バーベキューは地域ごとの技術の伝統を発展させた。南西部の大半ではバーベキューといえば豚肉で、大抵は豚の丸焼きか豚肩肉のローストのことを指す。南部および中西部の一部の地域ではプルドポーク［豚のかたまり肉を長時間焼いてほぐしたもの］をよく食べるが、本格的なプルドポークを他の地域で食べるのは難しい。豚のスペアリブは、シカゴの定番だ。テキサスのバーベキューでは、肩バラ肉《ブリスケット》、ソーセージ、豚のスペアリブがメインで、牛のスペアリブを食べることもある（特にウエストテキサス）。他の地域の伝統的なバーベキューとしては、ヤギ（テキサス南部）、マトン（ケンタッキー西部）、豚鼻の直火焼き（イーストセントルイス）などが挙げられる。

ノースカロライナでは、州の東西でバーベキューの内容が異なる。東部では豚を丸焼きにするが、西部では豚肩肉を焼く。最近になって東部では、ガスや電気を使う近代的な市販の調理器具への移行が急速に進んだ。伝統的な東部のソースはトマトを入れず、酢、コショウ、カイエンペッパーと塩を使う。西部ではソースにケチャップとウスターソースを加える。東部のバーベキューは西部よりもパサパサしていることが多いが、これは機械で細かく肉を挽いてしまうせいだという指摘もある。東部ではブランズウィック・シチュー［アメリカ南部の家庭料理で、元々は狩りで獲れたウサギやリスの肉と野菜を煮込んだシチュー］も使われる。この料理では元々はリスの肉が使われていたが、今では通常、鶏肉、トマト、ジャガイモ、タマネギ、トウモロコシ、アオイマメなどで作られる。東部ではジャガイモの丸焼きも人気がある。ノースカロライナ西部のコールスローは、大抵、色が赤くて食感もパリパリしている。東西のバーベキューの様式は、おおむね国道一号線を境に分かれているが、両者の区別は時間の経過と共にぼやけてきている。

この話がどうして重要なのか。それは、バーベキューが地方ごとの創造性と関わっているからだ。商業化が進んでからも、バーベキューはジャンクフードになることを拒み、アマチュアというルーツとの強い絆を保ち続けた。ある年には、年間六百万人以上のアメリカ人が五百以上のバーベキュー・コンテストに参加している。国内最大級であるメンフィスの大会には、三百組ものチームが参加し、八万人の見物客が訪れる。こうした強い関心から、余暇や全人生をバーベキューに捧げる人も多い。

昔のバーベキューマスターたちは、自ら腕を磨いて名を上げたアマチュアであることが多かった。この分野で数多くの成果が挙げられてきたにもかかわらず、今もなお、美味しいバーベキューがあるところには、いまいちなバーベキューも存在する。「試行錯誤」というのは、たくさん失敗することを意味するものだ。多くの場合、教会の集まりや、政治集会、あるいは自分の友人たちのためにバーベキューを焼くことが、バーベキューマスターへの道の第一歩となる。バーベキューは人気があるので、腕が良い人たちの中には、自分の店を開き、さらに多くの客を相手に工夫を重ねて、自分の料理の完成度を高めようと考える人たちも出てくる。最高の店がトップにまで登り詰めると、その過程で訓練を受けた店員の中から、さらに自分の店を開く人たちが現れる。

ワシントンDCの大都市圏でおそらく一番のバーベキューマスターであるネルソン・ヘッドは、バーミンガムで育ち、幼少期からバーベキューを食べてきた。当初は不動産業を営んでいたが、その後に飲食業界への参入を決意した。自分の店を構える前に、彼は有名なピットマスターの下でバーベキューを学んだ。ワシントンDCに何軒か店を出した後、現在の店があるバージニア州ウッドブリッジへと移った。ウッドブリッジは州境のすぐ近くで、トラック運転手や旅行客も立ち寄りやすい場所にある。多くのバーベキュー店の経営者たちと同じく、落ち着いた知的な雰囲気の人物で、正確な応用科学の見地から物を考えたり話したりすることに慣れている。

私たちがチェーン店ではないアマチュアの製品に対して抱く期待に違わず、バーベキューのレストランには、たとえば「ババズ」のように、風変わりな店名がついていることが多い。その他の有名店の名前としては、「ふとっちょウィリーの豚屋さん」（サウスキャロライナ州ロックヴィル）、「ホグリー・ウォグリー博士の店」（カリフォルニア州バンナイズ）、「ババルーのどえらいバービーキュー」（フロリダ州オーランド）などが挙げられる。これらの店名には、商品を個人化し、一人の職人と結びつけ、食に関する堅苦しい規律の外部にある品質基準を受け入れようという慎重な決断が反映されている。「バービーキュー（Bar-B-Que）」のように、「バーベキュー」という単語の綴りをあえて変えている店も多いが、これは文化が均質化へと向かう傾向に対する究極の反抗である。

朝食前の大火事

こうしてバーベキューは今日の姿になった。

テキサスの田舎では、先に定義したような厳密な意味でのクラシックピットは、もはや営業していない。今日ではむしろ、バーベキューピットという言葉は、木を用いて肉を調理する煉瓦製の長い区画（全長十〜二十フィート）を指している。金属製の格子が肉を支え、煙突が煙を排出し、巨大な薪の山が近くに置かれている。遠火で肉を調理するために、炎はしばしば区画の端に集められる――だが、自動車ほどの巨大な薪の山が火にくべられるところを想像してほしい。こうしたピットは概して、既製品を購入したものではなく、何十年も前に手作りされたものである。アメリカ南部のクラシックピットは、壁の中や地上に作られることが多いが、調理のプロセスは本質的には同じである。

クラシックピットが一番うまく機能するのは、誰かが夜通しまたはほぼ夜通しで番をしている時だ。理想的なのは、燃えさかる火のそばで眠り、定期的に目を覚まして火をかき混ぜ、燃えてはいけないものに火が移らないように見張っている人がいるという状態である。全てのピットがこれほど近くで監視されているわけではないが、その場合、所有者はより大きなリスクを背負うか、夜間はピットの一部または全体を閉鎖しなければならない。ピットを閉鎖すれば、調理時間の長さは制限され、製品の品質もおのずと制約されることになる。

ピットマスターは、開閉部と煙道を使ってピットの中に空気を入れ、ピットから煙を出す。うまく火を点けるのにもコツがいる。それから状況に応じて、肉を裏返し、温度を確認し、火を点けたり維持したり点けなおしたりしなければならない。ピットマスターは、薪を増やしたりピットの中を火かき棒で混ぜたりするなどしてピットの状態を常に調整し続け、温度を管理しなければならない。オープンピットは運用が難しく、練習と訓練に何年もかかる。これは高い労働費用のかかる調理法であり、「マクドナルド」や「アップルビーズ」［アメリカの大手レストランチェーン］で見られるような流れ作業には不向きである。

全国チェーンであることが多いドーナツ屋は、バーベキューとは逆の原理に基づいて運営されている。設備や道具は規格化され、値段もそれほど高くなく、使い方を覚えるのも難しくない。店は概して狭く、フランチャイズも簡単で、客席の隣の部屋で巨大な火を扱う必要もない。バーベキュー屋が地方や地域や個人のイメージを使っているのに対して、ドーナツ屋の場合は大抵、「ダンキンドーナツ」のように、全国的なブランドによって店のイメージが支えられている。ドーナツという軽食にとっては、常に均一の品質で販売されているということが重要なのである。この手の食べ物に、燃えさかる火は似合わない。

黎明期から、最高峰のバーベキュー屋の多くは早朝に店を開けてきた。クラシックピット・バーベキューでは前夜から調理を始め、翌日にはなるべく早くこの食べ物を売ろうとする。したがって、非常にレベルの高いバーベキューレストランは、早朝（七時から九時の間）に店を開け、ランチタイムの中頃までに食べ物を売り切ってしまいたいと考える。一晩がかりで調理された食べ物は、時間が経てば新鮮でなくなってしまう。

大人数に対して食べ物を売らねばならないとすれば、ランチタイムは明らかに稼ぎ時である。アメリカの田舎では、しばしばディナータイムよりもランチタイムの客のほうがはるかに多い。人々は仕事のために出かけたり車に乗ったりしていて、美味しいご飯を探しており、子供たちとの家庭でのルーチンにおさまってもいない。そこで店主たちは、その日の早い時間帯にタイミングを合わせて大量の肉を用意しておく。日々の需要が一定ではないというリスクがあるので、レストランは、可能な限り確実に売り上げを得るため、ランチタイムの前に商品を売りきってしまいたいと考える。レストランは同じ売り上げを夜遅い時間にまで伸ばしたくはないと考えている。品質の高いバーベキューレストランは、全てのメニューが一定水準を保つことを約束している。彼らは味の落ちた料理を遅い時間帯に販売することをよしとせず、二時半か三時には店を閉めてしまうことも珍しくない。

短時間にまとめて売りさばくせいで、最高のバーベキューレストランでは、一番美味しい肉が営業時間の途中で売り切れてしまう。午後一時に店に行っても、肩バラ肉《ブリスケット》も肩肉も品切れだと言われることは珍しくない。そのため大勢の客が早めに店に行くようになる。普通のレストランでは一時過ぎがランチタイムのピークだが、人気のバーベキューレストランは正午前には満席になっていることが多い。

開店時刻が早くなる要因は他にもある。すなわち、店主は早朝に肉の番をしなければならないということである。それならついでに開店してしまおう、というわけだ。テキサス州ロックハートの人気店は、午前七時から十時の間に店を開ける。地元の人々や旅行客の多くが朝食を食べにやって来て、朝一番に準備できるソーセージを注文する。「クルーズ・マーケット」や「スミッティーズ」で、ピットを運営している肉屋が客のためにやってくれるのは、ただ肉を切り分けてくれることだけである。開店時刻を早くしても、ウエイトレスの数を増やしたり、仕込みに手間をかけたりする必要はない。客が自ら肉を席まで運び、自分の指で肉をつまめばいい。ナプキンはあらかじめ用意されている。

バーベキューの調理時間は長いため、バーベキューピットは客が殺到してしまうと対応できない。ファストフードの人気を見れば分かるとおり、郊外の住人たちは早さを求めていることが多い。「アップルビーズ」が充分な数のチキンサンドイッチを用意できていない場合には、客を待たせてまで追加のサンドイッチを作ることはできない。同様に、米国にあるエスニック料理店の大半は二十四時間営業で、大抵は注文から十分以内に出てくるような、すぐに食べられる料理を提供している。だが、最高のバーベキューレストランでは、開店からしばらくすると、店で一番美味しい料理が売り切れてしまう。店としては、大切な客を待たせてイライラさせるよりも、閉店と開店の時間を早めてしまうか、少なくとも看板料理がいくつか品切れになっているままで営業を続ける。

メンフィスのバーベキュー店では、開店時間が早いことも閉店時間が早まることもそれほどない。町の基準どおり、昼の十一時半か正午に開店するのが普通だ。だが、メンフィスのバーベキューは豚のスペアリブが中心であり、このことが決定的な差異をもたらしている。豚のスペアリブは、十二時間以上じっくり焼いて美味しく仕上げることも可能だが、上質なスペアリブは九十分もあれば調理できてしまう。これに対して、牛の肩バラ肉《ブリスケット》は調理に八時間から十二時間、あるいはそれ以上かかる。スペアリブのバーベキューは豚の丸焼きよりも扱いやすく、クラシックピットよりも機械式ピットを使ったほうが調理しやすい。機械式ピットのほうが時間も手間も燃料もかからない。メンフィスの主なバーベキューレストランでも、クラシックピットではなく機械式ピットが使われている。言い換えれば、最上級のバーベキューならではの職人技というクオリティを失うリスクを冒してでも、彼らは伝統上の制約から解放される道を選んだのである。その結果、スペアリブのバーベキューは、他のバーベキューとはまったく違う形で全米各地に広まった。数多くある事例のうちから一つ挙げるとすれば「トニー・ローマ」は、高級で洗練されたチェーンレストランという形で、上質なスペアリブを出している。

ノースカロライナのバーベキューは、バーベキューの新鮮さという問題に対して、困った解決策を見つけてしまった。ノースカロライナのバーベキューレストランの大半は朝早く開店するが、何か経営上の理由があるのではなく、これまでの伝統に従っているだけである。料理は事前に調理され、冷凍されるか保温器に入れられる。中には一週間も保温されっぱなしになっているものもある。「レキシントン・バーベキュー・ナンバーワン」では、前日から温めっぱなしの料理は提供していないことを客に対して高らかに宣言しているが、私も同伴者もそんな話には魅力を感じなかった。その日の料理と前夜の料理を混ぜたものをランチに出している店もある。これらの店では看板メニューが品切れになることはないが、そんな看板メニューはそもそも大して美味しくない。このような決定が経済的な観点からなされているのは明らかであり、それは逆に本当のバーベキューがいかに非経済的なものであるかを示している。ノースカロライナのバーベキューレストランは早く閉店することも、品切れになってしまうこともないし、注文すればあっという間に料理が出てくる。したがって、もしもこの古典的な論争――ノースカロライナのバーベキュー対テキサスのバーベキュー――でどちらかに軍配を上げろと言われたら、まさにこれらの理由から、私はノースカロライナの負けと判定する。

バーベキューの楽園

悲しいことに、バーベキュー世界一の地域は、おそらくアメリカではない。国境の南に行けば、クラシックバーベキューピットの経済学について多くのことを理解できる。

　メキシコの田舎には、バーベキューの最古の伝統がいまだに根強く生き残っている。結婚式や誕生日など特別な機会には、家族が山羊や豚でバーベキューをするのが一般的である。地下式のバーベキューの場合、メキシコの田舎では地面に穴を掘り、石を並べたピットに火をおこす。それから、大抵はマゲイの葉を使って肉を包み、火にかける。湿った土で穴をおおい、調理が行われる。アメリカのメキシコ料理店でも食べられる有名なメキシコ料理「コチニータ・ピビル」は、ピットでバーベキューにされた豚のことである。アメリカで食べられるのは、バナナの葉で包んだ豚肉をオーブンで焼いたこのメニューの略式版だが、本来「ピブ」とはピットバーベキューを意味するマヤ語である。

　私が（他のプロジェクトのための）フィールドワークをしに行ったメキシコの小さな村サン・アグスティン・オアパンでは、村人たちは硬いさとうきびを燃やして肉を調理する。木は調理中に割れてしまうと言われているため、村人が使用できる木の選択肢は限られている。メキシコの田舎では料理に木炭を使用することもあるが、その際は夕マネギ、ニンニク、唐辛子、またはオレガノを炭の上に置いて風味をつける。

　サン・アグスティン・オアパンで最も有名なバーベキューマスターは、アンヘル・ドミンゲスである。彼は、村の川岸で採れる粘土を使った陶芸作家としても有名だ。アンヘルの家を訪ねてみると、ハンモックに座ってただ微笑みながらミシンで作業をしている彼に会えるか、川岸で栽培しているスイカを穫りに行っていて留守であると家人から言われるだろう。彼は村の変わり者として知られている。なぜなら、陶芸と裁縫は村の女性たちの独占分野だからである。彼はいつも舌足らずな口調でゆっくりしゃべるが、創造的芸術に対する彼の献身とは裏腹に、激しく燃えるような目をしている。彼にやる気があって尚且ついくらかの臨時収入が必要な時には、彼は素晴らしい陶芸作品を作り、コロンブス以前の技法と村周辺で採れた天然素材を用いて、地中での焼き上げを行う。

地中の火を自在に操る技術を習得しているアンヘルが、村のバーベキューマスターの地位に就いたのは当然のことだった。彼は、祭りや結婚式といった村の儀式の際、山羊肉や豚肉を焼く。焼き方はシンプルで、包んだ肉を炎と一緒に土に埋め、火力が強すぎたり弱すぎたりしないように番をする、というものだ。動物は村で育てたものを調理の直前に屠殺する。私が食べた中でももっとも新鮮な山羊肉の一つだ。

アンヘルに尋ねてみたら、バーベキューが商売になるなんて思いもしない、と言われるだろう。彼にとってバーベキューとは、伝統陶芸のように古くから村に受け継がれている方法であり、ごく数人にしか習得が許されていない技術なのである。

少なくともメキシコ中部の中都市あるいは大都市の大半には、多数のバーベキュー屋がある。中心部よりは、町の外れにある場合が多い。一番良い店であってもレストランの伝統的な定義には見合わないが、値段は格安で、豪華なメニューでも五ドルでお釣りが来る。食べ物は屋外またはテントや天幕の下で提供される。バーベキューの肉は伝統的なスタイルのピットで調理されるが、このピットは通常、完全に町の外か近隣の田舎に作られている。肉の種類はマトンや牛肉や豚肉など様々で、頭や内臓も使われており、ピットにはマグイの葉が敷かれている。バルバコアの調理中に鉄鍋で集めた肉汁は、バルバコア・コンソメというサイドスープとして、肉を包んだタコスと共に提供される。タコスにはお好みで激辛のソースをつけることもできる。

田舎から送られてくる肉は、早朝には出荷準備が整い、トラックでバーベキューレストランへと輸送される。レストランの開店時刻は九時から十時の間であり、この時間帯には朝食としてバーベキューを提供する。田舎や遠隔地で肉を調理することにより、大火事が起きて犠牲者が出る可能性が低くなる。この手の古典的なメキシコ式バーベキューは、イダルゴ州、トラスカラ州、メヒコ州のものが有名だが、モレロス州、ゲレーロ州にもあるし、もしかしたら私が行ったことのない地域にもあるかもしれない。肉の調理が行われるメキシコの田舎は、人口が少なく、政府による規制も緩い。もしも警察と揉めたら、賄賂を払えばいい。古典的なオープンピットまたは掘削式ピットで調理するバーベキューは、今日まで順調に進化しつづけ、その技術は世界でも類を見ないほど元気に生き残っているのである。

店の名前を一軒だけ挙げるとすれば、メキシコ・シティから北へ九十分ほど行ったケレタロ州の町サン・フアン・デル・リオの近くにある大衆食堂「ルピタ」がおすすめだ。住所や電話番号はないが、「ガリンド・アメアルコ高速、三キロ地点」といえば分かる。店の名刺の裏には、ヨハネ・パウロ二世の多色石版刷りの肖像画と、正義と平和と愛についての引用が印刷されている。店は週末しか開いておらず、ランチタイムの途中でバーベキューが品切れになることもあり、その後は美味しいケサディージャしか食べられない。とにかく早く店に行くことだ。普段は道端に掘っ立て小屋が建っているだけだが、週末になると店主が来て、椅子やテーブルや調理器具を並べて支度する。店主はルピタという名前の老女で、アメリカから来た客に対しては、バーベキューのソースがスパイシーだけれども大丈夫かと確認してくれる。これがバーベキュー本来の姿であり、こうした店がメキシコ中に何百軒も散らばっている。バーベキューの聖地巡礼をするのなら、こういう店を出発点にすべきである。

ルピタの店に限った話ではない。メキシコでは、新鮮な肉が品切れになると、レストランは閉店する。午後一時なのに閉店してしまうこともある。営業時間が限られているということも、彼らが店の内装や展示説明にあまりコストをかけない理由の一つである。夜遅くまで営業しているバーベキューの店はごくわずかである。そのような店は、あまり新鮮ではない質の低い肉を提供しているか、日中に追加の肉を届けてもらっているかのどちらかである。これらのレストランでさえ、遅くとも午後七時には閉店してしまう。

メキシコにはそれほど新鮮ではない形のバーベキューも存在する。バーベキューは大手のメキシコ料理店でも提供されているが、解凍肉が使用されていることが多い。これらのレストランでは、配送の問題は発生しないものの、ノースカロライナにある店の大半と同じく、効率が上がる代わりに質は落ちる。

メキシコの人々は、「アル・パストール」でも肉（特に豚肉）を調理する。これはバルバコアとは別のバーベキュー術であり、串刺しにした肉を垂直に並べ、片側に炭を置いて、ゆっくりと焼き上げる。一種のミニ・バーベキューである「アル・パストール」の豚肉は、一日がかりで焼き上げられる。同様の技術はギリシャやトルコのギロ料理にも見られるが、その着想源はアラブの食文化である。メキシコでギロ式の調理法が使われるようになったのは一九三〇年代のことであるが、これは、長らくメキシコの食文化の中心地であったプエブラの町に、レバノンからの移民がやって来た時期である。ほとんどのよそ者は「アル・パストール」を、より伝統的なメキシコ式のバルバコア以上に、メキシコ料理として認識している。

機械化されたバーベキューと手仕事

ホモ・サピエンスは皆、どこかの時点で、火を使って料理をしていた。すべてが少し煙くさかった。広義のバーベキューは、かつて世界を征服した。それはただ、様々な調理法へと変化していったのである。

メキシコにおいて複数のバーベキューの伝統が共存しているように、アメリカの手法も多様である。オープンピットや屋内のピットに点火する代わりに、アメリカのバーベキュー店の多くが、コントロールしやすい機械技術を使って調理している。調理の温度や時間は機械によって管理されているので、一晩がかりでバーベキューが焼き上げられている間、店員はしっかりと休むことができる。店に残って調理を監視する必要はない。誰かに機械の使い方を教えることは、クラシックピットでの調理法を訓練するよりもはるかに簡単である。ランチタイムよりも前には、予想どおりの加減で肉が焼き上がる。

機械式のバーベキューピットの形はいろいろあるが、典型的な調理工程は、肉の塊を多層式の縦型の機械に入れるというものである。肉は火力調整された熱源に曝されるが、燃料として用いられるのは木材、ガス、または炭である。この三つの選択肢の内では、木材のステータスが一番高く、味も一番美味しいのだが、費用も一番高い。一番ステータスが低いのはガスで、費用も一番安い。クラシックピットの品質上の利点——費用に関する利点ではない——は、単純にガス火が使えないということである。機械式ピットの所有者たちは、木や炭の代わりにガスを使ってしまおうかという誘惑に直面する。機械式ピットでもクラシックピットでも、木を使う場合は毎日調理をするとコストがかかってしまうので、数日おきにピットいっぱいの肉をまとめて焼いて、温めなおしたらいいのではないかという誘惑が待ち受けている。

バーベキューは、プロパンガスや重油用の五百ガロンの金属製タンクから作製した、肉を焼くための網をはめこんだ燻製器を使って調理することもできる。シンプルな燻製器は千五百ドルぐらいで買えるが、手の込んだものだと一万ドル以上してしまう。燻製器の場合もやはり、肉は熱源よりも数十インチ上にある金属製のラックに置かれる。温度は低めに抑えられ、炎が上がることは決してない。炎と煙の両方によって、じっくりと肉に火が通される。熱源として用いられるものの中には、ガス、電気、燻駅、圧力鍋、さらには電子レンジまで含まれている。

機械式ピットは、バーベキュー純正主義者たちにとっていかに不愉快なものであろうとも、一九七〇年代半ばから一九八〇年代にかけてのバーベキューブーム再燃を後押しした。バーベキュー店を経営したり、フランチャイズ化したり、チェーン展開したりすることは、以前よりも簡単になった。バーベキューは、マンハッタンなどの新たな地域へと広がった。主要な大都市圏には、今や何軒ものバーベキュー店があり、そのほとんどが機械式ピットを使っている。ワシントンDCの地区では、テキサスや南部奥地の店に比べればレベルは落ちるものの、優に十五を超える店がバーベキューを販売している。美学上あるいは調理上の欠点がどのようなものであれ、機械式ピットによるバーベキューは、クラシックピットのバーベキューよりも機動性がある。何はともあれ、それは人々にバーベキューの概念を紹介し、本物への好奇心を植え付けてきた。

大半の機械式ピットにとって、地元の行政監督はそれほど大きな問題ではない。上等な機械式ピットは大抵、肉や肉汁――どちらも可燃性である――が火に触れないような構造になっている。さらに、機械が過熱した場合には、自動的に電源が切れて合図を出すようになっている。機械式ピットを古くから作っているメーカーは、排煙方法についての文書をあらかじめ用意し、民間の第三者機関から品質や安全性に関する証明を受け、法的な安全基準を満たしている。機械式ピットは、あらゆる消費者製品テストに合格できるだろうし、必要な証明もすべて取得できるだろう。これは、クラシックピットや旧式のオープンピットには一つも当てはまらない。機械式ピットの販売元が、機械式ピットを使えば火災のリスクが低くなり、行政監査にもかなり通りやすくなるという点を強調しているのも不思議ではない。

「バーベキュー王」マイク・ミルズがオーナーと経営者を務める「メンフィス・チャンピオンシップ・バーベキュー」（ラスベガス）は、バーベキューというセクターが大半の地方においてどこに位置するのかを示す典型例である。店内は清潔で、店員はプロ意識が高く、見た目には統一感があり、バーベキューの歴史に関連する装飾品が使われている。彼らの機械式ピットは、比較的低い労働コストで、毎日大量の肉料理を製造している。創業時の拠点は、イリノイ州南部でマイクが経営していた二軒のバーベキュー店だった。マイクは伝統技法の達人だと目されているが、彼の事業拡大はテクノロジーに大きく依存している。メンフィス・チャンピオンシップ・バーベキューはラスベガスに数軒の支店を開き、ケータリング事業も行っている。

機械式ピットによるバーベキューが広まるにつれて、地域ごとの伝統は弱体化しつつある。今ではノースカロライナでもサウスカロライナでも牛肉のバーベキューを食べることができるし、テキサスで豚肉のバーベキューを食べることもできる。市街地の中心部からはずれた場所にあるバーベキュー店では、全米各地のバーベキューがメニューに載っていることが多い。北バージニアにあるバーベキュー店「ウィラーズ」では、この店に寄っただけで、カンザスシティ式、テキサス式、セントルイス式、カロライナ式といった様々な種類のバーベキューが食べられるようになっている。新しく開店した他のバーベキュー店と同じく、彼らはどれか一つの伝統ではなく、バーベキュー全体に対する郷愁を売りにしている。彼らの客の多くは、これらのバーベキューの本場から来ているが、どこか一カ所に場所を限定してしまうと、充分な客の数が確保できなくなる。

　機械式ピットに移行することでどれほどのものが失われるのかという問題は、バーベキュー愛好家たちの間で長年議論されてきた。しかし、経済学の知識がほんの少しあれば、この問題を解決する糸口が見つかる。まず、二つの事実から話を始めよう。第一に、有名なバーベキュー店の多くが、特に南部において、機械式ピットへと移行してしまった。これらの店は味が落ちたと言う人もいるが、大方の意見としては、今でも美味しさを保っている。それでもなお、平均としては、クラシックピットを使っている店のほうが機械式ピットの店よりも美味しいという傾向はある。

　バーベキュー純正主義者たちは、ガスを使うと肉があきらかにガス臭くなると批判する。有名なピットマスターのウィルバー・シャーリーによれば、肉を置く位置が重要なのだという。木を使って調理するクラシックピットでは、肉の真下に火がある。肉の脂が炎に滴り落ちると、炎の熱さがやわらぐ。これによって肉がやわらかくなるのかもしれない。さらに、肉から脂が抜けてしまうまでに時間がかかるので、肉の風味がより豊かになる（これは特に、肩バラ肉《ブリスケット》の場合に大事である）。別の職人たちによれば、木材を使った調理は火力が不規則で、正確に温度を調整することはできない。クラシックピットやオープンピットで調理されたものは毎回少しずつ味が異なっており、平均として味が良いかどうかは別として、より高いレベルの料理が生まれる余地がある。木を用いたクラシックな調理法は、独特なスモークの風味を生み出すが、その風味は木の種類によって異なる。この風味をソースが隠してしまうという人もいれば、そんなことはないという人もいる。

彼らは真の問題点を見失っている。これは単に火があるかないかという話ではない。それよりも、統計学者が「選択効果」と呼ぶもの——具体的には、クラシックピットの店はいくつもの点においてシステムが異なっているということ——について考えることのほうが重要である。クラシックピットの店は、機械式ピットの店よりも職人技を重視し、腕の良いベテランの労働者を雇っており、店員の数はそれほど多くないという場合が多い。何よりもクラシックピットの店の場合、長年にわたって経験を積んだ店主が自ら厨房に立っていることが多い。万が一店主が不在でも、少なくとも店主が全幅の信頼を寄せる仲間がいるはずだ。クラシックピットを自動運転することは難しい。これによってレストランの費用は上がるが、全体的なクオリティ——単にピットだけの話ではなく——は高いレベルに保たれる。クラシックピットの扱いに失敗することは、大惨事につながる。何人かの客を満足させられないだけではなく、おそらく町ごと火事で焼けてしまうだろう。そのため常に誰か（通常は店主）が見張っていなければならず、このことが料理や店全体のクオリティに対して良い効果をもたらす。

機械式ピットのレストランは通常、クラシックピットの店よりも店員の数が多い。さばくことのできる客の数が多いため、往々にして手を抜くことで儲けを出そうとする。したがってクラシックピットの店には、クオリティという点でかなり多くの利点がある。これらの利点は、店に店主がいることなど、ピットの使用を通じて生じることも多いが、ピットの使用自体に起因するものではない。

クラシックピットのレストランは、店の規模が小さく、田舎にある場合が多く、バーベキューの理念に心酔している常連客を頼みにしている。機械式ピットの店——都市や郊外にも出店しやすい——は、流行を追ったり、バーベキューにそれほど詳しくない気軽な客を引き寄せたりする場合が多い。辺鄙な場所にあるクラシックピットの店にわざわざやって来る観光客も増えているが、こういう人たちは、上質なバーベキューについて詳しい場合が多い。

クラシックピットの店では、何となく手を抜きたいと望んだとしても、うんと近道することは難しい。このため、なかば強制的に、機械式ピットの店よりも平均的に高いクオリティを維持させられることになる。同時に、実は機械式ピットの店でも、本気でクオリティにこだわっているトップクラスの店であれば、実はかなり美味しい場合がありうる。

ノースカロライナ州のレキシントンでは、部分的にコントロールされた実験が行われている。町に二十軒ほどあるバーベキュー店のうち、クラシックピットの技術を守り続けているのは数軒だけである。ここ二十年の間にレキシントンのレストランは機械式ピットへと鞍替えしてきたが、彼らが片っ端から客を失うことはなかった。レキシントンのバーベキューの伝統は、いまでも人気がある。噂によると、ノースカロライナのレストランでは、よそ者をだますために偽の薪が積んであるというが、真偽を確かめることは難しい。バーベキュー純正主義者たちは、機械式ピットに猛反対しており、「バーベキュー」という言葉を使うべからずという意見まで出ることもある。異端者たちがバーベキューに見せかけてローストポークを焼いている、と言われることもある。しかし私は、レキシントンの機械式ピットに対しては何の偏見も抱いていない。豚肉にかかっているソースは概して風味が強く、調理方法をごまかしてくれる。それに、クラシックピットで作られた料理は、いつも出来たてを出してもらえるとは限らない。作り置きされたり冷蔵保存されたりしたことで、少し乾燥してしまうこともある。温めなおすと水分が飛んでしまうので、熱々ではないこともある。レキシントンに関して言えば、現代のテクノロジーと経済効率が、クラシックピットと機械式ピットの両方の製品のクオリティを制限してきたということになる。

自宅でバーベキュー（あるいはグリル）をするアメリカ人の大半が、ガスの技術を利用する。調理を担当する人は、ボタンを押したりダイヤルを回したりするだけでいい。古典的なバーベキューの調理時間（八～十二時間）とは対照的に、ガスの場合は、お望みならば迅速に料理をすることができる。ガスで調理すれば、高くて扱いにくいバーベキュー用の木炭や軽油がいらなくなる。ガスを使った自宅での網焼きは、消費者の好みも変えてしまった。人々は今や、バーベキューの味がなんとなくガスくさいことを予期している。チェーン店がバーベキュー風の料理にガスを使ったところで、大きな罪だと見なされることはないし、気付かれないことさえある。

韓国風の焼肉《バーベキュー》も、特に都市と郊外においては、木を燃やす古典的なテクニックからガスの技術へという同じような歴史を歩んでいる。昔ながらの焼肉では、大抵は直火の上で長時間かけて肉を焼くために、木が使われる。炭作りは一種の芸術である――調理用の炭を作るには、樫の幹を何日もかけて焼き上げるのだ。この技術は田舎ではいまだに使われているが、今では韓国の料理人のほとんどが、利便性や安全性や経済性という理由からガスを使っている。韓国の人々は、肉を調理するための独創的な機械を色々と発明しており、これらの機械は韓国料理の特徴にもなっている。木を使った韓国の料理は、田舎でしか見られない職人芸として生きながらえているが、残念ながら私自身はまだそのような正統派の韓国料理を食べたことがない。

バーベキュー店の中には、特に大都市にある店の場合、ドーナツ屋のようになりつつあるところもある。健康と炎と安全に関する規則のせいで、クラシックピットを維持することは難しくなってしまった。正真正銘の直火で調理する屋外ピットは、商業目的で使用されるものについては、全米のほとんどの郡で違法とされている。ブリキの屋根や、仕切りのあるポーチ、その他のファサードなどを設置することで、それらの法規制を回避することはできるが、いずれにせよオープンピットはもはやレストランのレベルでは儲けが出ない。この技術を使いつつ、制御可能なやり方で大量の肉を調理することが、単に難しすぎるのである。

古いクラシックピットは、企業や法律の要求に合致する設計書にしたがって作られたものであることよりも、思い思いにデザインされた、レストランの創業者の手作りであることが多かった。このため、監督官や保険代理人を満足させることは難しくなる。アメリカが豊かになり、安全に対する意識も高まったことで、機械化されていないバーベキューピットを容認しようと考える自治体は減ってしまった。現存するクラシックピットは、ほとんどが広々とした田舎にあるため、バーベキューの普及や規模の拡大も制限される。

クラシックバーベキューのレストランは、ストリップモールにもショッピングモールにも店を構えにくい。燻製器やピットは他の店の邪魔になってしまうので、クラシックバーベキューの店には独立した建物が必要となり、不動産にかかる費用は高くなる。テキサスやノースカロライナ等のバーベキューが盛んな地域でさえ、最上のバーベキューは田舎やロードサイドの一軒家レストランでしか見つからない。全米トップクラスのバーベキュー店の多くが人口五万人以下の町の、しかも中心部ではなく町の外れにしかないのは、そのためである。バーベキューにとって最適なのは、賃料が安くて規制が緩い環境である。

もう一つの問題は、排煙である。多くの自治体が、木を燃やすピットからの煙の流出に異を唱えている。バーベキューが盛んな小さな町では、町中にバーベキューの煙の匂いが漂っていることも珍しくない。環境保護運動の高まりと共に、バーベキューの煙が環境に与える影響について文句を言う人も多くなり、バーベキュー店の店主たちが地元の環境保護活動家を敵視していることも多い。

マンハッタンで最初にオープンしたバーベキュー店の一つ「ブルースモーク」は、開業にあたって数々のハードルを越えねばならなかった。開店の許可が下りるまでには一年以上かかり、遅延や、不確定要素や、行政監督官に対して安全性を証明するための費用などに悩まされた。一番大変だったのは、監督官に対して、店にはちゃんとした排煙方法があるのを示すことだった。ブルースモークは、マンハッタンでクラシックなバーベキューを食べるという物珍しさを求めてドリンクの代金を気前よく支払ってくれる、お偉方や富裕層をターゲットにすることで生き残っている。大半のバーベキュー店は、比較的規模が小さく代金も安いので、同じようなハードルを越えて生き残ることはできないだろう。

このような規制だらけの環境では、クラシックピットのバーベキューが繁栄することもない。ピットマスターの勤め口は減り、客の舌は他の方法で調理されたバーベキューに慣れていき、ピットでの調理技術の存続と普及は難しくなる一方だ。クラシックピットのバーベキューが絶滅を免れるためには、生きた技術であらねばならない。

田舎においてさえ、こうした規制による圧力は悩みの種になりはじめている。テキサス南部――特に、サンアントニオ内部とその周辺――では、日曜日になると、メキシコ系アメリカ人による牛の頭のバーベキューが作られるという伝統があった。古い時代には、この料理はオープンピットで二十時間かけて調理されていたが、健康に関する規則によって、この慣習はほとんどの場所から排除されてしまった。たとえばテキサス州ラレドの行政規則は、子牛の頭を調理する際に地中のピットではなく圧力鍋を用いることを求めている。ステンレス製の圧力鍋は高価なので、その結果、数軒の業者が、独立したアマチュアによる生産と実験という昔ながらの制度から足を洗った。調理器具や、ガス管の敷設、それに付随する保険規制のせいで、調理にかかる費用は上がり、供給が集中するようになった。山羊の頭のバーベキューは、残念ながら衰退の一途を辿っている。最後にサン・アントニオを訪れた際（二〇〇九年）、山羊頭のバーベキューについてホテルのコンシェルジュに尋ねたところ、彼は私が話題にしているものについて知らなかった。バーベキューの伝統は、少なくともアメリカでは、やがて消滅してしまうかもしれない。

真のオープンピット料理が米国内で一番普及しているのはハワイであるが、ハワイにおいてさえ、この伝統は消滅しつつある。伝統的なバーベキューでは、豚を丸ごと一匹購入し、冷蔵し、穴を掘る場所を見つけ、付け合わせの料理を準備することが必要となる。豚の丸焼きは、一年も前から準備を始めることも珍しくない。ハワイの州政府は豚の丸焼きに対して比較的緩やかな法規制しか課していないが、実践する上での困難は残る。伝統的なバーベキューのスモーキーな風味を燻液を使って（不充分に）再現し、丸焼きほど大きくない豚肉をオーブンで調理する、というようなことも次第に増えてきている。

なぜアメリカはソースが得意なのか

バーベキューのソースとサイドメニューは、肉と同じぐらい重要だということを忘れてはならない。テキサスでは他の地域に比べてソースは重視されておらず（全く使われない場合もある）、ケチャップ、水、酢、肉汁で作られる。セントルイスのソースは、もっと辛口でトマトをベースにしている。ノースカロライナの東部では透明なビネガーソースが使われるが、西部ではケチャップ入りの赤いソースになる。ノースカロライナ南部では下味にマスタードが用いられるが、この「マスタード地帯」はサウスカロライナ、ジョージア、アラバマ、ミシシッピの一部に広がっている。ノースカロライナとケンタッキーの一部では、ウスターソース風の薄味のソースが使われる。アメリカ領のグアムでは、バーベキューはタマネギと大豆と酢でできたフィナデニソースを使って作られる。

地域にかかわらず、バーベキューソースや粉末のスパイスには、多くの材料が使われていることがある。使われるのは、市販のバーベキュー用スパイスやソース、バジル、カイエンペッパー、セロリシード、コリアンダー、シナモン、クミン、カレー粉、フェンネルシード、ガーリック（通常は顆粒）、ジンジャーパウダー、ホースラディッシュパウダー、ハラペーニョパウダー、マスタードパウダー、タマネギ、オレガノ、パセリ、唐辛子フレーク、セージ、タラゴン、タイム、白コショウなどといった材料で、この他にもまだまだたくさんある。ビールやペプシやウスターソースなども時折使われる。バーベキューのシェフたちは、オールスパイス、ローリエ、クローブ、レモンの皮、マジョラムなど、賛否両論ある材料も試している。

バーベキューのソースとスパイスは、大抵は秘伝の味である。これらの調味料は、友好的ではあるが激しい競争が広く行われる中で、試行錯誤を通じて進化してきた。アマチュアたちは常に新しいレシピに挑戦し、マッドサイエンティストの夢を思う存分追求する。新しいアイデアの大半は失敗に終わるが、私たちがその失敗作を目にしたり味わったりすることはなく、うまくいったものだけがレストランで使われたり、他の人たちのソースに影響を与えたりするのである。古典的なレシピは料理本よりも前に登場しており、当初はアマチュアたちの間だけに出回っていた。あるバーベキューソースを仕上げるには「ミラクル・ホイップ」［クラフト社の販売しているマヨネーズ風調味料］を足せばいいと思いつくまでには、たくさんの調味料を足したり引いたりする必要がある（マヨネーズで代用するなかれ、と警告する料理人もいる）。あなたをからかっているかどうかは問題ではない。美味しいソースは、多くの人たちが新しいバーベキューやバーベキューソースを発明しようと腕試しをしている場所にクラスタ化する傾向がある。

バーベキューソースは決してその土地ならではの食材に頼ってこなかった。バーベキューソースの材料は、食料雑貨店で売られているものばかりである。その大半は全国どこでも入手できるもので、アメリカの食文化の最も醜悪な面から生まれたものも多い。地域によっても差はあるが、何といっても重要なのはマスタードとケチャップと酢である。これらは保存が利くので、新鮮でなくても構わない。実際、バーベキューの料理人の中には、新鮮な香辛料ではなく袋入りの粉末スパイスを堂々と使う人たちもいる。タマネギとニンニクは顆粒が、生姜は乾燥した粉末が使われることが多い。これはインド料理や中華料理の料理人たちの好みとは逆である。バーベキューソースの普及を制限するのは、材料の入手のしやすさではなく、正しい組み合わせを知っているかどうかである。この点においてバーベキューソースは、アメリカ料理が得意とするものの規範に当てはまる。

　最高のバーベキューソースは、全国販売することができない。全国で販売される商品の一部として、缶や瓶に詰められ、州境を越えて販売される際には、規制当局による追加の承認が必要となる。腐敗を防ぐため、ソースを長持ちさせるような保存料や薬品が添加される。規制当局の承認が必要であるのに加えて、ソースが一週間か二週間で腐敗してしまえば、生産者は製造者責任の問題に直面する。かくして最高のバーベキューソースは地元でしか入手できず、全国販売はされない。さらに、大量生産されているバーベキューソースは、少量ずつ生産されているものよりも美味しくないことが多い。一度に作る量が少ないほうが、品質を管理したり測ったりしやすいからだ。

　サイドメニューのおかげで他の店を上回っているレストランもある。南東部ではコールスローとハッシユパピー［トウモロコシパンを丸めて揚げたもの］を出す店が多い。サウスカロライナとジョージア東部では、ライスと「ハッシュ」（通常は豚肉と豚の内臓で作る煮込み料理）が出てくる。バージニアとノースカロライナ東部の一部では、猟鳥、トウモロコシ、アオイマメ、ジャガイモ、トマトなどの入ったブランズウィック・シチューを出す店が多い。ブランズウィック・シチューは、昔はリスの肉で作られていた。テキサスのバーベキューレストランでは、ポテトサラダ、レッドビーンズのクミン和えの他に、ザワークラウトやワンダーブレッドが出てくることもある。

　これらのメニューはその土地ならではの食材がなくても作れるが、とはいえ全国各地で味を再現することは難しいものもある（ワンダーブレッドのことではない）。最大の理由は、全国販売するには保存料を入れざるを得ないことにある。最も新鮮かつユニークなサイドメニューが食べられるのは、職人技をベースにした、経営者がちゃんと店に出ているような店である。サイドメニューとクラシックピットのクオリティの間には、本来は必然的な相関関係はないはずだが、上質なサイドメニューを食べられるのはクラシックピットのある店だ。かくしてバーベキューのソースとサイドメニューは、なぜ最高のバーベキューは遠くまで広まらないのかという明白な理由――真のピット料理がもつ職人技的な性質と関係するもの――を示してくれる。

煙のないところに

本物のバーベキューの楽しみを広めるにあたって生じる法的問題の大半は、煙に起因する。ワシントン州の環境保護活動家からマンハッタンのアパート住人に至るまで、人々は大量に煙を吸い込むことを嫌う。それでもなお、伝統的な意味のバーベキューではないとはいえ、燻製食品の需要は高まっている。上質な燻製肉をインターネットで注文してフェデックスやＵＰＳで取り寄せることは簡単である。その結果、古典的なバーベキューレストランでは食べないにしても、米国におけるスモークサーモンの品質と入手しやすさはかつてないほど向上した。

低温でじっくり焼き上げるという調理法は、アメリカの高級料理において中心的な役割を担っているが、スモークの風味とは次第に切り離されてきている。新しい機械は、クラシックピットの最大の長所をいくつも捉え、それを人気レストランや一部の家庭のキッチンで再現してくれる。

「スーヴィード」（フランス語で「遅い真空」の意）の技術は、上質な食材を大量にスロークッキングの技術で仕込んでおくことを可能にする。食品はまず密封されたビニール袋に入れられ、厳密に管理された状態で低温の湯煎にかけられる。水と袋が、実質的にバーベキューピットの代わりになっている。きちんと調理されれば、新鮮で美味しい料理が出来上がる。必要な場合は、食品を冷凍しておき、後から湯煎で解凍することも可能だ。

手段は異なるものの、スーヴィードはバーベキューピットが持ついくつかの機能を代替している。袋の中の水は食品を均等に温めるのに役立っており、バーベキューピットにおいてひっきりなしに肉を引っくり返す代わりになっている。バーベキューピットの仕切りの代わりに、袋は肉汁を閉じ込める役割を果たし、低温調理のおかげで肉がパサパサに乾いてしまうことも防げる。おまけに、スーヴィードの調理機は、指示通りきっちり正確に調理することまで可能にしてくれる。調理助手は、適切な温度と時間で袋を温めるだけでよい。カリスマシェフ不在の時代でも、これさえあれば期待通りの味を確実に生み出すことができる。とはいえ、バーベキューのスモーキーな風味とクリスピーな食感は、スーヴィードでも再現できない。

コストコでは、スーヴィードで調理されたラムのスネ肉（ローズマリーとミントのソースに漬け込んだもの）が販売されている。ウェグマンズとセイフウェイの半調理品売り場でも、スーヴィードの商品が売られている。スーヴィードは一流のレストランでも当たり前のものになっており、五百ドル以下の優良なスーヴィード調理機が家庭にも普及しつつある。

バーベキューを、丸ごと受け入れるしかない単独のパッケージとしてではなく、まとまってはいるが分割することも可能な一連の特徴として捉えてみると、バーベキューの特徴の多くは、いますぐにでも広まっていきそうに思える。

バーベキューに近い発想は、エスニック料理を通じても広がりつつある。キューバ料理とフィリピン料理のレストランの中には、事前に予約しておけば、現地流の豚の丸焼きを食べさせてくれるところもある。

伝統的なインドのタンドール釜では、食材を高温で炭火焼にする（ガスを使う場合もある）。ブラジルのシュラスコは、串刺しの肉を直火で焼く。米国でも大半の大都市や郊外にはシュラスコ屋がある。メンフィスの繁華街にある最も人気のあるレストランの一つが、「テキサス・デ・ブラジル」である。バーベキューとシュラスコはそれほどかけ離れたものではないし、この店で出している肉はクオリティも高い。米国内の他の地域のシュラスコ屋と比べて、この店が豚のスペアリブ料理に力を入れているのも、それほど意外なことではない。サンアントニオの繁華街には、別のシュラスコ屋である「フォゴ・デ・チャオ」の大きな支店がある。ここでもやはり、これをバーベキューの派生料理と呼んでいいのかどうかという疑問が生じる。これらの料理の元々の着想は、アルゼンチンやブラジルの田舎から出てきたもので、彼らの国における伝統的なバーベキューの調理法に近い。

こうして展開されてきた料理のいくつかは、純正主義者に言わせれば「本当のバーベキュー」ではないのかもしれないが、それは誤解だ。一九九九年、テキサス州ロックハートは、テキサス州議会によって「テキサスのバーベキューの首都」に選出された。この町は今やグルメに大人気である。けれどもロックハートでは、必ずしも低温でじっくり焼き上げるという調理法だけが採用されているわけではない。ロックハートのバーベキューは、上質な肉をクラシックピットで調理するが、ソーセージや牛肩肉をはじめ、高温ですばやく焼き上げるメニューが多い。ロックハートのバーベキューは、ドイツを起源としつつ、メキシコの要素も少し入っている。これは、ドイツ語の名前がついた町がたくさんあるこの地域そのものと似ている。

ケンタッキーの一部の地域では、マトンのバーベキューが食べられている。ボルチモアには「ピットビーフ」と呼ばれる種類のバーベキューがある。大半のバーベキューとは異なり、牛肉は燻製ではなく直火焼きにされる。さらに、肉の焼き加減はレアで（バーベキューの世界ではウェルダンのほうが一般的だ）、部位としては肩バラ肉《ブリスケット》よりもモモ肉のほうが使われる。肉は調理前に薄切りにされるが、バーベキューでは塊肉を焼くのが普通なので、これもまた例外である。最後に、伝統的な作り方では、主な調味料としてホースラディッシュを使用し、生の白タマネギをトッピングする。多くのレストランは同じ道路——プラスキー高速道路——沿いに店を構えており、すぐ隣には売春宿やあやしいダンスクラブと思しき建物が並んでいる。少なくとも多くの愛好家にとっては、これもまたバーベキューの内に入るのだが、ここでもやはり、本物のバーベキューとは何なのか、バーベキューとは少なくとも部分的には気持ちの問題なのではないか、という疑問が生じる。

食に関する教訓としては、最も予測しやすく意外性のない成果は必ずしも最良のものではない、ということが言える。そうしたものは、単に説明がしやすいだけである。流行は規則的だ。移動販売車や炎はそうではない。世界に食べ物を与えるということは、多様な好みに満ち溢れ、時には古き良き煙の充満した、美味しい混乱なのかもしれない。

第6章 部屋の中のアジア象

世界の人口の大半はアジアに集中しており、世界の食べ物の大半はアジア料理である。だとすれば、アジア料理に目を向け、ここアメリカでどのようにアジア料理が供されているかに焦点を当てることには意義がある。どうしたら美味しい食べ物を食べられるのか、何がその妨げとなりうるのか。それをよく知ろうとする私たちの探求において、アジア料理の占める割合は大きい。

アジアの文化には、食べ物への特別な愛がある。アジアの人々は、何か他のことをしながら食べ物をがつついたりはせず、食事を中心にして他人との関係を築く。香港やシンガポールを訪れてみれば、どの店が一番美味しいのか、誰もが熱心にアドバイスしてくれるだろう。これらの場所では、食べ物とは天気のようなもので、尽きせぬ批評と会話のトピックなのである。旅行のたびに、私は自分の仲間たちと一緒にいるような気分になる。全ての食事が大切だ。

時々、数カ月もの長期にわたって、各種のアジア料理（あるいは、私はほとんどの時間をアメリカで過ごしているのだから、アジア風アメリカ料理と呼ぶべきかもしれない）しか食べたくないという時期がある。しかし、いつでも簡単に実現できるわけではない。知識のある人にとっても、アジア料理は訳が分からなかったり、おっかなかったり、スパイシーすぎたり、単純に気持ちが悪かったりすることがある（アメリカの中華料理店でナマコを食べるのが好きだ、という人がいたらお目にかかりたいものだ）。それでは、何をすべきなのか。一体、何から手を付けたらいいのか。

中国料理――特にアメリカの中国料理――は、なかなか扱いづらいので、本章の最後にとっておくことにする。まずは、ベトナム料理の問題から解決してみよう。

ベトナムの調味料

私はアメリカのベトナム料理が大好きだし、カナダのベトナム料理も大好きだ（カナダのアジア料理は、大抵が平均点以上だ）。ベトナム料理の調理法は、本場から離れてもレベルの落ちることが割に少ないし、北米にあるベトナム料理店の多くは、客の大半がベトナム人である。そのおかげで、北米のベトナム料理の水準は比較的高く保たれている。

ベトナム料理の大事なポイントは、ソースと調味料を使うことである。遠くから見て全てを理解できなくても大丈夫。間近で見なければ区別がつかないものも多いし、目の前に置かれている場合がほとんどだ。とにかく使ってみよう。どれをどうやって使うのか正確な指示を学ぶよりも、手を借りることが重要だ。みなさん、いずれ道を訊ねなくてはなりませんよ。

重要な調味料の一つが、ライムジュースと魚醤と砂糖と水を混ぜた「ニョクマムファ」である。唐辛子やニンジンまたはニンニクの細切りが加えられることもある。これはベトナム料理にとっては万能調味料に近いものである。私が好きなのは砕いた米を炊いた「コムタム」にのせる食べ方で、春巻につけたり、バーミセリや、海老ともやしのベトナム風パンケーキにのせたりしても美味しい。多くの牛肉料理でディップ用ソースとして用いられる「ニョクレオ」は、トマトペースト、ピーナッツバター、砂糖、ゴマ、ニンニク、植物油と、少量の豚レバーと豚肉などを材料としている。

これらの資源《リソース》を活用することは美味しい食事にとって重要だが、がんばって詳細を覚える必要はない。やはり、店員に質問すれば、どうすればいいのか教えてもらえるだろう。ウエイターやウエイトレスが英語をうまくしゃべれないとしたら——アメリカのベトナム料理店ではよくあることだ——手本を示してもらえるはずだ。テーブルに置かれたソースや調味料を目の前に持ってきて、それを指さし、必要ならば蓋を開けて、困った顔をしてみせればよい。

ここでの経験則はシンプルだ。本来使うべきソースや薬味や調味料を使わなければ、あなたの食べるベトナム料理は、ほぼ確実に本来よりもはるかに味が落ちることになる。あまりにも味気ないか、てんでまとまりのない味になってしまうだろう。

第二の法則は、「あなたの注文した料理にソースや薬味や調味料が必要ないとしたら、メニューからその料理を選んだことが間違いである（ただし、ベトナム風サンドイッチの店の場合は、きちんと味つけされているので、この限りではない）」というものである。おそらくあなたが食べているのは、ベトナム風のアレンジを加えた可もなく不可もない中華料理と大差のない、不味いというほどではないけれども味気ないタイプのアジア料理である。ベトナム料理店の大半では——割に正統派のレストランでさえ——メニューに中華料理が載っている。ベトナムでは中国系の人々の存在感がかなりあるので、まさに本場らしいといえば本場らしいのだが、とはいえ、あなたにとって大事なことは何だろうか。中国を経由することは、ベトナム料理店での最良の経験にはつながらないだろう。

薬味やソースを使えば、あなたは正しい道を進み、アメリカで美味しいものを食べるための基本原則に従うことになる。たとえば魚醤のような、先に挙げた薬味やソースの主原料を見てみよう。これらは輸送や保存による品質劣化が少なく、そのおかげで、あなたの食べる料理は（もしベトナム料理の味が好みなら）美味しくなる。甘く、酸っぱく、香りが強く、ピリッとして、時々苦いという味を楽しめるだろう。

アメリカでのベトナム料理の人気は、まだそれほど高まってはいない。この国にもベトナム料理の店はたくさんあるが、客の多くはベトナム人である。ワシントンDCから程近い私の地域でも、ベトナム料理は主流派の地位から撤退してしまった。ジョージタウンのベトナム料理店は、寂れたり閉店したりしてしまったし、郊外にあるベトナム料理店も、閉店したり規模を縮小したりしている。ちゃんとしたベトナム料理を出すレストランよりも、ベトナム風サンドイッチ「バインミー」や米麺入りスープ「フォー」の専門店の方が、ランチタイムを中心に、ベトナム人の多くない地域でも繁盛している。特にフォーは、牛肉と麺と野菜とハーブの組み合わせが、昼食にはぴったりだ（調味料をお忘れなく。一番大事なのは瓶詰めの赤いスパイスで、これを使うとフォーがスパイシーになる。ライムも絞っておこう）。

ほとんどのベトナム料理店が成功していないというのは興味深い結果だ。なぜなら、ベトナム料理の味そのものは、アメリカ人の好みに合わないということは滅多にないからである。強烈なクセのある料理はきわめて少ないし、少なくともアメリカのベトナム料理店で出しているような料理は、ほとんどクセがないものばかりだ（北ベトナム料理は、犬肉食のせいで槍玉にあげられることもあるが）。料理法にはフランス料理の影響をはっきりと見て取ることが出来る。それが特に顕著なのは、サンドイッチや、カレーとバゲットの組み合わせである。たとえ〈いつでもグルメ《エヴリデイ・フーディ》〉にとっては品質の低下を意味することになるとしても、商売としてはもっとうまくやれたのではないかと思われるかもしれない。けれどもやはりベトナム料理は、おそらくほとんどの人がソースや調味料を使いこなせるようには決してならないせいで、マスマーケットに取り込まれずに済んだ。いちいち質問するのはあまりにもめんどくさいし、多くの人たちは人の手を借りることを好まない。言葉の壁がある場合は、特にそうだ。ソースや調味料抜きでは、ベトナム料理の良さが薄れてしまう。人々は中華料理や中華料理店に慣れている。ベトナム料理の中には、カレーのように、インド風のものもある。その手のメニューは確かに美味しいのだが、やはり多くのアメリカ人客にとっては、インドカレーからベトナム風カレーに乗り換えるべき十分な理由が見当たらない。よそ者にとって、ベトナム人専用の集会所のような感じがして、なかなか足が向かない。

〈いつでもグルメ《エヴリデイ・フーディ》〉諸君、北米のベトナム料理をもっと食べよう。クセの強すぎるものは滅多にないし、価格も手頃だ。多くの中華料理と比べて油や揚げ物も少なく、かなりヘルシーでもある。ソースと薬味と調味料をお忘れなく。これらが気軽に使えるようになれば、ベトナム料理への愛も高まるはずだ。

甘いタイ

ベトナム料理とは違って、米国のタイ料理は駄目になりつつある。甘みばかりが——うんざりするほどたっぷりの白砂糖のせいで——強くなる一方で、風味は弱くぼやけている。もちろん、美味しいタイ料理店の数がかつてなく増えているのは確かなのだが、アメリカのタイ料理店の平均点については保証しかねる状況だ。

タイ料理店が信用ならないのは、料理の味を簡単に甘くできてしまうせいでもある。ピーナッツソースは甘すぎることがある。カレーやタイ風焼きそばの「パッタイ」も甘すぎることがあるし、大量の白砂糖が投入されていることも多い（ところで、多くの人はパッタイを伝統的なタイ料理だと思っているが、これは第二次大戦以降に生まれた比較的新しい料理であり、タイ人の中にはパッタイを認めない人もいる）。甘いタイ料理の中で一番美味しいのは、甘さと辛さのミックスされたもので、パイナップルや甘酸っぱい味付けを使っているが、やはり甘みばかりを強調しすぎている場合があり、ナンプラーやガピや白コショウも足りていない。

タイ料理の抱える二番目の問題は、タイの人々のサービス精神が旺盛すぎることである。タイでも他の国でも、タイ料理店でタイ人店員の接客が失礼だとか無愛想だとか思ったことは一度もない。接客に関しては、タイの人々はとても礼儀正しく素晴らしい（対照的に、言葉の不自由なベトナム料理店の店員たちは、接客が雑だったり、気が利かなかったりすることが多い）。このこともあって、タイ料理店はあっさりと人気を獲得し、多くの客を集めることになった。

タイ料理はヘルシーな感じもする。皿に麺を盛ったり、豆腐を使ってみたり、料理にもやしを載せたりするのはお手のものだ。タイ料理は、ブロッコリーなどの緑黄色野菜やシーフードとの相性も抜群——店のおすすめの調理法で魚を丸ごと一匹注文してみるといい——だし、多くのベジタリアンたちが野菜カレーに心惹かれることだろう。ベジタリアン向けのパッタイは、肉やシーフードを使ったパッタイと同じぐらいおいしい。ココナッツミルクが体に悪い（飽和脂肪が多い）のは確かなのに、タイ料理を食べる人たちはこの点には目をつぶろうとしたり、正確な情報を持っていなかったりする。なぜなら、実際のところはどうであれ、「野菜カレー」というのはいかにもヘルシーな感じがするからだ。

タイ料理は、緑、赤、黄、オレンジなど、彩りも豊かだ。色のついた皿（黒い皿を使うこともある）に載っていると、実に鮮やかである。

要するに、何が起きたのかといえば、タイ料理はクールだと思われるようになった、ということである。タイ料理の流行は、一九八〇年代のカリフォルニアに端を発している。黒い服を着た若者たちが、ハリウッドにあるタイ料理店に大挙して押し寄せはじめた。この流行が広まった。タイ料理店で食事をするアメリカ人は、中華料理店で食事をするアメリカ人よりも、おしゃれな感じがした。けれども本当は、おしゃれな人たちは必ずしも舌が肥えているとは限らないのである。

まずいタイ料理店を見分ける二つのポイントは、大きなバーがあって飲み物が充実していることと、メニューに寿司があるということである。この手の店は、まともな料理を出そうという気がない。近寄らないことだ。

ところで、タイ料理店が「タイ風中華料理」のようなことを謳っているのは、悪い兆候ではない。このような店は、ハリウッドの一部、特にイーストハリウッドでよく見かけるが、ハリウッドといえばアメリカで最もタイ料理の美味しい地域の一つである。単に大衆に迎合しているだけのように思われるかもしれないが、この謳い文句は通常、他の機能を果たしている。タイ国内では、中国系マイノリティに関係のあるタイ料理と関係のないタイ料理の間に区別がある。たとえば、米麵の焼きそばはタイでは特に中国風だと考えられており、大体美味しい。「タイ風中華料理」の店は、タイ系中国文化との何らかの関係があることを、主にタイ人たちに対して宣伝しているのである。（少なくともほとんどの場合）こうした店が呼び込もうとしているのは、脂っこくて甘ったるくてドロドロの左公鶏《ジェネラル・ツォーズ・チキン》を食べてはしゃぎたい無知なアメリカ人客ではないのである。

タイ料理とタイ料理店を理解する最善の方法の一つは、最高のタイ料理本と世間で目されている本、具体的にはデヴィッド・トンプソン『タイ料理』という本を研究することである。わざわざ買う必要はなく、地元の図書館で見てみればよい。実をいえば、きちんと研究する必要はなく、この本を十分も眺めてみれば、問題ははっきりするだろう。任意のページを開き、レシピの一つに挑戦してみよう。あなたは二つのことに気付くはずだ。第一に、どのレシピにも多数の手順と調味料（最大で三十種類という場合も多い）が必要である。第二に、ほとんどのレシピにおいて、たとえばカレーペーストのような、他のレシピを参照することが必要とされる。参照すべきレシピは、それ自体が複雑で、手作業による多くの工程が含まれているだけでなく、豊富な在庫を抱えるアジア系スーパーの基準に照らしてみても、マイナーな調味料を使っている。

この本のページをランダムに開けてみたところ、魚の内臓カレー（三〇五ページ）のレシピがあった。

最初のひとことは、いかにもこの本らしい皮肉である。「中華食品店に行けば、下処理済の魚の内臓の瓶詰めを買うことができる、と聞けば少しはほっとするかもしれない」。おそらく誰もがほっとするわけではないだろうし、魚の内臓そのものが重要だというわけではない。このレシピには扱いやすい十種の調味料が含まれている（一番マイナーなものはガジュツだが、これはなくても大丈夫なようだ）。一緒に使うカレーペーストには二十種の調味料が使われており、品揃えの良いアジア系スーパーやタイ食品のスーパーでさえ手に入れにくいものもある。いや、待てよ——調味料の内の一つは、一七七ページに出てくる海老ペーストだ。本物を作ろうとしたら、海老をすりつぶして、チーズクロスを重ねて、最長で六カ月も発酵させなければならない。さらに、半カップの茹でた塩漬けの魚を加えねばならず、一七六ページを参照することになる。魚に塩をせっせと摺りこみ、一晩放置し、さらに天日で二日間乾燥させる。レシピには「最高品質の塩を使うべし」との注意書きもある。

お分かりいただけただろうか。タイ料理を作るのは大仕事なのである。

トンプソンの料理本は「私には上等すぎる本」なのではないかと思うこともある（彼の『タイのストリート料理』に載っているレシピのほうが作りやすいと思う）。私は大半の人よりも真剣に料理に取り組んでいると自負しているし、家の近くにはタイ食品のスーパーもあるが、この本で要求されている水準にはなかなか及ばず、本当にきっちり本のとおりに作らねばならないのだろうかと思ってしまう。英語で書かれた四川料理やベトナム料理やインド料理の良書であれば、細かい指示にまで難なく従うことができる。一応はおいしいグリーンチキンカレーを作ることもできるが、トンプソンの本を読むと、もっと複雑な味をした本物のカレーに比べれば、そんなものは余興にすぎないことが分かる。

何年もの間、私にとって米国で一番お気に入りのタイ料理店は「タイ・クロッシング」という店だった。この本を読者が読む時まで店が続いていると良いのだが。店主の名前はタウ・ヴィグシッタブート、タイ南部の出身で、レストランは彼の自宅の離れである。開業して以来ほとんどの期間、店にはテーブルが一卓しかなかった。二〇〇九年に店を訪れると、テーブルは急に二卓に増えており、その後、さらに大勢の客をさばくために三卓へと増えた。通常、店にはコック――タウ――と、注文から会計までこなす店員が一人いた。ディナーのみの営業で、昼間は開いていない。町の中でも家賃の比較的安い寂れたショー地区(Florida, U Street の近く、さらに正確にいえば Sixth; 515 Florida Avenue NW）にある。

予約なしで「タイ・クロッシング」に行っても、店には入れないかもしれない。空いているテーブルがあっても、料理が出てくるまでに二、三時間は待たされるかもしれない。第一に、シェフはほとんどの料理をゼロから作っている。彼はトンプソンの料理本を地で行く男なのだ。だから一日以上前に予約を入れておかねばならないし、予約を忘れた場合は、どうにか席に着けたとしても何時間も待たされることになるので、行かないほうが賢明である。

これぞタイ料理の本来あるべき姿なのだが、もちろん、通常のタイ料理店（特に、大勢の客が入れるような店）はこんな風ではない。多くのタイ料理店が過剰な甘さに頼ってしまう理由もここにある。タイ料理本来の複雑な味を作り出すのは、骨が折れるのだ。

二〇一〇年、タウは私に「フード・ネットワーク」というケーブルテレビ局から連絡があり、番組で店を紹介したいと言ってきたが、自分は調理で忙しいし客も充分にいるので、いまいち気乗りがしない、と話してくれた。需要があるところには供給を増やさねば、という義務感から、私は「やってごらんよ」と彼に言った。彼は、自分は本当に大忙しなのだと繰り返すばかりで、あまり関心がない様子だった。残念ながら、本書の最終稿を入稿した頃に店を訪れたところ、店内のテーブルの数は増えており、明らかにレベル低下の兆候を見せていた。注文した料理のうち、美味しいのは半分だけだった。私は今でも、タウが今の店をうまく回せるようになって、以前の美味しさを取り戻してくれたらと願っているが、果たしてどうだろう。

美味しいタイ料理を探しているのなら、本来の「タイ・クロッシング」モデルにできるだけ近い店を見つけることだ。比較的小規模の店で腕を振るっている、変わり者のシェフを探してみよう。あるいは、特別なリクエストを受け付けてくれる厨房、すなわち（多かれ少なかれ）ゼロから料理を作っている厨房、（多かれ少なかれ）ちゃんとしたやり方で料理している厨房を探してみよう。タイ料理店の多くは、こちらが頼めばリクエストに応えてくれるはずだが、リクエストの内容をちゃんと理解して実行に移すことのできる人に辿り着くまでには、少々忍耐が必要かもしれない。「タイ式」あるいは「タイの辛さ」という表現が便利だ。ただし、「すごく辛い」という言い方は不完全で、この言葉を使ってしまうと、通ぶっているだけの素人だと思われてしまう。そうなると、せっかく事前にリクエストをしても、不味くはないが辛さをうんとアップしただけの通常の料理しか出してもらえず、もっと豊かで繊細な味の料理を作ってもらうことはできないだろう。

他の人たちが勧めてくれるタイ料理店も、あまり当てにはならない。これらの推薦の多くは、割に舌の肥えた人たちからのものであっても、比較的甘いタイ料理の中でのベストを選ぶということになりがちだからである。そのような情報のループを退け、既存の枠の外で料理を作ろうとしているタイ料理店を一、二軒は見つけておくべきだ。こうして良い店さえ見つけてしまえば、何を注文するかは問題にならないと思う――何を頼んでも大体美味しいだろうし、また同じ店に行くこともできる。人生において美味しいタイ料理店をたくさん知っている必要はないが、しっかりとポイントを押さえた店は何軒か必要だ。アメリカの大都市圏のほとんどでは、少なくとも努力さえすれば、こうした店が見つかるはずだ。

タイに三週間滞在した際、私は、思わず途方にくれてしまうような食の世界を目の当たりにした。現地で食べる中央値のタイ料理は、調味料の品質にばらつきがあるとはいえ、おそらく米国における中央値のタイ料理よりも不味かったのだ。その原因は、噛み切れないような貧相な肉にあった。ただし、頂点に位置する店は素晴らしい美味しさだったし、タイの人々と話してアドバイスを聞いたりした時間は、いつか大いに役に立つだろう。タイという国では多くの人たちが、どの店や屋台が美味しいかということではなく、どうしたら食べ物が美味しくなるかということについて真剣に考えているのだ。

次の話題に移る前に、北米のタイ料理に関する推論的仮説を示しておこう。証明することはできないが、これまでのところ間違っていたことはない。それは次のとおりだ。

「モーテルに併設されているタイ料理店で食べるべし」

ほとんどの人はタイ料理店がモーテルに併設されているとは思っておらず、したがってこの仮説も珍説に聞こえるかもしれない。だが、こうした店は、カリフォルニア州サンタローザやアルバータ州エドモントンなどあちこちの地域に点在している。この原則が真っ当なものと思われる理由は二つある。第一に、レストランがモーテルに併設されている場合には、余計な賃料を払わなくてもよい。タイ人家族は既にモーテルを所有しており、その傍らでこの商売を始める。高い賃料を賄わなくてもいいので、大勢の顧客にアピールしたり、急いで料理を提供したり、手を抜いたりする必要がない。その結果、かなり本格的なタイ料理を手頃な価格で食べられるというわけである。

第二に、レストランはおそらく家族経営である。きわめて一般的な基準からすれば、タイ料理店とモーテルを組み合わせることは、あまり理にかなっているとはいえない。この点が重要だ。ガソリンスタンドと洗車（客はどちらにも車を持ってくる）のような組み合わせとは事情が違う。あるいは、喫茶店と書店のような、やはり道理にかなっている組み合わせとも違う。私の知る限り、モーテルの宿泊客は、特にタイ料理が食べたいわけではないだろう。タイ人経営のモーテルとタイ料理店に共通する要素は、一人か二人の料理名人がいる、勤勉で意欲的なタイ人家族である。そして、まさにそれこそが、美味しいタイ料理店に求められているものである。

日本料理に散財する

はじめに寿司があり、それから他の諸々が存在するが、まずは一般原則についての話から始めよう。

日本料理は本書で扱う他の料理とは二つの点で異なっており、その二つは相互に関係している。第一に、日本は賃金の高い国であり、貧困から逃れるために大挙して米国に移住することはない。レストランを開業するためにアメリカにやって来る日本人の多くは、高級店を好む。彼らは、安い価格と大量の家族労働によって何とかしようなどとは考えていない。第二に、大半の日本人は都市部に住んでおり、都市生活しか知らない。ほとんどのアジア人が辺鄙な郊外に集まるのに対して、日本人は特にアメリカの大都市かその付近（たとえばニュージャージー州フォートリー）に集まりやすい。

これらの事実は、他のアジア料理店とは一線を画すような日本料理店の特徴にも関わっている。第一に、本当に美味しいものは、大抵、値段が安くない。第二に、最高の日本料理店は、ほぼ常に、郊外ではなく大都市にある。大都市にあるということは賃料が高いことを意味しており、おいしい日本料理が安くない理由にもなっている。何より、上質な日本料理の多くは、寿司であろうとなかろうと、上質な材料、特に上質な魚介類を必要とする。日本料理の場合は、本当に美味しいものは安くならない、という話は既にお伝えしただろうか。

その結果、米国の日本料理店については、かなり単純な均衡が成り立つことになる。ニューヨーク、ロサンゼルス、シカゴ、サンフランシスコのような都市には、一流だが非常に値の張る日本料理がある。寿司を食べても食べなくても、二百ドル以上はかかるだろう。もう少しレベルを落として、最高峰ではなくとも充分に美味しい店を選ぶこともできるが、やはり百ドル近くはかかる。

　さらにレベルの落ちる店もたくさんある。だが、味にうるさい美食家であれば、そんなレベルの店に金を払う気にはなれないだろう。たまの贅沢として美味しい日本料理を食べたければ、自宅でイワシを食べてお金を節約しよう。あるいは、デトロイトやオハイオ州コロンバスなど、日本人労働者の多い地区の近くに住んでいるのなら、まずまずの値段でかなり本格的な日本料理を食べられる店が見つかるかもしれない（ハワイはまた別の話だ）。

　けれども、私は日々の食事を楽しみたい〈いつでも《エヴリデイ・》グルメ《フーディ》〉タイプの美食家だ。大きな日本人コミュニティーの近くには住んでいないので、まずまずの日本料理店にばかり行くことになる。私が日本料理店に行く理由はいくつかある。それは、人との付き合いのためだったり、味はまずまずの寿司でも自分の腹周りにとって良いからだったり、本物の味を思い出すためだったり、他の人が行きたいと言うからだったり、日本のことを思い出すのが好きだったり、いまいちなトロでも充分に美味しいからだったりする。これらはすべて、店に足を運ぶための理由としては充分だが、もちろん、食という点からすれば、完璧な成果を得ているわけではない。

　日本料理店に関しては、「掃き溜めに鶴」ということはほとんどない。ただ単に、どれぐらいの金を払うつもりがあり、どれぐらいの頻度で行くことが可能か、という問題に過ぎない。料理のクオリティは、価格によってかなり正確に測ることができる。美味しい日本料理を食べたければ、誰かの「コツ」を覚えたりして時間を無駄遣いすることはやめよう。黙ってもっと$$を稼ぐべし。

　以上。

インドという区分

第一の原則は、平均して、米国のパキスタン料理は米国のインド料理よりもおいしいということである。その差が歴然としている場合も多く、しかも主なメニューにはそれほど大差がない。米国におけるインド料理の多くは北西インド料理を源流としており、パキスタン料理と重複しているメニューが多い。パキスタン料理店に行ってもマサラ・ドーサ（ベンガル風マスタードカレー）は注文できないが、ティッカ、ヒヨコマメ、ほうれん草、おいしいパンや、様々なカレーを食べることはできる。パキスタン料理店のメニューには米国のインド料理店のメインディッシュの大半が載っているものの、たとえばバターチキンのような、西洋風にアレンジされた料理は載っていないことが多い。その代わり、肉とレンズマメとスパイスをペースト状になるまでじっくり煮込んだ「ハリーム」のような料理を食べることができる。ハリームはインドの一部でもよく食べられている料理だが、ネバネバして辛く、消化不良を引き起こす可能性があるため、米国内のインド料理店ではこのメニューを敬遠して提供していない場合が多い。さらに一般的には、パキスタン料理店では自家製の新鮮な混合スパイスを使うことが多いので、料理の味が際立ち、客にも美味しく食べてもらえる。

では、パキスタン料理がインド料理よりも美味しくなったのはなぜか。思うに、これには文化的な連想が関係している。アメリカ人の多くが「パキスタン」と聞いて思い浮かべるのは、ビン・ラディン、ドローン攻撃、テロリズム、米国人ジャーナリストがアルカイダに斬首された「ダニエル・パール事件」や、核の秘密の売却である。パキスタンについてもう少し詳しく知っている人なら、カラチで起きた自動車爆弾テロや、内戦を目論む将軍たちのことが頭に浮かぶだろう。他方、アメリカ人が「インド」と聞いて思い浮かべるのは、ガンジーや、「世界最大の民主主義」、ビートルズと共演したシタール奏者ラヴィ・シャンカールなどだろう。鮮やかな色彩と楽しいダンスのボリウッド映画のことを知っているかもしれない。こうした印象が公正であるかどうか、イメージとして正しいかどうか、バランスがとれているかどうかはどうでもよい。アメリカ人の間で共有されているパキスタンのイメージは、パキスタンと無縁の客を遠ざける。これはつまり、インド料理店よりもパキスタン料理店に行くべきだということを意味する。先述したとおり、レストランにとってはシェフの質よりも客の質のほうが重要となる場合がある。インド料理のシェフがパキスタン料理のシェフよりも腕が落ちるかどうかは分からないが、（ニュージャージー州エディソンの近くにあるインド料理店のように）ほぼインド人の客だけのために料理をしているのでない限り、自分たちが作れるメニューに対する制約はパキスタン料理店よりも大きい。

さらに、パキスタン料理店の壁には、メッカの写真のように、宗教的なイメージやイスラム教を思わせるものが掲げられていることが多い。これはさらなるプラス要素である。装飾品の宗教色が強ければ強いほど、料理にとっては好都合となる。さらに、パキスタン料理店の多くはアルコール類の販売を敬遠するため、アメリカ人の客の数は減り、ますますパキスタン人の客ばかりを相手にするようになる。これにより、料理のクオリティはさらに向上することになる。

パキスタン料理店では、焼きたてのパンが出てくるまでに二十分待たされることが多い。米国内のインド料理店では、着席するとすぐにナンが出てくることが多い。パキスタン人の客はパンに対して高い水準を求めるが、他方、インド料理店の客が求めているのは、焼きたてでなくてもいいからすぐにパンを食べたいというアメリカ式の水準である。インド料理店でパンを注文する際、焼きたてのパンを食べられる可能性がもっとも高いのは、他の人たちが注文しなさそうなパンを注文することである。そういうパンは作り置きができないからだ。多少待たされてもよしとしよう。

私はインド料理が大好きで、インド旅行では、それまでどこでも食べたことがないような最高に美味しい料理に出会えた。インドの野菜は特に美味しく、ベジタリアン料理も質が高くて種類も豊富だ。それぞれの地方に、他では食べることのできない郷土料理がある（もちろん米国でも食べられない）。西洋レベルの収入がある人にとって、インドは世界の食の楽園の一つである。すぐにでも行くことをおすすめする。だが、それをふまえても、ここ最近、少なくとも近くにパキスタン料理店が見当たらない場合を除けば、私が米国内でインド料理店に行くことはめったにない。

タイ料理店と同じく、インド料理店が無難でつまらないものになった直接的な原因は、なまじ人気が出てしまったために、大衆向けの商売が可能になってしまったことにある。この傾向は嘆かわしいものではあるが、まったく良い結果をもたらさなかったわけではない。インド料理店の市場が拡大すれば、標準的なインド料理にとどまらない料理を提供する起業家の数も増える。十五年前、私の住んでいる地域でインド風クレープ「ドーサ」を食べようと思うと、デュポン・サークルに一軒だけあるレストランに車で行き、女主人の調理が終わるのを四十分も待たなければならなかった。今ではドーサを出す店が何軒もある。一般原則は次のとおりだ。「メニューの全体であるか一部であるかを問わず、インド各地の郷土料理を出すインド料理店があったとしたら、おそらくその店には行く価値がある」。南インド料理、カシミール料理、ベンガル料理、パーシー料理といった各種郷土料理は、その店に行くべきだということを示すサインである。もちろん、これらの料理はパキスタン料理店では食べることができない。あるいは、標準的なインド料理店に入った場合は、バターチキンよりも郷土料理を注文しよう。理屈はやはり単純だ。何かについて聞いたことのある人が少ない場合、あるいは、その料理の種類や品目についてポジティブなイメージを持ちそうな人が少ない場合、その料理がアピールする相手は、比較的知識が多く、比較的目の肥えた食事客なのである。

バングラデシュ料理店の場合はどうだろうか。バングラデシュ人の経営するレストランの大半――たくさんある――は、より多くの客を呼び込むために、インド料理店を名乗っている。ビーフカレーを出している場合が多いことを除けば、実質的にインド料理店と変わらない。そのような店は、バングラデシュで食べられるような多種多様な魚料理を作ろうとはしない。わざわざバングラデシュ料理店を名乗っている店があったとしたら、その店を訪れてみる理由としては充分だ。あるいは、「インド」料理店のメニューに（ビーフカレーなどの）バングラデシュ料理が載っていたら、食べてみるといい。ここで繰り返しアドバイスしておきたいのは、米国内でインド料理を作る際の規格化一辺倒の調理法からは、何がなんでも逃れるべきだということである。

韓国の野菜

これは手強い相手だ。なぜなら、ほとんどのアメリカ人は韓国料理が苦手だからである。プルコギ丼の甘い肉や、アジア諸国の料理ではおなじみの団子など、韓国料理の中にも人気のあるメニューがないわけではない。だが、韓国料理の強烈な味は苦手な人が多い。韓国料理の多くは、ニンニク、赤唐辛子、白菜、追加の赤唐辛子、ゴマ、追加のニンニク、臓物、筋っぽいタコと赤唐辛子スープの入った奇怪な魚介スープなどの強烈な刺激で、内臓を直撃する。多くの野菜は漬け込まれて発酵している。中華料理やインド料理やタイ料理に慣れ親しんでいても、道は険しい。私は、韓国料理というのはおそらく他のどの料理にもまして独自の道を行っていると思う。さらに追い討ちをかけるように、飾り気のない韓国料理屋に行って、聞いたこともないような料理に三十ドル以上も払わされ、しかもまったく好みに合わない、ということも珍しくない。どうしてこれでいいと思っているのか。料理というのは美味しくあるべきではないのか。エスニック料理はお値打ちなはずではないのか。

私は韓国料理も大好きで、年を取るにつれてますます興味を持っている。他のどの地域の料理にもまして、韓国料理には新たな発見がある。果たして、あなたにも気に入ってもらう機会があるだろうか。

それは分からない。わざわざ試してもらおうという気にはあまりなれない。なぜなら、読者の大半は決して韓国料理を好きになってくれないのではないかと、心の奥底では思っているからだ。だが、もしも挑戦してみる気があるなら、以下のことを頭に入れておいてもらいたい。

第一に、たとえば先述したプルコギのように、韓国料理の中にも好きなものが見つかるかもしれない。私もプルコギは好きだが、大好きというほどではない。プルコギのためだけにわざわざ出かけるほどではない。もう少しヒントを出すとすれば、ちゃんとしたタレのついた海鮮チヂミや、石焼ビビンバ（石焼の米と野菜と肉を、甘辛いコチュジャンと混ぜたもの）を試してみるといい。

韓国料理の入口となるのは野菜だと思う。赤唐辛子の汁に漬け込んで発酵したキムチを好きになることができれば、他にも好きになれるメニューがたくさんあるはずだ。ホウレン草ともやしのナムルなど、地元の韓国系スーパーで売っているものを買ってみるのもよい。米国内の韓国系スーパーとしてはHマートやロッテプラザがあり、いずれもぶらぶら眺めたり新しいものを発見したりするには最高の店だ。

とにかく韓国の野菜を食べつづけるべし。遅かれ早かれ、耐えきれなくなるか、あるいは病みつきになるはずだ。病みつきになったところで、韓国料理店に行ってみよう。今度はもう大丈夫。試行錯誤を繰り返すうちに、天にも昇る心地が味わえるだろう。

正しい韓国料理店の選び方については、それほど気にする必要はない。韓国料理が好きなら、大半の店は美味しい。山羊や韓国風粥、かぼちゃなど、他の韓国料理店では見かけない郷土料理や変わった料理を探すべし。一人分が二十ドルを超えるメニューは注文しないように。わざわざ高いものを頼まなくても、韓国料理が好きなら、もっと安いメニューの中にたくさんお気に入りが見つかるはずだ。

家にこもるフィリピン料理

米国内にはフィリピン料理店がほとんどない。少なくとも、在米フィリピン人の数——二百万から四百万——に比べると、あまりにも少ない。フィリピン人は、米国のアジア系民族マイノリティとしては、おそらく中国に次いで二番目に多い。それなのに、ある資料によると、米国内にあるフィリピン料理店はたった四百八十一軒である。在米中国人の数は在米フィリピン人の数を辛うじて上回っているに過ぎず、フィリピン人のほうが多いとする集計結果さえあるにもかかわらず、この四百八十一という数字は中華料理店の数のわずか一パーセントである。

私が食べたことのあるフィリピンの家庭料理は絶品だった。フィリピンのショッピングモールにある素晴らしいフードコートについて、信用できる筋から聞いたこともある。それでも、他の多くのアジア諸国と比べて、外食産業におけるフィリピン人の活躍はあまり目立っていない。これはおそらく、フィリピン人が家庭料理を重視しているためか、あるいは単に文化にまつわる謎の一つということになるかもしれない。マニラには多くのレストランがあるが、フィリピン料理ではないファストフード店が多いことでも有名である。また、フィリピン系アメリカ人は、フィリピン料理でない料理に馴染むのがかなりうまいようである。これはおそらく、フィリピン料理には中国料理やスペイン料理からの影響が強く、フィリピン料理以外の料理に対する間口が広いためである。

米国内の美味しいフィリピン料理店の多くは、ロサンゼルスとサンフランシスコに集中している。サバヒーや牛テール煮込み——濃ければ濃いほど美味しい——も試してみるに値する逸品である。酸っぱすぎると感じる人もいるようだが（私は違う）、アドボ料理は醤油と酢をうまく使っている。レストランのルンピア（フィリピン風春巻）は大抵揚げたてではないので、ほとんどの食堂ではおすすめできない。北バージニアで一番お気に入りのフィリピン料理店は、フィリピンのおふくろの味を食べさせてくれるドラッグストアのカウンターである。私はかつて隣に住んでいたが、何年もの間、そんな場所でフィリピン料理が食べられるとは知らなかった。

つまるところ、フィリピン料理は知られざる驚異に満ちているが、フィリピン人の家族と仲良くなるか、フィリピンの奥地に旅をするのが一番だ。米国内ではフィリピン料理は低開発のジャンルだが、この先二十年ぐらいは、何も変わらないだろう。

「中華料理」なるものは存在しない

業界紙『チャイニーズ・レストラン・ニュース』によると、現在米国内には四万三千軒の中華料理店が存在するという。これはマクドナルドの店舗数の三倍である。要注意！

「中華料理」なるものは存在せず、たくさんの郷土料理があるに過ぎないのだ、ということを最初にあなたに教えてくれるのが中華料理だろう。しかも、世界中に様々な種類の「中華料理」が存在している。

比較的美味しい中華料理を食べられるのは、次の国である。

タンザニア
インド
カナダ

マレーシア

かなり幅広いラインナップではないだろうか。実は、この四カ国には共通点がある。第一に、中国本土、台湾、香港、シンガポールなど、出自は様々だが「本物の」中華料理と比較的強いつながりのある中国人によって店が経営されていること。第二に、店がターゲットとしているのが、中国人客または中華料理についてよく理解している洗練された客であること。重要なのは、正しい食材を入手する方法ではなく、客による品質チェックと、店にとっての最優先事項である。

ところで、タンザニアのダルエスサラームにある美味しい中華料理店の客は、外国人、アジア人、援助活動家などである。これらの店の料理は本当にスパイシーで、かなり本格的なものであることが多い。ダルエスサラームでいちばん美味しい店は、中国人かインド人の経営する中華料理店かインド料理店である。タンザニア料理も美味しいのだが、作ってくれる人を見つけなければならない（私はタンザニア料理を調達してもらうために宿泊先のホテルのメイドに金を払わねばならなかったが、食べてみたらとても美味しかった）。

次に、中華料理が不味いことが多いのは、次の国だ。

イタリア
ドイツ
コスタリカ
アルゼンチン
チリ

これらの国には美味しい自国料理がたくさんあるが、先に挙げた二つの条件を満たしていない。ドイツの中華料理は、風味が弱い上にドロドロしていて、山盛りの肉に面白みのないソースがかかっている（この説明から連想するのはどの国の料理だろうか）。その大半がターゲットとしているのは、保守的なドイツ人客である。いくつかの大都市には美味しい中華料理店が存在する――顧客はドイツのエリート層である――ものの、ドイツの中華料理店の大半は失敗である。

イタリアの中華料理店は、中華麵を醬油味のパスタの一種として扱いがちである。コスタリカのサンホセの中華街に住む華僑の大半は、十九世紀後半に移住してきた人々の子孫である。炒飯と伝統的なコスタリカ料理をうまく組み合わせてみせたりはするものの、その多くが中華料理の集団的記憶を失っている。

残念ながらアメリカも、全体としては、中華料理が美味しくない国のリストに付け加えなければならない。ラテンアメリカもまた、パナマを除いて、中華料理の弱い地域である。パナマが例外なのは、パナマシティが交差路都市であり、中国人の商人たちが大勢入ってきているからである。この半球では、カナダまたはカリフォルニアの大都市郊外が一番のおすすめである。

中華街は長い間、安い賃料で美味しい中華料理店を開くことのできる理想的な場所だったが、賃料の安さという点では、郊外のストリップモールの重要性が次第に高まってきている。中華街の大半の店は、今や値段が高い上に（サンフランシスコを筆頭に）中華料理を食べに来た観光客向けにアレンジされている。多くの中国人たちがより良い学校を求めて外の地域に移ったせいで、中華街そのものが過疎化しているところもある。したがって、美味しい中華料理を食べたければ、郊外や、クイーンズ区フラッシングのような都市のはずれに行くべきだ。美味しいエスニック料理の店が中下層の小売店と一緒に並んでいるという光景は珍しくない。バージニアにある私のお気に入りの中華料理店「アンクル・リューズ・ホット・ポット」の隣には、巨大で雑然とした中古品安売店《スリフトショップ》がある。「ユニーク」という名前の店で、スピーカーからはスペイン語の放送だけが流れている（スーパーマーケット「グレートウォール」の隣でもある）。ここから彼らが支払っている賃料は安いということが推測される。

米国の中華料理の大半は、広東料理、湖南料理、四川料理のいずれかに大きく分類され、宮廷風、北京風、上海風などの料理も多く見かける。大部分において、これらの名前は誤解を招くものである。正しい情報も含まれてはいるが、「湖南」料理の店が、本当の湖南地方の料理を出しているわけではない。さらに具体的に検証してみよう。

湖南料理――湖南料理は、中華料理の中でもっとも美味しい料理の一つである。「毛主席の豚バラ煮込み（「紅焼肉」と表記されているメニューもある）」をはじめとする湖南料理の数々は、私が自分で作る料理の中でも特にお気に入りだ。湖南料理自体が複雑な概念で、地方ごとにバリエーションがあるのだが、全体としてはスパイシーで、いくらか脂っこく、多くの四川料理よりも純粋かつシンプルな味をしている。ところで、「毛主席の豚バラ煮込み」がこんな名前で呼ばれているのは、毛沢東の大好物として有名だからであり、家庭で作る中華料理のレパートリーとしては定番の一つになっている。

とはいえ、米国内で「湖南」料理と名乗っているレストランの九十九パーセント以上が、「毛主席の豚バラ煮込み」をはじめとする多くの湖南料理を出していない。「湖南」という看板は、大抵、ソースをたっぷり使った甘くてベチャベチャした料理を出す、本物の中華料理とはほとんど縁のない店であることを示す。アメリカで「広東」料理を謳う中華料理店が広まった後、「湖南」というブランドはエキゾティックな響きで差異化を図る手段として用いられるようになった。

もしも本当の湖南料理に近いものを食べてみたいと思うなら、自分で作るか、真っ当な四川料理の店（湖南料理も何品かメニューに載っていることが多い）に行くことをおすすめする。

四川料理――四川料理の店には二種類ある。一つは、先述した湖南料理と同様の店である。実際、この手の店の多くは、「湖南」と「四川」の両方の看板を掲げている。この二枚看板は、せいぜい一九八六年頃のアメリカ風中華料理しか食べられないことを示す悪いサインだ。

第二のグループは、（程度の差こそあれ）本物の四川料理を食べさせる店で、アメリカ国内の中華料理店の中でも上位に入る。中国人向けに作られた中華料理を出しており、クオリティも押しなべて高い。私もこれまでに何軒も行ったが、どれも訪れる価値のある店ばかりだった。この手の店の特徴としては、中国語で書かれたメニューがあること（表に出ているとは限らない）、黒板に中国語で「本日のおすすめ」が書かれていること、坦々麵があること、痺れるような辛さの「麻辣」味が多くの料理に使われていること、豚バラ肉が使われていること、卓上に黒酢が置かれていること、宮保《クンパオ》［砂糖や醤油や酢などで味付けした食材を、唐辛子や山椒の風味をつけた油で炒め、辛くて甘酸っぱい味に仕上げる調理法］のソースの量が少なめであること、辛くて酸っぱい味付けの料理があること、冷たい麵があること、中国人の常連客がいること、等々が挙げられる。

腕の良い調理人がいたり店主が熱心だったりする他にも、四川料理の店の美味しさには大きな理由がある。中国人の常連客がいるおかげでもあるが、それだけではない。本物の四川料理で使われる主要な食材は、長距離輸送に耐えうるものが多いのである。四川料理の最大の特徴は、唐辛子などの香辛料であるが、中でも欠かせないのが四川花椒であり、これが四川料理独特の痺れるような「麻辣」味を生み出す。この四川花椒は、数年前までは法規制によって米国への輸入が禁止されていたが、今では品揃えの良い中国食品店などに行けば簡単に手に入れることができる。私のキッチンにも常備してあるが、数カ月どころか、下手すれば数年間でも保存できる。炒った四川花椒を挽いて、挽きたての黒胡椒、紹興酒、醤油と合わせ、好みの野菜（大抵はアスパラガスかアオマメ）をピーナッツ油で炒めれば、いつでも食べたい時に美味しい四川料理を食べることができる。四川花椒の用途は他にもたくさんあるが、肝心なのは、この調味料が四川から離れた場所でも美味しく、扱いやすいという点である。同じ理由から、四川料理の中には、最低限の専門知識しかなくても、それなりに美味しく自宅で再現できるものがいくつかある。

その他の四川料理としては、打ちたての麵を香辛料と合わせた、新鮮な麵料理（坦々麵など）が挙げられる。食材の中では豚バラ肉が重要で、大抵のアジア系スーパーには、ちゃんと脂の乗ったバラ肉が売られている。良いブランドのものであれば、市販のベーコンでも代用できる。やはり、主要な食材は賞味期限が長く、輸送や冷凍にも耐えることができる。

アメリカの四川料理店は完璧ではなく、多くの新鮮な中国野菜をはじめ、代表的な料理でありながらメニューに載っていないものもある。とはいえ四川料理店は、アメリカにおける食べ物の選択肢の中では、最も信頼に足るものの一つである。現在、四川料理店は、中国系の人たちに縁のある郊外や、ニューヨーク、シカゴ、ロサンゼルス、サンフランシスコなどの都市部を中心に出店している。これらの店は、アメリカで食べられる本物の中華料理の最もありうべき将来を示している。仮に現時点では一軒もなかったとしても、いずれはクリーブランドにも四川料理の店が出来るだろう。

ひょっとしたらあなたはまだ迷っているかもしれないが、四川料理店のメニューのすべてが激辛というわけではない。アメリカ国内であれば、単に（辛くなくて）美味しい肉団子が食べたいのだとしても、一番のおすすめは四川料理の店で注文することである。美味しい中国野菜やシンプルな豆腐料理についても、本来の四川料理であるかどうかは別として、同じことが言える。客の選択には非常に強い力があるので、このやり方はやはり上手くいく。辛い四川料理は知識の乏しい客を振るいにかけるためのものであり、大抵はその他の料理のほうが、辛いかどうか、あるいは四川料理かどうかにかかわらず、もっと美味しい。

私の地元にある四川料理の店――バージニア州フェアファックスの「チャイナ・スター」――では、非常に美味しい肉団子鍋を出している。これはまったく四川料理とは関係がなく、脂の乗った合い挽き肉を肉団子の形にして、アニス風味の出汁で調理したものである。基本的に辛さは皆無で、どこかスウェーデン料理を彷彿とさせる味がする（実際、何人かのスウェーデン人たちを連れて行って食べてもらったところ、みんなこの料理が気に入っていた）。こうした料理を食べられるのは、この店が日頃から要求の多い中国人客を相手にしており、彼ら全員が常に四川料理を食べたがっているわけではないからである。

これらの四川料理店で何を頼むべきなのかを知っておくには、少々コツがいる。まず、四川料理は中国人向けの別メニューにしか載っていないことが多いが、大抵は英語で書かれている——これをきちんと頼んでおかないと、全て台無しだ。その他にも、メニューとは別の黒板などに中国語で書かれている料理がたくさんある。翻訳をお願いするか、思い切って適当に頼んでしまおう。お店の人に「家庭料理」が食べたいと伝えよう。辛いものが得意なら、周囲の中国人客の真似をして注文しよう。辛いものが苦手なら、その弱点をウエイターたちに決して悟られないようにしないと、全てが台無しになってしまう。辛いものが苦手だと気付かれてしまうと、辛かろうと辛くなかろうと、美味しいものは食べさせてもらえない。このようなケースでは、インターネットがとりわけ役に立つ。メニューがよく分からなかったり、他の客の真似をすることに抵抗がなかったりするのであれば、一番賢い方法は、yelp.comやchowhound.chow.comなど、事前にネット上の口コミなどを調べておき、ある程度盲目的に、そこに書かれていたアドバイスに従うことである。馴染みのある食べ物とはかなり違うので、自分の好きなものを当てはめてみようとしても（「私は魚よりも鶏肉のほうが好き、等々」）、おそらくあまりうまくいかない。

ここ五年間で数多くの四川料理店が開店しており、その大半が繁盛している。ほとんどの店が営業を続けており、満席になることも多い。

広東料理——多くの中国人が、広東料理こそが中華料理の中で最も洗練された最高峰たりうる料理だと考えている。おそらく広東料理の美味しさは、中国沿岸部の魚介類の豊富さに大きく依拠しており、新鮮な中国野菜も様々な種類のものが使われている。新鮮かつ繊細（または、そうあるべき）であり、高級フランス料理にも匹敵するような材料や扱い方への配慮を必要とする。残念ながら、あなたがアメリカに暮らしているのなら、これは残念なお知らせである。

四川料理と同じく、アメリカの広東料理の店には二つの種類があるが、どちらも特に美味しいわけではない。一種類目は、一九六〇年代以降、米国内に最初に広まりはじめた中華風アメリカ料理から派生した広東料理の店である。これらの店のメニューは、芙蓉蟹や鶏肉入り炒飯、美味しくも不味くもないムーグーガイパン［鶏肉とキノコと野菜の炒めもの］といった雑多なもので、どの料理もまったくスパイスが効いていない。こうした料理が本場の味なのかどうか、あるいは、それが重要なのかどうかという通常の議論をしても意味はない。これは単に中華風アメリカ料理と呼ぶべきもので、好きかどうかは好みの問題だ。おそらくあなたの中でも好き嫌いは既に決まっているものと思われる。この手の店は、とにかく数が多い。

二種類目は、本物の広東料理を再現しようとしている本場風の店である。だが、これらの店の試みは、ある程度までしかうまくいかない場合が多い。中国南部で生まれた広東料理は、魚介類と野菜をふんだんに使っており、アメリカ版の広東料理とは比べ物にならない。魚介類と野菜は、アメリカの食品サプライチェーンがもっとも苦手とする部門である。したがって、ちゃんとした味と問題のない食材を組み合わせてみたところで、アメリカ版の広東料理は失敗に終わってしまうだろう。アメリカの食べ物事情は、広東料理の素晴らしさを再現するのに全く不向きなのである。自分がアメリカを離れることなく美味しい広東料理を食べたいと思った時には、ニューヨークやロサンゼルスのような大都市にある高級店を選ぶことにしている。それなりの金額を払えば、新鮮な魚介類を食べることはできるが、お得な感じはしない。そのため広東料理にはなるべく手を出さないようにしているのだが、食べたいと思うことはしょっちゅうあるので、不満は募る一方である。

点心は広東料理の一種で、通常は値段も手頃だし、少なくとも味にはそれなりに期待できる。点心の大半は、新鮮な野菜や完璧なクオリティの魚介類を必要としていない。その結果、北米でもそれなりに美味しいものが食べられる。私の好みでは、カナダ、特にバンクーバーの点心は相当にレベルが高い。いずれにせよ点心は、アメリカの食品サプライチェーンの落とし穴を避けつつ、広東料理の美味しさに触れることができる、良い方法の一つである。

本場風の広東料理の店に行くのなら、一番のおすすめは、広東料理以外の中華料理店のメニューにもあるような、土鍋料理を注文することだ。典型的な中華の土鍋料理は、カブと牛肉を混ぜ合わせたり、牡蠣を煮込んだり、豆腐と魚介類を混ぜたりしたものである。それぞれの風味が融合し、最高に美味しいものであれば、フランス南西部の料理を食べた時のような心からの深い満足感を得ることができる。土鍋料理では、食材の新鮮さよりも風味や食感の調合のほうが重要となる。アメリカ国内の広東風土鍋料理は、理想的な選択ではないものの、かなり美味しいものが多い。この国での広東料理の限界を克服する一つの方法である。

あなたと中華のテイクアウト

もちろん、中国の郷土料理がこれだけしか存在しないというわけではないが、アメリカで広まっている中国料理といえば、主にこれらのことである。アメリカには台湾料理の店がたくさんあり、たとえ実際の台湾料理とは違うものを出しているとしても、全体としては平均点以上の店が多い。彼らは、ごく一部の台湾出身者を含む客のために、中国各地の様々な料理を混ぜ合わせているのだ。宮廷料理がお目当てなら、マンハッタンにある「シュン・リー・パレス」のような、古くて高級で値段も高い中華料理店に行くのが正解だ。中国西部の美味しいムスリム料理に関しては、カリフォルニアやニューヨークに店がオープンすることが時折あるので、行けるうちに行っておいたほうがいい。ワケギやクミンやラム肉を使った、米ではなくパンと一緒に食べるタイプの中華料理（これも中華料理と呼べるのであれば）を目にすることもあるだろう。全体としては、これまで聞いたことも見たこともないようなタイプの中華料理に遭遇したら、試してみるといい。その手の店は、おそらく特定の客層をターゲットにしているので、料理のクオリティにも期待できるはずだ。

中国のどの地方の料理であるにせよ、絶対にやめておいたほうがいいのは、中華ビュッフェである。インド料理のビュッフェが比較的おいしいのは、低温でじっくり調理するメニューが多いからである。ビュッフェというのは、低温で調理され続けている状態だと考えることができる。さらに、インド料理で主に使われている食材の中には、ラムの挽肉のように、長時間煮込むことで美味しくなるものもある。ところが、美味しい中華料理の多くは、強火で一気に調理されたものである。こうした料理は、出来立てをなるべくすぐに食べなければならない（同じ理由により、中華料理を食べる際、たとえばインド料理の時よりも早食いすることは、理にかなっている。ただし、行儀が悪いかも……と読者を不安にさせるといけないので、ガイドブックには書かれていない）。作り置きされた中華料理は、大抵、ふやけてぐしゃぐしゃになってしまっている。例外がないわけではないが、一般的な経験則として、ビュッフェをやっている中華料理店には入る価値がない。中華ビュッフェは、その店が味にも評判にもこだわっていないことを示すサインである。

良さそうな選択肢が一つも見当たらず、全ての状況が自分にとって不利なように思われる時でも、前に進む方法はきっとある。なぜならあなたも、私と同じく、全ての食事が大切だと信じているからだ。

他の方法が全て失敗した時でも、大事なコツが一つある。それは、「努力次第で、どんな中華料理屋でも名店に変えられるチャンスがある」というものだ。そう、どんな店でも、である。何を食べても美味しい万能の中華料理店に変えることはできないが、一品か二品であれば、なんとか美味しい料理が食べられるようになる。やり方を教えよう。

全体的に見て、中華料理店というのは最も「安全度」の低い飲食店である。つまり、もしも運悪く不味い中華料理店に入ってしまった場合——恐ろしいほど陥りやすい状況だ——その店は、本当に本当に不味い可能性がある。正体不明の揚げ物にチートトスのような色をしたドロドロの甘いオレンジソースがかかった、最低の悪夢のような料理が出てくるかもしれない。

おかしなことに、この手のひどい中華料理店は、ほぼいたるところに存在している。小さな町にもあるし、他に食べる店がないような場所にもある。インナーシティにも、マンハッタンの中心街にもある。

だが、よく知らないどこかで美味しいものを探す時、あなたは葛藤を覚えることになる。おそらくあなたは、ドロドロのオレンジソースを出す店でひどい目にあった経験があるだろう。それでもなお、あなたは食事をとらねばならず、目の前には「中華」料理の店がある。目の前にある店に入らなければ、立ち往生することになってしまう。あなたは誘惑に駆られ、こう考える。「もしかしたら、『本当の』中華料理を食べられる店かもしれない。そりゃまあ、成都や広州で食べられるような本物の中華料理とは違うかもしれないけれど、それなりに本場っぽくて美味しいかもしれない」。店内を覗いてみると中国人の店員がいて、いかにも中国とつながっている感じなので、きっと故郷の味を台無しにするようなことはないだろうと考える。私はこの戦略を用いる人たちを知っているが、大抵はひどい目にしか遭わない。

このような場合には、私は次の経験則に従うことをお勧めする。「全ての中華料理店は美味しい店になりうる」。中国人のコックがいる必要はあるが、アメリカの中華料理店の場合は、ほとんどの店が該当する（ほぼどの国でも同じだろう）。だが、中国人のコックに本当の中華料理を作ってもらうには、一体どうすればいいのか。

私はかつて、バージニア州のブリッジウォーターという町で、このジレンマに直面した。ノースカロライナから車で帰宅する途中だったと思うが、私は腹が減っていた。ブリッジウォーターに立ち寄ったのは、ただ単に他の場所が思いつかなかったからだ。かつて私の研究室にいた大学院生が、最後はブリッジウォーターに数年間住んでいた。彼はこの町を「僻地《バックウォーター》」と呼んでいて、食べ物について文句を言っていた。人口五千人の町で、近くには大きな都市もない。一体どんな場所なのか、ちょっと興味があった。

町の中心部に行ってみると、一軒の中華料理店が目に入った——だが、果たして「中華」や「料理店」などと呼ぶべきものなのか。それはきちんと食事ができるレストランというよりは、カウンターにちょっと座れる程度の店だった。小さな町にある多くの中華料理店と同じく、テイクアウトがメインの店だ。町の隅々まで確かめたわけではないが、エスニック料理店は他に見当たらなかった。悲しいことに、バーベキューの店も見当たらない。そこで私は店に入り、メニューを見てみた——予想通りぱっとしない。それでも、私は考えた……。

ここでのルールは単純だ。すなわち、中国人コックと話をして、自分の存在をアピールする必要がある。店は混んでいなかったので、私はコックと話がしたいと頼んでみた。ウエイターは、コックと思しき男を店の裏から連れてきた。私は彼に向かって魔法の呪文を少なくとも十回は唱えた。「麻婆豆腐、あなたが自分で食べるのと同じものを」。時折、駄目元で「本当の中華料理」「家庭風」「四川風」「辛口の」というような表現も混ぜてみた。これらの言い回しの中では「家庭風」を使うのが一番良いと思う。

私がコックに伝えた言葉は、適当に思いついたものではない。第一に、メニューには豆腐が載っていたものの、ブリッジウォーターでは中国人以外の客が「麻婆豆腐」という言葉を口にはしないことを知っていた。中国語らしく発音しようとして失敗したものの、努力は分かってもらえただろう。実は、私は自分が本当の中国料理に多少は詳しいという合図を送っていたのだ。料理人と話したいと頼んだのも、こちらが料理にこだわっていることを伝えるためだ。私の推測では、おそらくブリッジウォーターの住人たちの多くは、こうした取り組みをしていなかった。

第二に、私はその店はおそらくひどい食材を使っているだろうと考えた。ナイマン牧場〔サンフランシスコにある有名な自然牧場〕の放し飼いの豚肉を食べたいと思っているブリッジウォーターの住人が、どれほどいただろうか。この店の海老には手を出したくなかった。おそらく鶏肉は悪くないだろう。牛肉は美味しくなさそうだ。だが――豆腐ばかりは、どうにもならないのではないか。豆腐というのは四角い物体で、何週間も冷蔵庫で保存できる。おそらく駄目にしようがない。麻婆豆腐には挽肉が使われているが、挽肉は薄切り肉に比べて、ひどい扱いをしたり質が悪かったりしても味が落ちづらい。やわらかくなくてもいいし、肉自体よりもソースとスパイスによって味が決まる。自分でもセイフウェイで買った挽肉を使ってまあまあの麻婆豆腐を作ることができるが、その店の挽肉はセイフウェイ以下ではない（以上でもない）と考えた。

かくして私は麻婆豆腐を注文した。コックは個人的なリクエストを受けて喜んでいるようだった。出来上がった麻婆豆腐は、実際、かなり美味しかった。「絶品」というほどではなかったが、はるかに国際色豊かな北バージニアやマンハッタンの並レベルの店には勝っていた。美味しかった。かくして、バージニア州ブリッジウォーターにも――きちんと手順さえ踏まえれば――美味しい中華料理を食べられる店が、少なくとも一軒はあるということになる。

第7章

今こそ新たな農業革命を

サン・アグスティン・オアパン在住のメキシコ人農夫ファン・カミーロ・アヤラは、これまでずっとトウモロコシを作り続けてきた。朝起きると、歩いて自分のトウモロコシ畑に行き、畑仕事をする。斧と鋤、時にはロバを使うこともあるが、それ以外の農機具は持っていない。六十代前半になった今でも作物のことを気にかけ、畑で一日を過ごす。

雨が降りだすタイミングに関する彼の意見は、高度な情報に裏打ちされている。彼の村の祭事の大半には、何らかのかたちで、雨が関わっている。悪い雨が降れば不作となる。ファン・カミーロには、かつて村人が飢えていた頃の記憶がある。

厳しい暮らしだ。それでも、トウモロコシがなければ、ファン・カミーロの家族や彼の村の住人全ての生活が成り立たない。ファン・カミーロの家族は年がら年中、少なくとも家にいる時は毎日、畑で穫れたトウモロコシを食べている。トウモロコシは売り物ではなく自家用であり、家庭用の穀倉で数カ月、あるいは数年かけて乾燥させてから保存する。機械で挽いて粉にして、石灰と水を混ぜたものを鉄板で焼くと、おいしいブルーコーントルティーヤが出来る。一九二〇年代以前は、機械の代わりに杵と石臼（メターテ）が使われていたが、機械のおかげで女たちは自由な時間をたくさん手に入れた。ただし、火の守り番をするのは、今でも母と祖母と娘である。

少なくとも二つの文明が、トウモロコシを礎として築かれた。最初の文明は、私たちが今日アステカ文明と呼んでいる文明で、ラテンアメリカと中央アメリカと北アメリカの大部分にも広がっていた。コルテスとスペイン人たちが新世界を訪れた時、彼らは都市と運河に畏敬の念を抱いた。さらに彼らは、世界で最も進んだ農業の一つにも遭遇した。メキシコの住民たちは、食用の家畜をあまり飼育しておらず、たとえば牛や豚はまったく飼っていなかった。それにもかかわらず、彼らはトマト、トウモロコシ、唐辛子、豆、カボチャ、イモといった作物を、全て科学的に栽培していた。少量の肉と混ぜれば、食料としてはこれで充分だった。

トウモロコシを礎とする第二の文明は、私たち自身のものである。（イモはさておき）トウモロコシがなければ、イギリスの産業革命は起こらなかっただろう。十九世紀に工業が大発展を遂げるよりも先に、農業革命がゆっくりと起きて、産業革命の基礎を築いた。はじめに食料を増産できたおかげで、多くの労働者たちが農業を離れ、商業や科学や工業に挑戦し、それが発明へとつながったのである。新世界とその穀物の発見に続いて、ヨーロッパ経済はトウモロコシの力を借りて、必要最低限の暮らしからゆるやかな経済発展へと移行することができたのだ。

今日でさえ大量の食品が、良かれ悪しかれ何らかの形で、トウモロコシを基礎にしている。コーンシロップを調味料として、あるいはコカ・コーラやキャンディやケチャップや市販のアイスクリームの保存料として使いはじめたのはアメリカ人である。コーンシロップは食べ物やスープ、液体にコクを与える。食品の型崩れや退色を防ぎ、材料同士を結びつけ、食品に含まれる水分を安定させるのである。さらにトウモロコシは、マヨネーズ、スープ、離乳食、チューインガム、缶詰野菜、冷凍野菜、ビール、ワイン、クラッカー、パン、加工肉、のど飴、歯磨き粉、シェービングクリーム、靴磨き、合成洗剤、タバコ、レーヨン、なめし皮、ゴムタイヤ、ウレタンフォーム、死体の防腐処理剤等々といった色々な物に、様々な形で含まれている。

だが、そもそもトウモロコシは、人間の介在なしに自然に発生したものではない。トウモロコシに最も近い「自然の」植物は、テオシントである。テオシントは、茎の先端に小さな穂のある中米産の硬い草で、見た目も味もあまりトウモロコシとは似ていない。今のメキシコにあたるナフアの農民たちが、数世代かけて改良を重ね、より丈夫で美味しく育てやすいトウモロコシへと育てあげたのだ。農民たちが意図的にテオシントの遺伝子構造を組み換え、本来とは大幅に異なる、自然に発生することのない耕作物を作り出したのだから、私たちの知るトウモロコシは、遺伝子工学の産物であると言える。かくしてトウモロコシは、家庭用の犬と同じく、人間の創意工夫の産物なのである（ただし、犬に関しては、もっと犬の役割を評価すべきだと言う人もいる。ひょっとすると犬は、人間による改良と同じぐらい、自ら進歩したのかもしれない）。

トウモロコシの生育が最初に行われたのは、まさにファン・カミーロの地元、リオ・バルサスからほど近い、メキシコシティとアカプルコの中間地点である。

トウモロコシの品種改良が行われたのは何世代も前のことであり、遺伝子検査では、キリストの生誕より八千六百十から八千九百九十年前も前だと推定されている。ファン・カミーロは、単なるトウモロコシ生産者ではなく、トウモロコシを生み出した農民と科学的品種改良者の末裔なのだ。

トウモロコシの歴史は、人間の歴史の中でも最も重要な物語の一つである。数世代がかりの選択的品種改良を通じてトウモロコシを発明したナフアの農民たちは、人類史上、最も高く評価されるべき科学者である。世界史における重要度からすれば、アインシュタインも真っ青である。

緑の大革命

ファン・カミーロは、世界初の緑の革命の只中をいまだに生きているのだと考えることができる。彼の住むサン・アグスティン・オアパンの「オアパン」とは、アステカ文明の言語の一つであるナワトル語で「緑のトウモロコシの茎が茂る場所」を意味する。私はこれを第一の緑の革命と呼ぶことにする。

第二の緑の革命は十九世紀半ばに起きた（第2章で既述）。飛躍的進歩の最中、食品の供給網は拡張していき、突然、蒸気や電気を動力とする機械の大規模な集合体と結びついた。一九二九年頃、W・P・ヘッデンが『大都市はいかにして食料を供給されているか』という本を書き、かつてないほど少数の農民から、大都市がいかにして食料の供給を得ているかについて意気揚々と述べてみせた。輸送と機械の重要性が急激に高まった。ヘッデンは、アメリカの田舎からニューヨーク市へと至る食料品の移動を追跡し、食料を取りまく新たな世界が、地産地消からかけ離れたものであることを明らかにした。私たちの大半にとって、この話は少々古臭いものに聞こえる。だが、多くの世界にとっては、まだまだ新しいか、いまだに実現していない話なのである。

第二の緑の革命の後、北米の食品輸送はこんな風に行われるようになった。たとえばオレンジの場合、貨車一両分の貨物がカリフォルニアからシカゴへと輸送され、それからインディアナ州ハモンドのハーバー・ベルト線でエリー鉄道へと移された。ハモンドの操車場で、エリー社は積荷別に貨車を分類し、適切な継続車両を組織した。列車の長さは目的地と、アパラチア山脈を通過する際の等級によって決定された。途中、再凍結デッキに定期的に停車することで、貨車は低温に保たれた。停車駅ごとに最新情報がニューヨーク市の取扱業者へ電報で通知された。列車はハドソン川から三マイル西のニュージャージー州クロクストンへと向かった。平均運行速度は時速二十五マイルを超えないため、輸送には数日を要した。到着した貨車は、商品のカテゴリーと以後の冷凍処理の必要性などに応じて、再び分類された。配送を急ぐ商品は波止場地区へと発送された。

列車が到着するとマンハッタンの荷受人は、商品を販売するかどうか、配達物を受け取るかどうか、一時的に操車場に留め置くかどうかを決定した。適切な情報が再び電報によって交換され、ここで構内機関車がハドソン川の波止場へと車を運んできた。輸送に関係する車両は、舟橋や浮かんでいるカーフェリーの上へと押し上げられた。タグボートがこれらのカーフェリーを曳いてハドソン川を渡り、通常はあらかじめ指定されている桟橋へと運んでいった。最初の浮桟橋が到着するのは午後七時頃だった。作業員の集団が車を出迎え、台車を使って積荷を降ろすと、浮桟橋には貨車が残った。果物が競売にかけられる午前七時までには、全ての荷降ろしが終わる。バイヤーは手に入れたものを荷馬車とトラックに載せ、ニューヨークの食品市場へと運んだ。

最終段階で使われている荷馬車を除けば、どの段階の作業も十九世紀前半には実行不可能だったものばかりである。さらにこれは、フアン・カミーロが共に育ったサプライチェーン――トウモロコシをただロバに載せて、畑から一マイルも離れていない自宅へ運ぶ――とも大きく異なっている。

この後発の第二の緑の革命がフアン・カミーロの元にまで到達したのは、ここ十年のことに過ぎない。今日、もしあなたがフアン・カミーロの家を訪ねて、彼らにブルーコーントルティーヤを作ってもらうのが待ちきれないほど空腹だったら、彼らは冷蔵庫から一袋の麺を取り出し、水を加えてストーブで温めてくれるだろう。この麺は、フアンの村から一番近い都市であるイグアラの店で買ってきたものだ。ブルーコーントルティーヤほど美味しくはないが、水不足で不作の時でさえ家族が決して飢えることのない、新世界の姿を反映している。一九七〇年代になっても、村でひどい飢饉が起きることは珍しくなかった。今日、若い人々の身長は急速に高くなっているが、老人たちの身長は低いままである。一日中ブルーコーントルティーヤを作ることがなくなったおかげで、女性の自由時間は増えたが、トルティーヤが姿を消したわけではない。

もう一つの緑の革命は、正式名称と結びついたものである。ノーマン・ボーローグによって始められたこの革命もまた、まずはメキシコ中部へと到達した。私はこれを第三の緑の革命と呼ぶ。

ボーローグはノルウェー系のアメリカ人科学者で、農作物の収量を最大化することに心血を注いだ。ロックフェラー財団の収量改善プログラムの一員として、彼はメキシコ中部に派遣された。一九四〇年代半ばから研究を開始したボーローグは、いくつかの画期的な成果を収めた。その中には、サビ菌に耐性のある麦作や、品種改良の速度を上げる「シャトル・ブリーディング」、丈夫で収量の多い小麦などが含まれていた。ボーローグはこれらの知識を秘蔵せず、むしろ出来る限り多くのメキシコの農民たちに広めようとした。さらにボーローグは、メキシコの農場主の一部とは違い、オフィスで計画を立てるよりもむしろ自ら進んで畑に赴き「自らの手を汚して」作業に従事した。

ボーローグによる緑の革命は一九四〇年代に始まったが、これは一人の天才が誰の助けも借りることなく畑でこつこつと作り出したものではない。ボーローグは確かに天才だったが、彼の努力の裏には、より丈夫で高収量の品種を目指し、何十年にもわたる品種改良が試みられていたという時代背景がある。米国の農業の生産性は長らく向上しつづけていたが、飛躍的な伸びが見られたのは一九四〇年代のことである。一八八〇年から一九四〇年にかけて、この国の農業生産性は年間一パーセントという緩やかなペースで伸びていた。第二次大戦後、趨勢成長率は年間二・八パーセントへと急上昇したが、この傾向は一九三〇年代半ばからの成長に端を発するものである。この発展は、肥料の増加と改良や、機械化された乗り物の利用増加、品種の改良と交配、農地面積の拡大や、食料の栽培や飼育における大規模で能率的な実践の適用といった方向へと向かう、より大きな変化の一部だった。ボーローグの緑の革命は、交雑を通じた遺伝子操作に関して一定の前進を遂げたが、より広い意味では、これはアメリカのテクノロジーが進化を遂げていく長い過程の頂点であり、その成果がアメリカよりも貧しい世界の国々での利用に合わせて改造されたのである。

一九六〇年代初頭、ボーローグはインドとパキスタンをはじめとする他国の農学者たちとの共同研究を開始した。一九六九年から一九七〇年にかけてパキスタンで作付けされた小麦の五十五パーセントが、メキシコ産またはメキシコ由来の品種だった。この割合はインドでも三十五パーセントに上った。高収量の新しい品種は国内の農家の支持を急速に獲得し、インドとパキスタンの政治指導者たちもこの変化を容認した。一九七〇年までに穀類の生産量が著しく増加したのは、アフガニスタン、セイロン（現スリランカ）、インドネシア、イラン、ケニヤ、モロッコ、マレーシア、タイ、チュニジア、トルコといった国々である。一九七〇年代に入ると、ボーローグは中国人たちがより生産性の高いハイブリッドライスの使用を推進するよう後押しし、農業生産性を急速に向上させた。

これらのイノベーションの結果、数百万人の命が助かり、数百万人の子供たちが飢えの苦しみから救われた。一九五〇年以降、世界人口は百五十パーセント以上増加してきたが、同じ時期、食料の実質価格は約七十五パーセント下落した。一九七〇年代に入ってからも、ボーローグの緑の革命が広く理解されるようになるまでは、世界はやがて大規模な飢餓に直面するだろうという予測が信じられていた。飢餓に苦しむ人々は今でも存在するが、この世界はかつてないほど多くの人々に食料を供給している。

中国では一九五九年から一九六一年にかけての飢饉によって、三千万人以上（あるいは『毛沢東の大飢饉』の著者である歴史学者フランク・ディケーターの計算では四千五百万人以上）もの命が不必要に奪われた。今日の中国では、ほぼ全ての人民に対して充分な食料が供給されている。この結果はテクノロジーのみによってもたらされたのではない。中国の人々は残忍な独裁政治から脱却し、農業におけるより良い所有権のシステムを制定したのである。今日の中国では、毛沢東政権下とは異なり、より良い農場を経営することによって大金を稼ぐことが可能である。

こうした発展による土地への負荷は、見た目ほど大きいわけではない。おそらく土地への負荷は、むしろ緩和されてきた。米国では、農地として利用されている土地の割合は二十世紀を通じてほぼ横ばいか、数パーセント低下している。技術の進歩がなかったとしたら、増加する食料需要に応えるためには、ミシシッピ川以東の全土に匹敵するエリアを農地に使用する必要が生じたはずだ。世界規模で見れば、この発展のもたらしたインパクトはそれほど大きくなかった。だが、一九五〇年以降、世界全体の農地面積は一・三二倍しか増えていないのに対し、世界全体の富は六・九九倍も増えている。世界全体では、一人当たりの農地面積は一九三〇年にピークを迎えている。つまり今日では、より多くの人々に食料が供給されていると同時に、そのために使用される農地の面積は縮小しつつあるのだ。

この仕組みは単純なものである。アグリビジネスは——猛烈かつ貪欲に——コストの節約を望む。二種類のコストが存在することを考えてみよう。すなわち、企業が負担すべきコストと、公害のように社会が負担すべきコストである。企業による利益追求は時として裏目に出てしまい、大量の汚染が撒き散らされるなどして、農業関連企業が社会に対して多額のコストを強いることになる。しかし、企業による自社コストの節約は、社会のコスト節約につながることが多い。この一致が最も見えやすい局面が、土地の利用である。土地の利用には大きなコストがかかるので、アグリビジネスは使用する土地の面積をなるべく縮小しようとする。その結果、環境は恩恵を受けることになる。アメリカの土地の多くは再び森林化されてきており、アグリビジネスの足跡は増えるどころか減りつつある。

さらに大きな文脈でこの点をとらえてみると、商業主義に走った農業や、巨大ビジネス、遺伝子組み換えなどの新技術に対する批判はたくさんあるがこれらの白熱した議論はどれも、バランスの取れた視野を失っていることがあまりにも多いのが分かる。より広い視野で歴史を見てみれば、技術の進歩と農業の商業化こそが、数十億人の生活を大きく永久的に改良したのだということが分かるはずだ。いくらかの問題はあるにせよ、アグリビジネスの「プラットフォーム」は、近代の世界における食のインフラと呼ぶべきものであり、放棄するよりも、礎として発展させていくべきである。

食料生産と肥満

一八九〇年の食の世界に戻ることで肥満問題を解決しよう、などとは思わない。単純すぎるように聞こえるかもしれないが、私たちに必要なのは、さらなる自制である。それは消費者の側からの一種のイノベーションである。アメリカの社会階層のうち、肥満問題と一番縁遠いのが高所得者層である。彼らは、様々な食べ物が溢れる新世界に最もがっちり取り込まれている人々である。彼らは他のどの階層の人々にも増して、旅行をし、新しい食べ物に挑戦し、食に関する本を読み、もっと美味しいものを食べようと試みる。アジア人とアジア系アメリカ人はどちらも、外食、料理、新たな食べ物の探求に対して、偏執的ともいえるほどの関心を寄せている。しかし彼らは、アメリカに移住すれば数世代かけて体重が増加するものの、仮にそうなったとしても最も太りやすいグループではなく、むしろその逆である。

肥満問題が生じたのは、不完全な自制心が現代の食の世界と出会い、広告や味の改良によって、必要以上に食べたり、間違ったものを食べたりするようになったからである。私たちの食生活を取り巻く日々の環境のあれこれが、アメリカでは過食を促進する。だが、実効性のある肥満対策も存在している。それらの対策は、二〇一一年頃の時点で、食べ物に対する極度の愛と両立できるのだろうか。もちろん。

問題なのは、私たちはどうすれば節制できるようになるかということだ。税金や圧力は、おそらくあまり役に立たないだろう。健康に悪いと思われるすべての食べ物に対して百パーセントの税をかける、という考え方について検討した三人の経済学者による研究がある。期待される成果は、「BMIの減少率は〇・二ポイント未満にとどまる。これは平均的なBMIの一パーセント未満であり、一九八二年から一九九六年にかけてのBMI増加率の十三パーセントに過ぎない」というものだった。要するに、税金を課したところで体重減少の効果はほとんど期待できず、平均的なBMIの一パーセントもカットできないのだ。直感的に言って、体に悪いものも含めた食べ物の価格は既にかなり低く、私たちの家計の大部分を占めているわけではない。体に悪い食べ物に高い税金をかけたとしても、だったら切り詰めようという考えにはあまり至らない。何か食べなければならないときに、手近にあるのはフリトス〔フリトレー社の販売しているコーンチップス〕か、同じような安い（そして体に悪い）食べ物だ。要するに、変化は私たちの内から起きなければならず、それはおそらく、良い食べ物に対してもっと関心を持つことから生まれるはずだ。

もちろん肥満問題の解決が困難であることは承知しているし、安直な解決策に飛びつくことは避けねばならない。けれども私たちは、食料の価格がもっと高かった時代を振り返るよりも、より強力かつ良質な消費者イノベーションの時代を待ち望むべきである。

グレートウォールで買い物をした経験を通じて、私は肥満問題について考え直すことになった。数人のラテン系とグルメを除けば、店内には中国人以外の買い物客はほとんどいなかったが、数年間あの店でだけ買い物すれば、中国人以外でもかなりの体重を落とせるだろうし、少なくとも体重を減らす良いきっかけにはなるはずだ（しょっぱい海老せんべいには食指が動かなかった、という話をご記憶だろうか）。ところが、誰もこの方法を試そうとしない。ダイエット中だと自称する人たちは、グレートウォールには行こうとせず、意思の弱さに負けてセーフウェイに行き、チョコレートチップクッキーの誘惑に屈してしまう。グレートウォールに来ている客たち自身が、この店がダイエットに役立つという歩く広告になっているのに、誰一人として一向に試そうとしない。

それに私は、アメリカ人の肥満の原因は単に人々が太りたいと思っているからではないか、彼らは特定の食べ物ばかりを食べるようになるのではないかと思っている。ある特定の方法によって、またはある特定の過程を経て肥満でいることは、過去においては常に存在していたわけではない選択肢である。そのような選択肢があった場合、裕福な人々は――十七世紀や十八世紀の肖像画からも明らかなように――太っていられるということについて誇りを持っていた。今日の私たちの文化では、きちんと教育を受けた裕福な人々が、貧乏人は好みがおかしいだの美学がないだのと批判するが、それはもちろん裕福な人々自身の基準に照らしての話である。もちろん肥満の多くは社会的な健康管理の問題だと思うが、肥満をめぐるやかましい話の多くは、社会的な食のスノビズムの一種でもあるだろう。何キロも体重が増えてもよしとする他人の決断について、私とあなたの意見が一致する必要はないし、もしもそれが本当に一つの決断なのだとしたら――そうである場合が多いはずだ――それと戦って勝利を得ようとは思わない。

肥満のほかに、今日の世界における食の大問題には何があるのだろうか。そしてそれらの問題は、現代のアグリビジネスがきわめて有用かつ有効な構造であるという考え方とどのように適合するのだろうか。

食に関する目下最大の問題

悲しいことに、食に関する世界的な問題のうちで目下最大のものは、（肥満ではなく）栄養失調である。餓死に至るレベルではないとしても、世界の一部では深刻な飢餓がいまだに蔓延している。世界には栄養失調に苦しむ人が十億人近くもいると言われている。この数字はおよそのものであり、いくらか誇張されているとも思うが、仮に実際の数字が半分だったとしても問題はきわめて深刻である。

これらの病弊の原因は何か。通常は、富の欠如、インフラの欠如、悪い政策、民主主義の欠如などといった言葉に要約される。飢饉の起きている国というのは決まって、正常に機能しているアグリビジネスのプラットフォーム上に食料制度を構築していない国なのである。

人口過剰は、飢餓の原因として過大評価されている。通常、最悪の問題が生じるのは、都市部ではなく農村地域である。世界最貧の地域であるアフリカも、世界水準から見てそれほど人口が多いわけではない。人口が集中すれば、貧困にあえぐ人々が何らかの仕事を見つけたり、物乞いをしたり、慈善事業が活動をしたりすることが容易になる。さらに、人口の多い地域はそこに到達することが容易で、メディアや傍観者の数も多いため、政治的に無視することが難しくなる。

飢餓の多くは、そこに到達することが困難な地域で生じる。あるいは、戦争などの大惨事の最中に生じる。きちんと機能している道路があり、人や物が自由に動くことができれば、食料が人々のもとへと届いたり、人々が食料を探して移動したりすることが容易になり、人々と食料供給を引き合わせやすくなる。多くの場合、インフラにおける障壁は、経済的なものではなく政治的なものである。たとえば、アフガニスタンやソマリアで紛争が起きていた頃のように、将軍に金を払わなければ食料を輸送できない場合がある。

十八世紀、飢餓から逃れようと移住した人々の大半は、人口の多い都市から新世界の未開拓地を目指し、さらに後にはオーストラリアやニュージーランドの未開拓地を目指した。当時、未開拓地が非常に重視されたのは、多くの都市で伝染病が蔓延していたからでもあった。今日、（豊かな国では）これらの病気はほとんど消え失せ、都市の経済インフラもうまく機能するようになったため、飢餓から逃れて移住する人々は、より人口の多い地域へと向かうことになる（たとえば、中国西部から中国東部の大都市への大規模な移住）。少なくとも十九世紀後半以降、移住は都市へと向かって行われてきた。たとえば、オーストラリアの土地の広さを考慮すれば、この国が世界有数の都市化された国であり、その都市部に移民一世または二世が大勢住んでいるのは驚くべきことである。

民主主義は、飢饉を回避するのに役立つ。民主主義政府は、打撃を受けた地域に対して早急に援助を行う場合が多いからだ。ノーベル賞を受賞した経済学者アマルティア・センは、この点を指摘したことでよく知られている。瀕死の赤ん坊たちのイメージが報道されれば、政権の印象は悪くなり、選挙に負けることになる。これだけでも民主主義を支持する充分な理由になる。だが、飢饉ではなく飢餓の問題となると、民主主義そのものは思ったほど有効ではない。おそらく世界のどの国よりも飢えている人が多いインドは、一九四〇年代後半から民主主義を掲げている。民主主義が飢餓状態の改善において最大限の力を発揮できるのは、大量の資本主義、大量の富、大量のインフラや、農業における技術の発展と結びついた時である。インドはこれらの分野で成長しつつあるものの、まだ先は長い。民主主義だけではきっちり仕事をすることができないのだ。

なにしろ民主主義政府は、誤った政策決定を常に行っている。飢饉が起こった場合には、大抵、政府が物価統制を行い、食品関連の相場師を取り締まり、食品の流通網に対しては一般的に報償よりもペナルティを与える。飢饉という観点からすると、食品価格の高騰は不公平に見えるかもしれないし、実際にその通りではある。それでも、法的に統制された食品価格のほうがはるかに有害であり、こうした政策の結果、食べ物は市場から姿を消してしまう。人類史上、食品価格の統制という戦略によって飢饉が解決したことは、まだ一度もない。一九六〇年代初頭の中国での飢饉でも、最近の北朝鮮での飢饉でも、独裁的な共産主義体制のせいで食品市場は充分に機能することができなくなった。

結局のところ、食料問題の長期的な原因は、農業における生産性の向上率が比較的低いことにある。一九七〇年から一九九〇年にかけては、ノーマン・ボーローグによる「緑の革命」の効果も手伝って、食料供給は世界人口よりもはるかに速く増加していた。しかしそれ以降、農業の生産性向上は緩やかになってしまった。特にアフリカでは、農業の生産性が緑の革命の時と同じようなペースで広まることがなかった。一九九〇年以降、食料供給の伸び率は人口の増加率よりも低くなってしまった。インドでは、食料の生産性向上のペースは劇的に低下した。

だが、問題があるのはインドとアフリカだけではない。アメリカの農業においても、生産性の伸び率は以前と比べてかなり下がってしまった。二十世紀後半には当たり前のことだった収穫高の飛躍的増加は、今や完全に過去のものになってしまった。そのような状況がいつ再来するのかも不明だ。

たとえば、一九四九年から一九九〇年にかけては、（耕作のために使用する機械や労働力を単に増やすこととは異なる）新たな技術革新によって、農業の生産性は毎年平均二・〇二パーセント向上していた。一九九〇年から二〇〇二年にかけて、この割合は半分以下の〇・九七パーセントにまで低下した。農業研究開発への投資は一九八〇年代から減りつづけているが、さらに詳しく見てみると、研究開発の件数が減少しており、これが想定以上の大きな問題になっている。試算によると、農業研究開発の三十五から七十パーセントが、前に進んで新たな生産力向上を勝ち取ることではなく、「引き分け」――様々な災害から穀物を守ること――を目指すものである。嵐や干ばつ、熱波や寒波といった天候不順が、こうした根本問題をさらに悪化させる。

ミネソタ大学の食料および環境問題の研究者であるジョナサン・A・フォリーは、この点について、次のようにうまくまとめている。「歴史上、世界の食料生産は数回にわたって倍増してきた。今、私たちはもう一度これを倍増させなければならない。最後の倍増が最も難しい。可能ではあるが、容易ではないだろう」

目下のところ、このような生産性の減速こそが、今日の世界における食料問題の中でも最も重大なものであるが、この問題について食通たちが語り合っているところを耳にしたことはないだろう。私たちは食通として、自分自身の消費パターンばかりを過剰に気にして、より大きな全体像を見失ってしまうことが多い。こうした振る舞いは、一見すると利他主義に見えるが、おそらく一種のナルシシズムに過ぎない。私たちは、自分が犯してしまうかもしれない過ち《コミッション》――空輸されたアスパラガスを食べること――にばかり目を向け、目に見えない遺漏《オミッション》、つまり起きていないこと（この場合は技術的進展の遅滞）について充分な時間をかけて心配することはない。「農業における生産性向上の減速」について語ることは、セクシーでもなければ洗練された感じもなく、面白くもないかもしれない。だが、これは今日の世界で日々起きている問題なのだから、〈いつでもグルメ《エヴリデイ・フーディ》〉としては気にかけておくべきである。これは、食をめぐる今日の言説において欠けている概念である。

このような減速の結果、食品市場はいくつかの特別な問題を経験している。特に、報道されているとおり、食料価格はかつてないほど高騰しており、たとえばエジプトでは、食料価格が原因となって政情が不安定になっている。政情が不安定になることは必ずしも悪いとは限らないが（エジプトには新しい政府が必要だった）、食料価格が高くなることはもちろん良くない。

経済学者のロバート・J・サミュエルソンは、これを「食糧大収縮（the great food crunch）」と名づけた。近年における最初の食糧大収縮は二〇〇七〜二〇〇八年に起こり、二番目は二〇一〇〜二〇一一年に起きた。たとえば、中東諸国などの多くの国は、国内で消費される小麦の五割以上を輸入している。二〇一〇〜二〇一一年にかけての八カ月間で、穀物価格は二倍以上に高騰した。典型的な貧困家庭は大半のお金を食費に使うが、多くの国において、そのような家庭ではパンを常食しているので、穀物価格の高騰はかなりの重荷となる。二〇〇七〜二〇〇八年には米の価格も急騰した。私が本章を書いているのは二〇一一年の夏であるが、もしかすると同じパターンが第二の食糧大収縮においても繰り返されるかもしれない。

飢餓のレベル自体は全体的に下がっているのに、このような近年の食料危機が起きたことについては、特別な理由がある。

　食料の需要と供給を、二つの量の間の競争として考えてみよう。片方の尺度は、人間は先進技術を用いてどれほど効果的に食料を生産するのか、というものである。度合いは様々であるにせよ、この能力は常に向上し続けるが、上述したとおり、近年はそのペースが落ちている。もう一方の尺度は、何人の人が食料を必要としており、彼らにはいくらの収入があるか、というものである。貧しい人々は、米やレンズマメやパンを多く食べる。裕福な人々は肉を多く食べるが、牛にはエサが必要なので、間接的により多くの穀物を消費する。

　前者の数値が――新しい技術によって――急上昇すれば、食料価格は下落する。より多くの食料を生産することが簡単になれば、市場に対する供給が増え、価格は下がる。後者の数値――需要――が急上昇すれば、需要が高まることによって価格は上がる。食料価格が上昇すれば、需要の増大傾向が供給のペースを上回る可能性が出てくる。これが今日の世界で起きていることである。小麦、米、トウモロコシ、大豆――そして肉――の需要が、供給よりも速いペースで増大しているのである。

　アメリカの歴史を振り返ってみると、合衆国の成長は、より多くの人たちがより多くの食料を購入することを意味していた。それでも尚、食料価格は下がっていた。アメリカは、交雑種のトウモロコシや効率の良い機械式トラクターなど、食品関連の先駆的な技術を市場にもたらした。インターナショナル・ハーベスター〔アメリカの農業機械、建設器具、トラックなどのメーカー〕は、アメリカの企業だった。

　今日、多くの国が「追いつき成長」と呼ばれるものに関わっている。かつて米を育てていた中国の農民は、今では上海の工場で働き、うんと多くの金を稼ぎ、うんと多くの肉を食べる。彼らは、より裕福な国の生活水準に追いつこうとしている。だが、中国がここ三十年間の平均で毎年約十パーセントずつ裕福になっている一方で、中国の食料生産は年間十パーセントも増えていない。工業生産の増加速度は農業生産の増加速度をはるかに上回っている。言い換えれば、ノーマン・ボーローグの「緑の革命」に相当するようなことが起きないまま、中国の需要は食料価格を押し上げている。最終的に中国は農業においてもそのような大躍進を遂げるかもしれないが、それと同時に、世界の食品価格は通常よりも高くなるだろう。単に中国が農業において大きな新技術を開発していないだけでなく、少なくとも一九九〇年代以降、農業の生産性の向上はペースが落ちており、一種の「大停滞」といえる状況になっている。

これがさらに問題なのは、バイオ燃料（主にトウモロコシ・エタノール）の使用によって、米国の食料需要が高まっているためである。エタノールをガソリンに入れるため、政府は民間部門がトウモロコシを買い上げ、それをガソリンにすることを要求しなければならない。このようなプログラムはアイオワでは大衆の支持を集めており、したがって多くの政治家たちにも人気があるが、経済学者と環境保護論者の双方から猛批判されている。補助金の費用を含めると、バイオ・エタノールは伝統的なガソリンよりもはるかにお金がかかる。残念ながら、環境をきれいにしてくれる効果もない。伝統的なガソリンと同じように、トウモロコシの栽培と加工にかかるエネルギーも環境コストである。たとえば、トウモロコシ栽培に用いられる窒素肥料は、環境汚染の大きな原因になっている。バイオ・エタノールへの助成は、トウモロコシ農家と一部の政治家（特にアイオワでの党員集会を気にしている政治家）を除いて、誰にとっても不利にしかならない政策なのである。

最大の敗者は、もちろん、食料価格の高騰に直面している貧しい国の人々である。彼らの大多数にとって、これは文字通り生死に関わる問題なのに、私たちはちゃんとした理由もないままバイオ・エタノールの生産を続けている。これは、私たちの政治が機能不全に陥っているサインである。二〇一〇年の後半、米国におけるトウモロコシの価格は七十三パーセントも上昇したが、その原因の大半はバイオ燃料にあった。現在、米国で収穫されるトウモロコシの約四十パーセントが、バイオ燃料の生産に用いられる。このせいで、世界中で何百万人もの人たちが再び食料不足へと追い込まれてしまった。中国が二〇〇七年に穀物を原料とするバイオ燃料の製造を禁止したのは正しかったが、その中国も今はキャッサバに目を向けようとしている。

食料供給の問題が悪化するのは、景気の悪い貧しい地域である。たとえば、あなたがエジプトに住んでいるとしよう。エジプトの人口は、一九六〇年には二千六百万人以下だったが、今日では八千万人を超えている。しかも、中国とは異なり、エジプトは数十年前と比べてそれほど豊かにはなっていない。食品価格は世界的に高騰し、エジプトよりも豊かな中国や（もちろん）アメリカの人々には、それを買う手段がある。ほとんどのエジプト人が、そのせいで苦労を強いられることになる。両者の間で板挟みになっている国もあるが、それらの国の成長は、中国のような急成長を遂げた国の需要によって高騰してしまった価格についていけるほどのペースではない。

いくつかの国――やはりエジプトがその一例である――にとって、食料は以前にもまして喫緊の課題であるように思われるし、実際にそうである。だが、食料問題が世界全体で悪化していると結論づけるのは間違っている。エジプトの問題はまさに、食料をとりまく状況が全体として良くなっているからこそ生じるものである。エジプトの逼迫した状況は、中国の繁栄や世界的な肉の需要の高まりが、比較的停滞した生産技術と組み合わさって生じた状況と表裏の関係にある。

一つの解決策は、エジプトが政治改革に着手し、今よりもペースの速い経済成長を始めることである。もしかしたら彼らは既にこの方向へと進みはじめているかもしれないが、これを書いている時点では、エジプトの民主改革の最終的な結果については未知数である。だが、もしもエジプトが経済改革に成功したら、この国は穀物価格の値上がりにも対処できるだろう。次の段階は、経済成長の遅れている残りの国々を改革することだ。

その他にできることは何か。あなたが本章を読んでいる頃には、第二の食糧大収縮は終わっているだろうが、おそらく再発するだろう。それは、アメリカとヨーロッパの農業が新たな進歩を遂げていないからでもある。そして、アフリカの大部分やインドや中東諸国などといった多くの国が、農業の生産性向上に失敗しつつあり、そのため私たちが脆弱な状態に置かれているからでもある。

貧しい国々の農業市場の多くには、あまりにも多くの政治的な要素が絡んでおり、しかもその政治は間違っている。国産の食料に対する補助金、水に対する補助金、エネルギーに対する補助金が悪い形で絡み合い、食品市場の破綻という悪循環を生み出し、その土地の環境にもダメージを与えている。おそらく農業政策こそが、世界中の国家政策の中でも最悪かつ最もいい加減な思いつきである。

バナナやアラビアチャノキ〔アラビア・アフリカ原産の常緑低木。葉には麻薬性がある〕の栽培には大量の水が必要であり、エジプトやイエメンは水不足に悩まされているのに、バナナをエジプトで栽培し、アラビアチャノキをイエメンで栽培するのはなぜか。エジプトの人々がバナナを栽培しているのは、地元の農家を保護するためでもあり、戦争や危機のさなかに他の国が食料を運んできてくれるとは信じていないためでもある。だが、一体どうしたら彼らが必要とする全てのバナナを砂漠で栽培できるのか。どうしたらイエメンの人々は、全ＧＤＰの十パーセントを消費するほど大量のアラビアチャノキ――大半のイエメン人が噛んでいる毒性のある葉――を栽培できるのか。それは、これらの作物を栽培するための灌漑事業に対して、政府が補助金を出しているからである。特にイエメンでは、水を使いすぎたことによって地下水面が急激に下がりつつあり、十年以内には経済的に存続可能な水を使い果たしてしまうだろうと目されている。これはちょうどイエメンの石油資源が枯渇するのとほぼ同じ時期である。大量の水を汲みだすためにはエネルギーも必要なので、イエメン政府は水に対する補助の手段として、エネルギーに対しても補助金を出している。多くの発展途上国では、国内農業や水の使用、エネルギーの使用に対する過剰な助成が行われており、その結果、経済にも環境にも混乱が生じることになる。

一九八〇年から一九九二年にかけて、サウジアラビアは小麦の生産性を二十九倍という飛躍的な倍率で向上させ、これによってサウジアラビアは世界第六位の小麦の輸出国となった。水などに対する助成金を計算に入れると、この小麦の生産にかかる費用は一トン当たり約五百ドルになる。同時期の小麦の国際市場価格の平均は、一トン当たり約百二十ドルだった。全体の費用は少なくとも約八百五十億ドルにのぼる。この馬鹿げた目標に向かって、サウジアラビアは三千億立方メートルもの水を無駄にした。これはエジプトへと流れ込むナイル川の水量の約六年分に相当する。こうして使われた水のほとんどは、再生不可能である。

最善の改革は、補助金を減らし、国境を越えた取引を増やすことである。理想的には、比較的豊かな水資源を持つ中東諸国――シリア、レバノン、トルコ――が、それ以外の中東諸国に対して水を売るべきだが、それを実現することは政治的理由からかなり困難だろう。同時に、水を輸出するためには、必ずしもトラックや船に積んで地中海を渡らなければならないわけではない、という点に注意すべきだ。時として、水を売買するいちばん簡単な方法は、トマトの水分という形で取引することなのだ。食品の市場は、水の市場でもある。

これは、ロカヴォアたちの哲学が見当はずれな理由の一つである（別の理由については次章で述べる）。彼らは、世界の中には水資源が枯渇しつつある地域があり、食料の取引――長距離の取引も多い――以外にこの問題を本当に解決する方法はないのだという事実を見落としている。長距離取引は、環境問題を生み出す以上に、環境問題の解決につながることが多いのである。

もう一つのおすすめは、現代的なアグリビジネスをさらに多くの地域へと広げることである。経済成長著しいと言われているインドだが、農業はいまだに手作業で行われており、規模も小さい。インドの農業生産性は低く、全人口の半数以上が農業に従事しているにもかかわらず、インドの商品およびサービスの生産高において農産物が占める割合はわずか十五パーセントである。インドの経済は年間八～九パーセントの成長率を示しているが、インドの農業は年間約三パーセントしか成長していない。この点が問題である。インドの経済には、多くの人々が考えている以上の混乱が生じている。

インドでは、現代的な大規模アグリビジネスがほとんど認められていないが、その主な原因となっているのは、インド政府および複雑怪奇なインドの法規制制度である。インドでは農産物の輸送や保存や売買が規制され、アグリビジネス企業の規模が制限され、インド国内への海外からの投資に制限があり、効率的な海外の小売業者に対しても法的制限があり、食品のような加工品に対しては高い税金が課せられている。可能な限り安い食品を大量に生産する、機械化された企業農場もそれほど多くはない。インドでは法律のせいで、大企業が直接土地を耕作することが非常に難しくなっている。さらに他の法律によって、広い土地を獲得し維持することも非常に難しくなっている。通常、農場の広さは十五から二十ヘクタールまでに制限されている。こうした諸々の規制の結果、農業はインド経済の主要部門の中でも最も遅れたままであり、インドの農業に対する投資の比率もほとんど伸びていない。

こうした発展不足は、貧困に関する数値にも現れている。インドの五歳以下の子供の半数以上が栄養失調に苦しんでいる。これは、単にこの子供たちが辛いというだけの話ではない。長期的に見れば、栄養失調の子供たちは、成長してからも健康状態や知能や能力が劣ることになる。言い換えれば、明日食料が手に入ったところで、これらの問題から生じた結果は、この先数十年にわたってインドに付きまとうことになる。こうした飢餓こそが今日の食にまつわる悲劇の中でも最悪のものであり、この問題を解決するためには、より多くのより良いアグリビジネスが必要である。二〇一一年頃の時点で、インドの食料価格は世界のどの地域と比べても急激に上昇している。

飢餓問題を解決する

インドについてよく知れば知るほど、アグリビジネスに対する感謝の思いが強くなる。海外からの直接投資、あるいは言い換えれば、インドにおいて外国人がお金を投入しようとするのはいつなのかという話を例に取ろう。一九九一年以前、海外からの直接投資はほとんど許可されていなかったが、一九九一年の改革以降も、農業の分野には海外からの投資がほとんどなかった。外国企業が生産性の高い優れた技術を持っていることは疑いがなかったが、単純にインド市場に参入する価値がなかっただけである。ごく最近まで、農産物の小売や大半の農業生産に関して、海外からの直接投資は禁止されていた。二〇一一年四月、インドは種子、プランテーション、園芸、野菜の栽培に関して、百パーセントの海外直接投資を認めた。さらに二〇〇九年には、ウォルマートのインド支店が開業した。それでも、海外からの投資が大量に入ってくることを期待してはいけない。たとえばウォルマートは、インド国内の小売店を保護するため、一般客ではなく卸売業者に対してしか販売を行うことが認められていない。二〇〇一年には政府が規制を緩和して、小売に手を広げることを許可しそうな兆候もあったが、結局は変わらなかった。だが、あまり期待してはいけない。商売のしやすさ全般に関する世界銀行のランキングでは、インドは百八十三カ国中百三十四位に入っている。契約の結びやすさについては、百八十二位（最下位はボリビア）だった。

土地を借りるのも厄介だ。インドの多くの州（ビハール、グジャラート、カルナータカ、ケーララ、マニプル、オリッサ、ラージャスターン、ジャンムー・カシミール、ウッタル・プラデーシュ）では土地の貸借が全面的に禁じられているし、それ以外の州でも法的に明らかな所有権を示す記録が存在しないことが多く、土地の貸借が行われる際は貸し手が法的なリスクを負うことになる場合が多い。土地の貸借が数年間継続すると、所有者は借地人に対して所有権の一部を失う。

インドは、車などで通ったことがある人なら誰でも分かるとおり、道路やインフラも世界最低の部類に入る。まともな道路でも車の流れは悪く、動物や自動車以外の乗り物が道いっぱいに溢れている。しかも、車がなかなか進まないせいで、無謀な追い越しが横行しており、きわめて危険である。インドで最も怖い場所なので、なるべく電車で移動すべきだ。

このような道路の悪さは、インドの食料品の多くが市場に到着するまでに腐ってしまう一因となっている。『エコノミスト』誌の試算によると、インドでは農産物の四分の一以上が廃棄処分になっている。インド財務省の主任経済アドバイザーを務めたカウシク・バスによれば、穀物の三分の二が市場に着く前に腐るのだという。これほど多くの農産物が腐ってしまうもう一つの理由としては、農場から最終的な販売地点までの間に冷蔵設備がほとんどないことが挙げられる。W・P・ヘッデンの一九二九年の著書『大都市はいかにして食料を供給されているか』では、冷蔵技術が物語の大きな部分を占めていたことを覚えていると思うが、インドはいまだに、第一の緑の革命の頃の状況にさえ追いついていないのである。

これらの諸問題をまとめると、「インドにおいてアグリビジネスの発展を認めれば、いくつもの命が救われ、腹が満たされ、ゆくゆくは生活も改善される」ということが言える。今のインドでも、最高の食べ物はとても美味しい。だが、大多数の国民の収入と比べるとあまりにも高価で、何百万人もの貧しい家庭には届くことがない。今こそインドに新たな緑の革命を起こすべきであり、そのためにはまず法と裁判制度の整備が必要だ。緑の革命が起きれば、多くの巨大ビジネスが参入するためのグリーン・カーペットが敷かれることになる。その中には、海外の企業が含まれることもあるだろう。

本章を締めくくるにあたり、本物の政治的な不安の種になってしまったものの、おそらく将来の緑の革命とも関わりのある、一つのテーマを示しておこう。多くの攻撃に晒されてはきたが、そこには何百万人もの人の命を救える可能性が秘められている。

新たな緑の革命の一つは、いわゆる遺伝子組み換え作物（GMO）から始まるかもしれない。私はこの名前が嫌いである。なぜなら、他の食品では遺伝子組み換えが行われていないかのような印象を与えるからだが（ファン・カミーロのトウモロコシを覚えているだろうか）、どうやらこの名称が定着してしまったようだ。「遺伝子」「組み換え」「作物」という三つのキーワードはどれも気味が悪く、この三つが組み合わさると、まるで生まれたばかりの赤ん坊にクローン技術で頭を追加するかのような、とてつもなく不気味なもののように聞こえる。しかし、農業が進化を遂げたのは、常に自然に対する人為的な介入を取り入れてきたからである。冷酷無情なのは自然の方であって、市場技師や遺伝子接合やモンサントではない。

定義上、遺伝子組み換え作物とは、新たな遺伝子を作り出す現代のバイオテクノロジー――一般的には、特定方向のＤＮＡの組み合わせ――を用いて、遺伝物質を組み換えられた作物のことである。

遺伝子組み換え作物は、既に大きな影響を与えてきた。（この用語が現代において意味するところの）遺伝子組み換え作物は、一九九一年に市場に導入され、二〇一〇年までには二十九カ国で千五百万人以上の農業者によって使用されるようになったが、これらの作物の大半は、アメリカとブラジルとアルゼンチンで栽培されていた。今日では米国産大豆の約九十四パーセント、トウモロコシの約八十八パーセントが遺伝子組み換え作物である。これほど普及したのは、遺伝子組み換え作物のほうが育てやすく、丈夫で、安く大量に収穫することができるからである。実のところ、三億人のアメリカ人および数百万人のアメリカへの旅行者は、一九九〇年代半ばからこれらの作物を食べているが、環境に対する悪影響や深刻なダメージを示す重大な証拠は何もない。

世界の他の地域では、遺伝子組み換え作物はそこまで普及しなかった。ヨーロッパでは厳しい法規制に直面し、そのせいで、ヨーロッパに作物を輸出しているアフリカの大部分やアジアの一部の国々においても使用が制限されることになった。こうしたヨーロッパの法規制は、農業の進歩を本当に必要としている国々の妨げとなっている。

遺伝子組み換えは、作物の栄養価を高める。たとえば、フィリピンのゴールデン・ライスにプロビタミンAを付加できれば、数百万の人たちのビタミン欠乏症を治すことができるが、この技術はいまだに政府によって試験中である。遺伝子技術は、いずれトウモロコシ、大豆、綿、米以外にも広がっていく見込みだ。テンサイ、キャノーラ、パパイアも、既に遺伝子組み換え技術によって改良されている。次の段階としては、おそらく旱魃に強いキャッサバや、害虫に強いササゲ、菌に強いバナナ、ウイルスに強いサツマイモ、収穫高の多いトウジンビエなどが開発できるはずだが、こうした発展はいまだに官僚政治の壁に阻まれている。

「フランケンフード」という蔑称が流布しつづける一方で、遺伝子組み換え作物が環境に対してかなりの利益をもたらしてきたことについては看過されている。米国において、トウモロコシと綿と大豆の遺伝子組み換え技術は、収穫量を増やし、土地への圧力を除去し、農薬や殺虫剤の使用量を減らしてきた。たとえば、綿は害虫に弱いため、通常は大量の殺虫剤を必要とするが、少なくとも遺伝子組み換えが広く行われている地域では、遺伝子組み換えの綿のおかげで、農薬の使用量を減らすことが可能になった。科学者たちは、従来ほど地中の窒素を必要としないトウモロコシの新種開発に取り組んでいる。窒素の必要量が減れば、肥料の使用量を制限することができ、汚染水の流出や炭素の排出（窒素肥料は天然ガスを使って作られる）を減らすことができる。

遺伝子組み換え作物は地球温暖化の制限にも一役買っている。牧草を食べて育つ牛は、メタンガスを環境に排出し、気候変動の問題を悪化させる。牛が食べる牧草にはリグニンという成分が含まれており、これが牛の消化器官の中でメタンを発生させる酵素を誘発する。最近になって、オーストラリアのバイオテクノロジー企業であるグラミナ社が、遺伝子組み換えにより、リグニンの含有量が少ない新たな牧草を開発した。シンゲンタ社をはじめとする複数の企業では、窒素の吸収量が高く、窒素肥料が環境に与える悪影響を減らせるような遺伝子組み換え作物を作っている。カナダでは、糞に含まれるリンを減らすことで、汚染による環境コストを限定することができる遺伝子組み換えの豚（「環境豚《エンバイロピッグ》」という不粋な名前がついている）の開発が行われている。

米国科学アカデミー内の全米研究評議会は、遺伝子組み換え作物に関する研究を実施し、『米国の農業継続性に関わる遺伝子組み換え作物のインパクト』として出版した。本一冊分の長さがあるこのレポートは、遺伝子組み換え作物は人々の食料を増やし、農業が自然環境に対して与える負荷を軽減することができると結論づけている。

遺伝子組み換え作物がそれほど素晴らしいものだとしたら、なぜもっと広まらないのか。この問いに対する答えははっきりしている。それは大衆、特にヨーロッパの大衆と関係がある。一九九八年以前、ヨーロッパの人々は、遺伝子組み換えという考えに対して特に反対していない様子だった。だが、「狂牛病」が猛威を振るった後、世論は変わった。ヨーロッパの人々は遺伝子組み換えを、自分たちには理解もコントロールもできない奇妙な技術と見なすようになった。これはちょうど、東日本大震災の後で、夥しい数の人々が犠牲となった津波よりも、放射能汚染による死の恐怖のほうが人々の心を捉えたのと同じである。あるいは、実際には交通事故による死者の方が多いにもかかわらず、飛行機事故で死ぬことのほうが不安だという人が多いのと同じである。ヨーロッパの多くの地域で、遺伝子組み換え作物は象徴的な不安の種となり、これが貧しい国々における農業の発展にブレーキをかけてきたのである。

ヨーロッパのほとんどの国が、遺伝子組み換え作物に対して重大な禁止や制限を課している。この規制には、EU全体に関わるものもあれば、国のレベルで実施されているものもある。この姿勢はここ数年で軟化してきたが、それでも大部分において、遺伝子組み換え作物の取引を歓迎するようなムードはない。さらに、文化的な問題もある。スペインにおいて遺伝子組み換え作物に対する抗議デモが行われた時のように、ヨーロッパでは遺伝子組み換え作物に対する反対運動が起きており、環境テロの標的になることもある。

遺伝子組み換え作物は、裕福な国々には不要だが、貧しい国々には必要なのだ。これらの規制によって一番割りを食っているのは、アフリカの農家だ。彼らは、この新たな緑の革命を大いに必要とするグループである。ある生産指標によると、アフリカの農業者一人当たりの収穫量は、二〇〇五年よりも一九七〇年のほうが多かった――明らかに間違った方向に進んでいる――にもかかわらず、今なおアフリカの人々の約七割が農業に従事している。農業の生産性は、おそらく大半のアフリカの経済機構における主要な経済問題である。それなのにアフリカの人々は、ヨーロッパ市場とのつながりを失うことを恐れ、遺伝子組み換え作物の栽培に踏み切れないことが多い。アンゴラ、スーダン、マラウィ、モザンビーク、ナミビア、ナイジェリア、ジンバブエの各国は、いずれも遺伝子組み換え原料が含まれる食料支援を拒否しているが、これは彼らの作物が遺伝子組み換え作物によって「汚染」され、ヨーロッパ市場とのつながりを失うことを危惧してのことである。ガーナとベナンとザンビアでは、遺伝子組み換えの食品と作物が禁止されている。アフリカで遺伝子組み換え技術を受け入れているのは、この技術を全面解禁している南アフリカと、遺伝子組み換えの綿を許可しているブルキナファソの二カ国だけである。

アフリカ諸国の大半には、ヨーロッパ式の規制が彼らに対して課している安全・分類・管理基準に対応するだけの経済力がまったくない。その結果、ヨーロッパは、（食べ物を通じて感染する）大腸菌や肝炎やコレラやサルモネラ菌による死や病気の蔓延している大陸を占領し、（せいぜい）裕福な国にしかふさわしくない極端な遺伝子組み換え作物の基準を採用することを要求している。まるでアフリカの人たち全員に対して、安全性の低い小型車の購入を認めず、SUVを買わせるようなものだ。これは破滅へと向かう方法であり、思慮深い消費者主義とは対極にあるものだ。いまアフリカが必要としているのは、より多くの安い食べ物であり、より良い食品衛生である。遺伝子組み換え作物についての心配は、彼らにとっては本当にどうでもいいことなのだ。

遺伝子組み換え作物を嫌っていなさそうな集団の一つが、アーミッシュである。世間一般の印象とは裏腹に、アーミッシュは技術そのものに反対しているわけではなく、自分たちの生き方を脅かすような現代のテクノロジーを受け入れたくないと考えているだけである。遺伝子組み換え作物について知ったアーミッシュの農家の多くが、熱狂的にこれを取り入れ、商業的にも成功を収めた。遺伝子組み換え作物の中には農薬の使用量を減らすことのできるものがあり、彼らはそれを評価したのである。

大規模栽培の作物の大半が何かしら問題を抱えているのと同じように、遺伝子組み換え作物にも、環境や経済などに関わる問題点がある。たとえば、遺伝子組み換え作物は、除草剤に耐性のある雑草を生み出す可能性があるが、もっとも可能性のある解決策は遺伝子組み換え作物を改良することであり、これを締め出すことではない（さらに同様の問題は遺伝子組み換えでない作物においても生じる）。極端な特許権の保護も問題である。企業には、その土地の人々が何世紀も前から育ててきたアマゾンの植物の遺伝子に対して特許を設定したり、その遺伝子の使用料を現地の農民たちから徴収したりする権利はない。遺伝子組み換え作物に限らず、知的所有権に関する規制はあまりにも厳しい。私たちはこれを変えていかねばならないが、しかし同時に、真犯人にはきっちり責任を負わせよう。ワンクリック・ショッピングの技術についてアマゾン社の著作権が保護されるのはバカバカしいような気がするが、インターネットで本を購入するという考えを非難するつもりはない。

ここまでの話をすべてふまえると、遺伝子組み換え作物を批判する人たちは一体どうやって自分たちの意見を正当化しているのか、不思議に思われるかもしれない。私が示唆的だと思ったのは、ローラ・ティチアッティとロビン・ティチアッティ（遺伝子組み換え作物を批判する本の著者）による、次のような想定問答だ。

主張――遺伝子組み換え作物は世界中の人たちに食料を与える。

事実――この世界は既に全人類にいきわたるだけの食料を育てることができる。飢餓の大半は、食料が足りないことではなく、食料を買えないことに起因するものである。

ティチアッティ夫妻は経済学を理解していないし、技術的発展の欠如によって飢餓に追い込まれる人々がいることも理解していない。貧しい人たちにもっとたくさんのお金をあげれば、彼らが食べ物を買うことを手助けできるのは事実である――だが、好むと好まざるとにかかわらず、貧しくない人々がみんな慈悲深いとは限らないし、その状況はこの先も変わらないだろう。同時に、食料品の価格が下がれば、貧しい人たちが入手できる食料も増える。遺伝子組み換え作物は食料の供給量を増やし、それによって食料価格を下げ、かつての緑の革命と同じように、貧しい人たちに食べる物を与える。遺伝子組み換え作物を批判する人たちに共通するのは、この単純な理屈さえ理解することができない、経済学についての悲しいほどの無知である。

遺伝子組み換え作物にとって最大の問題は、ただ単に、実際の成果が当初の目論見を下回るかもしれないということである。新たな技術躍進は、いつでも容易になし遂げられるわけではない。したがって、遺伝子組み換え作物の栽培が将来どれほど重要となるのか、現時点ではまだ分からない。特に、農業の生産性に関しては、このところ進歩のペースが落ちてきている。遺伝子組み換え作物にさらに投資することで数百万人の命を救えるのかどうか、少なくともその結果を知るチャンスがあることを期待しよう。

アフリカの窮状だけを見れば、世界に必要なのは、いまひとたびの農業革命である。だが、この問題はもっと多くの人々に関わるものだ。世界の人口はまもなく九十億にも達しようとしており、人々の食糧を調達する新たな方法が必要となる。私たちに必要なのは、後ろを振り返ることではなく前を見ることだが、飢餓や紛争や暴力に代わる妥当な選択肢は実際のところ私たちの過去の一部に他ならない。もっとうまくやろう。新たな緑の革命を挫折させないためにも、私たちは、技術や商売は私たちの世界を優しく楽しいものにしてくれるのだということを覚えておく必要がある。

第8章 おいしく食べて地球を緑に

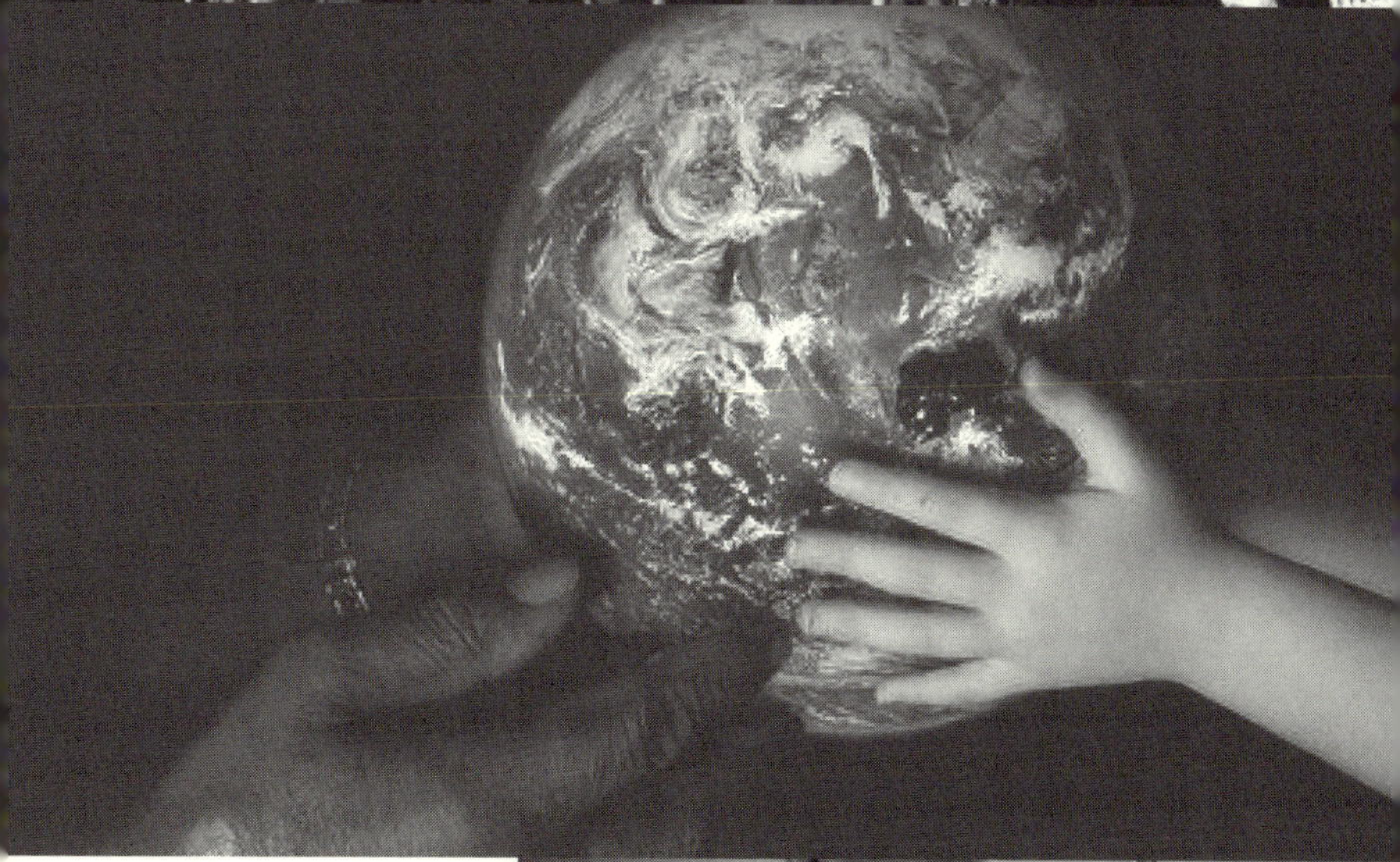

存命中の人物のうち、一番環境にやさしいのは誰か。

それは、有名俳優にして環境活動家のエド・ベグリー・ジュニアだろうか。エドはなるべく飛行機を使わないようにしているが、どうしても必要な場合は五・九五ドルのカーボン・オフセット商品を購入し、自分の旅行によって排出される二酸化炭素のダメージを埋め合わせる。一九九〇年以降、エドはエクササイズ用バイクをバッテリーにつなぎ、パンをトーストするのに使っている。彼はまた、主に紙の利用をやめたことで、一週間に出るゴミをグローブボックスに収まる量にまで減らしたと主張している。自宅には風力発電装置を設置し、ケーブルTVのプラネット・グリーン・チャンネルでは、環境にやさしい彼の生活を紹介する「リヴィング・ウィズ・エド」という番組のホストをしている。

「グリーネスト・パーソン・オン・ザ・プラネット」という賞を二〇〇八年に受賞したのは、マティアス・ゲルパーというドイツ人だった。マレーシアを拠点に、マティアスはグリーン・セメントという考えを広めようとしている。マティアスによると、昔ながらのセメントは二酸化炭素排出量の六〜七パーセントの原因となっており、中国から排出される二酸化炭素の十パーセント以上を占めているという。セメントの技術は何世紀も前からほとんど変わっていない。今こそ環境にやさしい改良を実現すべきなのだろう。

世界一環境にやさしい人物は、ウォルマートのCEOであるマイク・デュークだ、という話もある。

二〇〇五年以降、ウォルマートは自社の輸送、冷蔵、電力、照明など店舗運営にかかるエネルギーを大幅に削減してきた。ある年から次の年にかけては、レジ袋の使用を四十八億枚も減らし、商品の輸送量を七千七百万ケース増やしたにもかかわらずトラックの走行距離は一億マイルも減らした。さらにウォルマートによれば、取引先にも同様の省エネ対策に取り組んでもらっており、各商品のエネルギー持続性を計測するためのアンケートを実施しているという。こうしたことは全て企業利益の名の下に行われている。

私が候補に挙げたいのは、中央アフリカに住むピグミーである。ピグミー一人当たりの収入に関しては良い統計資料が存在していないが、多くのピグミーは今もなお狩猟と採集によって生活している。ピグミーの大半、少なくともピグミー共同体の中にとどまっている人々は、背中に背負える以上のものは何も所有していない。余計な荷物は、象狩りの際に邪魔になるからである。平均身長が百五十センチにも満たないため、自然環境には最小限の負荷しか与えておらず、象の頭数が減少している主原因にもなっていない。ピグミーの平均寿命は十六歳から二十四歳であり、絶滅の危機に瀕している部族も多い。

これらの人々の中で、正しい道を選んでいるのは誰だろうか。これは私が、食と環境について考えはじめて以来、ずっと自問しつづけている問いである。

「環境にやさしい食事」や「環境にやさしい生活」についてのアドバイスはたくさんあるものの、そこで語られる話は、より大きな政治的アジェンダや、食品市場の働きについての誤解、実際の効果よりも「気持ちよくなる」ことを重視した内容などのせいで、信憑性を欠いてしまうことがあまりにも多い。『スーパーサイズ・ミー!』『フード・インク』『食の未来』など、近年ヒットした食についてのドキュメンタリー映画には、共通の特徴がある。それは、他の人たちが市場において行う選択（とりわけ食に関する選択）に対する、意地悪でどこか独善的なアプローチである。しかし、私たちの食品市場には長所がたくさんあるにせよ、時として修正すべき点があるのも事実である。

友と敵を選ぶ

自分は良いことをしたのだ、と私たちに思わせてくれるような政策や選択は山のようにあり、たとえ実際には効果がなさそうな時でさえ、私たちはそうした政策を選びがちである。

人間は賢い人たち、寛大な人たち、善意の人たち、道義的に正しい人たちと手を組むことを本能的に必要としている。思いやりのある人たちは、残忍な人たち、冷酷な人たち、強欲な人たちに反対したいと考える。私たちは倫理的な人との同盟関係を築いたり、一見倫理的に思われる特性と自分を結びつけたりすることで、気分が良くなる。だが、自分が目指している実際の目標を達成するために力を発揮する際には、必ずしも同じような気分になるわけではない。

こうした陳腐な話を越えて専門家による研究を見てみても、目を見張るような（しかし、おそらく意外ではない）結果がいくつも出ている。たとえば、選択権を与えられた場合、多くの人々は、無駄な感じがすることよりも、実際に無駄なことをやりたがる。実験が行われた環境では、人々は「これをもっと安く買えたはずだ」という気分になることを嫌うあまり、効率の悪い方法による情報検索のような無駄の多い行動に走り、その気分を遠ざけておこうとする。これは、後悔の念や不満感を避けるためにコストをかけてしまうという私たちの一般的な傾向の一部である——そしてこれは私たちに合理化する能力があることの証明である。

ニナ・マザーとチェンボー・ツォンによって行われた消費者心理学の研究によると、「環境《グリーン・》にやさしい製品《プロダクト》」を購入しても、私たちは善良にならない。それどころか、環境にやさしい製品を買うことで、個人のモラルは低下しやすくなる。一連の実験では、「環境にやさしい店」で製品を購入する許可を与えられた人々は、実験の次の段階で行われるゲームにおいて、不正をしたり嘘をついたりする確率が上がった。つまり、一旦良心が満たされてしまうと、他の場面ではより強欲かつ利己的になるのである。実験でこのような結果が出たからといって、実生活にもすべてが当てはまることにはならないが、その根底にあるメカニズムはお馴染みのものだ。要するに、私たちは一度良いことをしてしまうと、自分の基準を緩めてしまい、あまり良くないことをやってしまうことがあまりにも多いのだ。少なくともこの研究は、善意に満ちたふるまいと、その動機や最終的な効果について、私たちが本当はどれほど無知であるか、ということを示すサインとして受け取ることができる。

またある時には、人々は罪悪感と自信喪失感に浸ることで、良心を緩和してから、まったく環境に対してやさしくない行為へと進むこともある。罪悪感は彼らの気分を良くする助けとなるのである。現在シラキューズ大学で教鞭をとっているアンニーナ・リューストというスイス人の発明家兼コンピュータ・アーティストがいる。彼女は鋭い風刺眼の持ち主で、この手の人間の失敗についても非常に目ざとい。二〇〇八年、彼女は新しい装置を発明した。この装置は、装着している人の電力消費量を監視する透明な脚用バンドで出来ている。電力消費の過多が探知されると、無線装置が作動し、六本のステンレス製の針が装着している人の脚にゆっくりと突き刺さる。リューストはこれを環境に対する罪悪感の治療であると謳い、自身のウェブサイトに次のような一文を掲げた。「一度に一針、この身を挺して環境を守ります！」ここで得られる教訓は、私たちは他の人たちのために生活を改善するよりも、この針と同じようなものを選びがちだということである。

多くの人たちは、プラスティック製品を購入したり、日常的に使ったりするという考えを好まない。プラスティックは人工的で、大抵は「地元」の製品でないからだ。製造の際には石油製品が必要であり、行き過ぎた消費文明や現代生活の不自然さの象徴でもある。「プラスティック（plastic）」という英語は、不自然な外見や性格や振る舞いを批判する形容詞としても使われる。

けれども実際には、プラスティックは紙やダンボールよりも環境に対してやさしいことが多い。プラスティックは、ガス放出の大きな原因である堆肥の山の中でも、腐ったり分解したりすることがない。紙やダンボールの製造には大量のエネルギーが必要である。瓶に使われているガラスは、製造時にも輸送時にも大量のエネルギーを消費する。プラスティックは、ただそこにあって、今日の商業社会の過剰さを思い出させるだけである。あまり良さげには聞こえないかもしれないが、全般的に言えば、環境保護を訴える人たちの多くは、他の選択肢の代わりに、もっと率先してプラスティックを使うべきである。そもそもの間違いは、プラスティックという概念との関わり方にばかり気を取られ、プラスティックの使用について、自分の入るべき社交クラブを選択するかのように（「私は誰または何と手を結ぶべきなのか」）判断してしまうことである。

信憑性のあるいくつかの試算によると、紙袋を作るためにはビニール袋の四倍ものエネルギーがかかり、一ポンドのプラスティックをリサイクルするためには同じ重量の紙のたった二パーセントのエネルギーしかかからない。もちろん、文脈によっても計算は変わってくるので、この数字そのものにこだわってもらいたくはない。しかし、プラスティックが環境に対して与える悪影響は、どうやら紙と比べても（かなり）小さそうである。ビニール袋は大抵、紙袋よりも優れている。どうしてもビニール袋を使うことが我慢ならないというのであれば、紙袋は使わずに、ドイツ人に倣って布製の袋を持参して店に行けばよい。ただし、ずっと続けなければ意味がない。ある研究によると、布製の袋を百七十一回再利用しなければ、ビニール袋が環境に対して与える悪影響と「五分五分になる」ことはないという。

実際の効果ではなく特定のイメージとの「結びつき《アフィリエーション》」を判断基準とするこのような考え方のせいで私たちが判断を誤ってしまう状況としては、他にどのようなものがあるだろうか。

ロカヴォア――主に地元で採れたもの、または地元で採れたものだけを食べる人たち――もまた、実際の効果よりもいかに気分が良くなるかを追求している。多くの場合、食べ物の産地についてはそれほど気にすべきではない。食べ物の輸送にかかるエネルギーは、消費エネルギー全体のうちのごく一部であり、合衆国政府のある試算によれば、たった十四パーセントに過ぎない。フード・マイレージ分析を開発したリッチ・パイログによると、輸送にかかるエネルギーは食品全体にかかるエネルギーの十一パーセントに過ぎない。消費エネルギーという観点からすると、海上輸送は特に低コストであるが、これは浮かんでいるもののほうが動かしやすいからである。一番分かりやすい研究は、カーネギー・メロン大学で実施されたクリストファー・L・ウェバーとH・スコット・マシューによるもので、二〇〇八年に発表されている。この研究の結果は単純明快で、食べ物が環境に与える悪影響は、輸送ではなく生産の過程で生じるものである、というものだった。

飛行機を飛ばすことは環境に対して特に好ましくない行為なので、空輸される食品は環境破壊の元凶となるが、問題は飛行機という手段であって、海上を長距離移動するのであれば何も問題はない。

というわけで、空輸されることが多いアスパラガスよりも、カブを食べよう。多種多様な気候で栽培することができて空輸の必要がない、頑丈な食べ物を選ぼう。根菜類の中では、ケール、にんじん、パースニップ、リークなどがよい。アンドレア・チェスマンの『根菜貯蔵室のレシピ――冬野菜を楽しむ二七〇の新鮮な方法』のような根菜料理の本を買って以来、私は以前にも増して根菜を食べたいと思うようになった。

花もまた、大抵はオランダ経由で、アフリカや南米から空輸されることが多い。したがって、自分の好物を我慢したくないのであれば、花を買うのをやめることによっても商用航空に対する支援を減らすことができる。

もう一つの解決法は、肉を食べる量を減らすことだ。先に取り上げたカーネギー・メロン大学のウェバーとマシューの研究によると、週一回、赤肉を食べるのをやめるだけで、地元産の食材を使った料理だけを食べるよりも環境に対して良い効果があるという。

地元の農家から農作物を買えば、彼がトラックを運転する時間を二時間増やすことになるかもしれず、それによってバナナ一房をボートで輸入するよりも大きなダメージを環境に対して与えかねない。さらに、地元の農家は一度に輸送するユニットの数が少ないため、ユニットごとの輸送にかかるエネルギーは相対的に大きくなるし、売り手としては、客が少しずつしか買ってくれないのであれば、さらに移動して他の場所でも販売せねばと考えるようになるだろう。環境保護の観点からすれば、地産地消は必ずしも良いものではなく、マイナスになることもかなり多い。そもそも地産地消が不可能な場合もある。あなたがアメリカの南西部に住んでいて、周囲には広大な砂漠が広がっているとしたら、地元のものしか食べないということは何を意味するだろうか。たとえ数百万人分の地元食材を確保する方法があるとしても、既に過度の負担から助成金漬けになっている給水系統に対して、さらなる負荷をかけることになってしまう。アルバカーキの住民たちには遠方から食材を取り寄せてもらったほうが、環境にとっては良いのだ。

巨大な多国籍企業であるバナナの会社には、うさんくさい政治的歴史もありそうだし、地元の農家から買うほうが環境に良さそうな感じはする。だが、いくら地元の農家との「結びつき」が環境に良さそうな感じがするとしても、農家そのものが特に道徳的に優れているわけではない。

地元産のりんごは何カ月も冷蔵保存されていることがあるが、もちろんこれも多大なエネルギーを消費する。新鮮なりんごを海外から船便で輸入するほうがましである。

環境保護を訴える人たちの多くは、不買運動《ボイコット》という戦略を採用している。南カリフォルニア出身の若手作家エイプリル・ダヴィラは、『フード・インク』という映画を観て、まる一カ月の間、モンサント社の製品の不買運動をすることに決めた。この映画はモンサントをアグリビジネスの諸悪の根源として描いており、彼女は自分の生活から遺伝子組み換え食品を除去したいと考えた。彼女は、遺伝子組み換え食品がラットに対して有毒だったという学術論文を読んだ。私は同じ論文を読んだが、実験を行った研究者たちは、遺伝子組み換え食品そのものではなく、遺伝子組み換え食品と一緒に使われていた殺虫剤が原因であると考えているようだった。確かに、用心する理由にはなりそうだが、遺伝子組み換えの作物を全てボイコットするという理由にまでなるかどうかは疑問だ。

果たして彼女の試みは、立派な改革運動となったのか。いずれにせよエイプリルは、自分の計画が実行困難なものであることを思い知った。モンサントは、国産レタスの五十五パーセントと国産砂糖の多く、さらには有機農産物の一部まで栽培している。さらに彼女は、モンサントの種子から育てた植物から作られていない衣類を着ることも、モンサントのトウモロコシを食べていない動物の肉を食べることも出来なかったし、自宅でしか手を洗えなかった。

彼女は有機栽培の緑茶をたくさん飲み、ガールスカウトのクッキーを買い、ウイスキーを飲んだ。ココナッツミルクも重要だった。一カ月が経過した頃にモンサント製品を解禁したが、解禁を終えてからも、道は険しかった。彼女の計算の一例を見てみよう。

「モンサント算――朝食はモンサント抜き、けれども昼食は全体的に疑わしい。アボカドとキュウリは有機栽培のものだったが、モンサントでないとは限らない。トルティーヤとフムスには大きな疑問符。米はランドバーグ・ファミリー農場〔無農薬米の栽培・販売元として知られるカリフォルニアの農場〕のものなので、確実に『ノンサント』印の良品。フダンソウは有機栽培だが、やはり種子の出所は分からないので、モンサントの可能性あり」

この時点で、モンサントは決して極悪非道ではないように思われる。おそらく、モンサントを避けるのがこれほど難しいのは、同社の製品の大半が、これまで世界に対して害をなしたという経歴を何も持っていないからである。エイプリルでさえ、モンサントの製品は飢餓に苦しむ何百万人もの人たちに食料を与え、農作物の栽培に必要な除草剤の量を減らし、おそらくは気候変動にも強いということを認めている。彼女はそれを、遺伝子組み換え食品を擁護する「マジでヤバイ話」と呼んでいる。それなら、どうして不買運動なんかするのだろう。

私は、不買運動の大半について懐疑的である。不買運動という姿勢は道徳的な面で人気が高いのだが、実際には効果がないことも多い。不買運動の大半は、単に自分がよいことをやっているような気分になるための手段に過ぎないと思う。直感に反して、不買運動が最も効果的になるのは、私たちが不買運動に乗り気でない時なのである。

細かく分析してみると、不買運動が最も有効になるのは、通常、不買運動の対象となる業者があまり儲かっていない時である。不買運動の効果が最も低いのは、販売されているサービスや商品がそれぞれ巨額の利益をもたらしている時である。こんな風に考えてみよう。不買運動がその商品にかかわる世界中の消費者の大半を動員するという離れ業をやってのけない限り、たとえ不買運動が起こったとしても、業者は販売を続けるだろう。

たとえば、ある消費者のグループが、ラム肉を世界中に輸出するのには多大なエネルギーがかかるからという理由で、ニュージーランドのラム肉に対する不買運動を行ったとする。ニュージーランドのラム肉の二大輸出先は、アメリカとアラブ諸国である。市場の構造や市場の機能の仕方に関するいくつかの仮定に基づいて考えると、充分な数のアメリカの消費者たちがこのラム肉の消費をやめれば、ラム肉の価格は下落するだろう。そうなった場合、アラブ諸国でのラム肉の売り上げはどうなるか。増加するだろう。アメリカにおけるニュージーランド産ラム肉の不買運動は、大して役に立たない。ニュージーランド国内のラム肉の消費や生産に対しても、ラム肉の長距離輸送に対しても、必ずしも大きな衝撃を与えることにはならない。

不買運動の効果が最も弱まるのは、業者がその製品を何としても売ろうとしている時、要するに、何であれその製品の売り上げから収益が上がっている時である。このような場合、ある購買者のグループが市場から離れると、売り手は価格を下げたり宣伝を拡大したりすることで、他の買い手を見つけて穴を埋めようとする。もっと専門的な言い方をすれば、不買運動の効果が最も低くなると思われるのは、新たな買い手を見つけようとする際に業者の直面する（経済学用語で言うところの）「限界収益」が高くなる場合である。

不買運動の成功例に関する研究も、この予測を支持している。この問題についての研究を行ってきたノースウェスタン大学のブレイデン・キングによると、不買運動が最も成功しやすくなるのは、評判は良いのに業績が悪化しつつある会社に対して行われる時である。このような会社は、商売がさらに縮小してしまうことを恐れ、不買運動を行っている人たちの要求にある程度までは応えることになる。業績が悪化しつつある会社を見つけるという考え方は、儲かっていない会社をターゲットにすることが重要だという私の指摘に対応するものである。さらに、評判の悪い会社の場合は、どのみち評判が悪い以上、不買運動をやられたところで何も反応しないだろう。

この分析――特に、より儲けの薄い企業に不買運動を集中させることとの推奨――は、私たちの道徳的な直感に反するものである。多くの人たちは、独善的なことは許せないという感情から、評判が悪くて儲けの大きい会社を不買運動のターゲットにしようと考える。結局のところ、悪いのはあいつらじゃないか――という感じがするのだ。これらの企業は、世界の他の人々から収奪し、身勝手に私腹を肥やし、環境に悪いことをやり続けているのではないのか。多分、その通りだ。もちろん、多くの人たちは、強欲に稼ぎまくっている企業などとは結びつきたくないと考えている。それでも、受け入れがたい真実が残る。その製品が何であろうと、本当に儲かっているのだとしたら、世界中の人たちが不買運動に参加するという空想的な状況にならない限り、企業が販売をやめることはないだろう。さらに、企業の評判が元から悪いという点も、不買運動の成功を阻む理由となる。

儲かっている企業に対する不買運動を行えば、抗議に携わっている人たちは、当該企業と自分の「結びつき」を断ち切ることになり、良いことをしている気分になれる可能性は大いにある。だが、彼らの運動が効果を発揮して、世界をより良いものにしてくれる可能性は低い。

これまで耳にしたことがある「結びつき」関連の話で最も奇妙なものは、米国政府自身から出てきた話である。私は共和党と民主党のどちらか一方の肩を持つつもりもないし、どちらかの党員でもないのだが、この話にはいくつかの重要なテーマがはっきりと現れている。

二〇一〇年の大統領選に先立つ二〇〇七～二〇〇八年の選挙の結果、民主党が下院で多数派となった際、彼らは大きな変革を行った。使用後に堆肥化しやすいフォークやナイフを使おうということで、トウモロコシで出来た新しいカトラリーが議員食堂に導入されたのだ。だが、このアイデアは充分に検討されたものではなかった。新しいフォークやナイフは以前のものよりも高価で、年間四十七万五千ドルの費用がかかると試算された。さらに、耐熱性が低いため、スープのような熱い料理には使えなかった。誰かが環境ビジネスで大きな利益を得たのかどうかは明らかではないが、実際のところ、議会の内部報告で指摘されている通り、廃棄物をトラックで運ぶ必要が生じたために、環境に対するコストの合計は大きくなった。それでも、堆肥にすることができるカトラリーを使えば、気分だけは良くなるだろう。

共和党が逆転した際、彼らもまた変革を行った。新しいカトラリーに関して、最もコスト・パフォーマンスの高い選択肢は、ポリスチレン製のものであることが判明した。ポリスチレンとは、石油と天然ガスから作られるプラスティックの一種である。かくして発泡ポリスチレン製のナイフとフォークが復活を遂げたが、民主党が多数を占めている上院では、いまだにトウモロコシ製のカトラリーが使われている。
どうして金属製のナイフとフォークを使わないのか、と思うかもしれない。この選択肢についても検討はされたのだが、残念なことに、かなり多くの議会職員――アメリカの進歩のために惜しみなく力を注ぐ人々――が食器を持ち帰ったまま二度と返してくれないだろう、ということで却下された。

実際に環境に良いことをする

ここにはさらに幅広い論点が含まれているが、私が思い出すのは『フィナンシャル・タイムズ』に掲載されたタイラー・ブリュレのインタビューである。彼はセンスの良い伊達男で、いわゆるジェット・セッターであり、旅行やハイエンドな消費財に詳しく、おしゃれな国際誌『モノクル』の編集長であると同時に『フィナンシャル・タイムズ』にもコラムを連載しているという人物だ。「グリーンであること」についての彼の発言をここに引用してみよう。

リポーター：ご自分のカーボン・フットプリント〔個人や企業の生活や活動の中で排出される温室効果ガスの重量〕について心苦しく思いますか。
ブリュレ：結局のところ、自分のカーボン・フットプリントが特に大きいとは思いません。確かに飛行機での移動は非常に多いのですが、車は所有していません。ロンドン市内では大抵のところに徒歩で行きますし、（ヨーロッパや日本など）可能であれば、飛行機よりも電車を使うようにしています。

多くの読者、特にブリュレの経歴をよく知っている人は、彼の答えにはあまり説得力がないように感じると思う。この有名な金持ちのカーボン・フットプリントが大きくないなどということが、ありうるだろうか。

おそらくブリュレの意見は正しくもあり、間違ってもいる（ところで、私もかつて『モノクル』誌に寄稿したことがあるという点については、あらかじめおことわりしておきたい）。要するに、自分の直感は信用できない。個々の消費者あるいは問題の外部から個々の消費者を観察している人たちにとって、自分たちの行動のうち、環境に対して最大の悪影響を与えているものは何なのかを知ることは難しい。消費者にとって、自分たちの決定の多くに関わる真の環境コストを「見る」ことは難しい。バナナや船、不買運動についての事実を覚えておくだけでは不充分だ。関連する環境問題についての事実や自分の行動について知り尽くしていたとしても、時間が経てばその知識は陳腐化するし、様々な選択にともなうコストや利益も変化する。いくら情報通であっても、大半の人たちは、メルセデスに乗って午後のドライブに出かけることや、空輸されたアスパラガスを買うことや、鶏のむね肉ではなくステーキを食べることが、気候変動の問題に対してどの程度寄与しているのか、よく分かっていない。

商品へのカーボン・ラベリングこそが正しい道であるかのように思われるかもしれないが、あえて反対するほどのアイデアではないまでも、満足のいく解答と呼ぶには程遠い。消費者はこうしたラベルを無視し、企業はできるだけ商品を良く見せようとする。さらに根本的な問題として、ラベルには、資源の競争的使用の評価において、価格制度によって伝達されるものと同等の経済全体に関わる情報が含まれていない。単純な例を示そう。都市の近くで栽培された食品は、輸送費が低いため、都合の良いラベルを貼られる。だが、都市の近くに農地を設置すれば、住宅は遠方へと押し出され、人々の通勤距離が増えるので、全体としては環境に対して良い影響を与えることにはならない。

消費行動に関して印象的なのは、私たちは自分のやっていることのある側面（製品の品質）についてはよく知っているのに、別の側面（特に、製造者のコスト）についてはほとんど知らないという、妙な混ざり具合だ。実際のところ消費者は、価格を見ることでしか自らの決定の非-環境コストについて知ることができないし、環境コストについてはますます知る由がない。だからこそ彼らは会社を後援するのだ――会社は最も低いコストで価値のある商品やサービスを生み出す方法を見つけることができる。競争的な市場過程を通じて、会社は価格を提示する。消費者はその価格を頼りに、その品物にコストがかかりすぎているかどうかを判断するのだ。スーツを仕立ててもらう際、客である私は、作り手にとって一番安上がりな方法を探るようなことは決してせず、最終的な品質を元に商品の価格を比較して、それにしたがって決断を下す。ボタン代や輸送費が最終的な製品価格にどれぐらい加算されているのか、私には皆目見当もつかない。

仕立て屋に関しては、可能な限り最も安く物を作る方法については、客ではなく会社に考えさせるというモデルが機能している――客である私は、最終的な価格しか見ない。これもまた、分業というものの一つの現れである。会社もまた、大半の情報を価格に頼って判断しており、生産の前段階全てについての計算問題を解こうとはしない。仕立て屋は大抵、最も安く布を製造する方法については知らないので、価格に対する布の品質を比較し、それによって決定を下す。これは、仕立て屋の客がスーツの価格を見て決定するのと同じである。うまいことに、全員がこのようなやり方で行動すれば、市場は個人が負担する製造コストを最小限に抑えるようになるだろう。

これはまさに経済的な常識であり、数百年、数千年も前から生き残って私たちの役に立ってきた商慣習と消費者の行動を反映している。価格が重要なのは、私たちの大半にとって、価格のはるか向こう側まで見通して実際の製造コストや投入資本の最も安い組み合わせを計算することなど不可能だからである。私たちは価格だけを頼りにして、資源の利用やコストを節約するのだ。

環境に話を戻そう。気候変動問題の軽減に関しては、二つのアプローチがある。第一のアプローチは正攻法で、船とバナナに関する情報を全員に記憶してもらい、その情報を必要に応じて更新してもらうというものだ。第二のアプローチは価格システムに頼るというもので、具体的には、環境の価値に関するさらに多くの情報が価格に反映されるように、価格システムを修正するというものである。これこそが、気候変動に取り組むための経済的にスマートなやり方だ。第一のアプローチは豆鉄砲を振り回すようなものだが、第二のアプローチはもっとバズーカのようなものだ。成功の可能性は後者にしかない。第二の方法は、私たちに近代文明をもたらし、さらに豊かな食べ物も与えてくれた価格システムを通じて、効力を発揮することになる。

だが、価格システムにはどうしても微調整が必要だ。環境に対するダメージの評価に関しては、現行の価格システムにはいくらか不備がある。ベンツには、競争的な市場価格には反映されていない社会的コストや環境コストが存在する。中でも最も重要なのは、環境汚染と気候変動への長期的影響である。市場経済は、ダイムラー・ベンツ社が直接負担しているコストを節約するが、気候変動を含む、生産に関わるより広い社会的コストは節約しない。

この文脈で「価格に依拠する」ということは、すなわち化石燃料に対する課税を意味する。さらに、メタンガスの排出を通じて気候変動問題に関与している肉についても、税率を引き上げることになる。

この税金が導入されれば、「環境にやさしい生活」という問題は、消費者にとって今よりも簡単なものになる。ある食品の生産や輸送において化石燃料が多く使われていれば、その食品の価格は税金によって自動的に上がる。環境にとって何が一番良いのか、自分では判断できなかったとしても、消費者の買う量は減ることになる。こうして価格設定は効果を発揮する。環境意識の高い消費者たちにあれこれ指示するよりも、価格のほうがはるかに強力だ。さらに税金は、消費者が背負っている動機上の負荷を緩和する。

税金が一旦課せられると、消費者は環境問題についてほとんど、あるいはまったく配慮しなくてもよくなる。課税された商品の価格が上がると、消費者たちは節約しようという気になり、実際はどうであれ、あたかも環境に配慮しているかのような行動を取ることになる。

税金には、政府に対して負っている情報の負荷も含まれている。税を徴収したり、様々な種類の炭素排出について税率を決定したりするのは、政府の役割だからである。たとえば政府は、褐炭には油井よりも高い炭素税を課すことを決定しなければならない。厄介なことに、こういう場合の政府の判断は常に正しいというわけではない。それでも、個々の商品やサービスの生産にあたってどの投入資本が使われているのか、三億一千万人のアメリカの消費者に知ってもらうことを期待するよりは――情報と動機というどちらの点においても――扱いやすい問題である。政府の徴税や税率の決定に関する問題は、隅々まで完璧にとは言えないまでも、ある程度までは解決することが可能だが、消費者全員に対する啓蒙などということは実現不可能である。

理想をいえば炭素税は、中国を筆頭とする他の汚染者たちと連結して実現されるべきだ（中国は現時点で最大の炭素排出国である）。だが、アメリカ単独の炭素税であっても、全く課税しないよりは良い。中国が己を恥じて追随してくれることを期待しているわけではない。こんな風に考えてみよう。アメリカでは高齢化が急速に進んでおり、メディケア（老齢保険医療制度）のみならずメディエイド（低所得者医療扶助制度）［メディケアに加入できない低所得者を対象とする医療扶助］関連の歳出も膨れ上がる見込みである。もはや待ったなしの状況である。メディケアの一人当たりの歳出を削減したところで、高齢者人口の増加と平均余命の上昇は続くので、メディケアにますます多額の金がかかることは避けられない。

起こりうる結果は、たとえあなたが、私と同じく、政府の支出を大幅に削減することも必要だと考えていたとしても、諸々の税金を引き上げる必要が生じるというものである。政治的に実行可能などのシナリオにおいても、何らかの支出削減と何らかの増税は、どちらも必要なのである（もちろん、両者の比率がどの程度なら適正なのかに関しては、意見が分かれるところだろう）。

こうした政府予算についての見込みを踏まえた上で、私たちは何に課税すべきか。きわめて単純な話だ。課税対象とすべきなのは、環境に対して何らかの良くない結果をもたらすような商品である。これらの税が常に効果を発揮できないとしても（おそらく中国は非常に高いレベルでの汚染を続けるだろう）、税というのは痛みを伴うものなので、少なくとも世界を改善する何かしらの機会にはつながるだろう。それに、炭素税は必ずしも商業と対立するわけではない。もしも望むならば、炭素税を法人減税で相殺することで、全体としては商業を支援しつつ、汚染の削減を促すこともできる。

炭素税が導入される見込みは現時点ではきわめて薄いが、アメリカ社会の高齢化により、政府の財政にはさらなる圧力がかかるはずだ。二十年あるいはおそらく十年も経たないうちに、増税かメディケアの縮小かという議論が高まるだろう。この対立から何が生まれるかは定かでないが、高齢者の投票がもたらす政治的な効果は、他の世代の平均を上回っている。そのため、実現可能なメディケアの削減は、好むと好まざるとにかかわらず制限されることになり、何らかの増税が必要だという議論が再燃することになる。高齢者の票の数は毎年増加しているという点を念頭に置いておこう。この数年間、共和党――一九九〇年代にはメディケアを打ち切ろうとしていた――も時にはメディケアを擁護する役割を担うことがあった（老人たちがタウン・ミーティングで掲げた「私のメディケアに手を出さぬよう政府に伝えろ！」という宣言を思い出そう）。

メディケアに危機が訪れる時にしか、炭素税にはチャンスがない。だが、いくら現時点での見込みが薄いとはいえ、チャンスが全くないというわけではないのだ。私が二〇〇一年に書いたとおり、米国はいまだに長期的な財政収支の必要性を否定しており、少なくとも選挙の段階では、気候変動に関する場合でも否定している。この国は一度に二つのモーニング・コールを必要としているが、実際のところ炭素税というむしろ幸先の良い形で、両者が同時に来ることは可能である。

財政緊縮を――本気で――説く人たちは、本人にその自覚があるかどうかは別として、最も環境にやさしい人たちである。彼らは炭素税へ向けて地ならしをしている。いずれにせよ何らかの増税は行われるのだということが明らかになれば、炭素税導入にともなう痛みは軽くなる。

最大の問題は、環境にやさしい新たなエネルギー源でさえ、単独では、気候変動の問題を解決できないということである。中国とアメリカが環境にやさしい道を進めば、世界の二大経済大国からの需要が大幅に減ることで、石油と褐炭の価格が非常に安くなる。それは良い知らせかもしれないが、いずれにせよ、ベトナム、インドネシア、アフリカ、ラテンアメリカなどの各地で、化石燃料の販売と使用は続くことになる。残りの石油が本当に貴重なものであっても、おそらく誰かがそれを使い続けるだろう（これは先述した不買運動の問題と似ている。この理由からすれば、爆撃や破壊のほうが税よりも効果的だが、実現しないだろう）。そして実際のところ、石油の価格が上がれば食べ物の価格も上がるのだが、世界の中でも貧しい国々がエネルギー消費を最も大きく削らねばならないという事態は望ましくない。貧しい国では、エネルギーの限界使用量は、裕福な国以上に生死に関わる問題である。いずれにせよ貧しい国々では、厳しい炭素税が導入されることはないだろうし、されるべきでもない。要するに、炭素排出量の調整に関しては、主に負担を背負うべきは米国である。

希望があるとすればそれは、グリーン・エネルギーのクオリティが向上して価格が下がれば、グリーン・エネルギーが急速に普及し、環境にやさしくないエネルギーをすべて使ってしまおうという他の国々の欲望にも歯止めがかかるのではないか、ということである。もう一つの希望は、もしも石油が枯渇しても、私たちは、おそらくアメリカの、そしていずれは中国の主導する国際協定を通じて、褐炭――最大の邪魔者——を非経済的でそれゆえに不人気なエネルギー源にすることができる、ということである。まだまだ先の話だが、これがこのゲームにおけるもう一つのバズーカ砲である。

良い知らせ（もしそう呼べるならば）は、炭素の産出量の制限に関して、時間が経つにつれて炭素税の効果がさらに高まっていくだろうというものである。たとえば、グローバル経済がさらに多くの化石燃料を産出したり使用したりすれば、一番儲かる供給源——真っ先に使用されるもの——は枯渇する。要するに、私たちはきわめて早い段階で、利用可能な状態にあるテキサスの石油とサウジの石油を「ストローで吸い尽くし」、その後はタール・サンド——さらに金のかかる技術——から採れた石油を使うことになる。そして実際のところ、私たちは既により難しいプロセスへの切り替えを行いつつある。つまり、化石燃料の生産者たちは現在、ギリギリの収益しか上げておらず、皆に新技術への移行をすすめることは以前よりも容易になっている。逆に、どのような税制度を実現しようと、今ある石油を使い果たしてしまうまでは、サウジに石油汲み取りゲームをやめさせることはできない。

最後に、動物福祉に関心が寄せられている限り、肉製品への課税は、非人道的に飼育されている動物の数の減少につながる。全ての動物たちが耐え難い環境で飼育されているわけではないので、より選択的な税にしてみよう。全ての税金を米国財務省の収益増加に結びつける必要はない。肉に「課税」する一つの方法は、動物たちがより人道的な条件の下で飼育され屠殺されるのを求めることである。一次近似式として、今日の動物虐待法を、ペットに対して適用するのと同じようにアグリビジネスに対しても適用する場合を想像してみよう。最終結果はどうなるか——肉の価格は上がり、メタンガスの排出は減り、何十億もの家畜たちの待遇は向上するだろう。そのコストとして肉料理の回数は減ることになるが、全体としては良い取引だ。そして、肉を食べる代わりに、ジャンクフードではなく野菜を食べるようになれば、腹回りのサイズダウンにも役立ってくれる。

環境にやさしいエネルギーと、もっと環境にやさしい食べ物という目標に向けて、環境に対する意識の高い経済学者と環境活動家は、次のような政策変更に取り組んでいる。

・海外の森林をはじめとするカーボンシンク（炭素吸収源）の支援に向けた一層の努力。

・郊外の発展に伴う駐車場付置義務の削減。駐車場付置義務は車の利用を促進し、スプロール現象を助長する。

・建物の密集した都市部でのゾーニングによる建築規制の緩和。都市居住者の車の所有率が下がったり、長距離移動の回数が減ったりすれば、彼らはもっと「環境にやさしく」なる。

・巨大なアグリビジネスに対する助成の撤廃。私は資本主義には賛成の立場だが、アグリビジネスは助成金に頼らず自立すべきだと考えている。その中でも特に、トウモロコシと大豆粕に対する助成は、これらを飼料として使っている畜産農家に対する主要な助成となっている。私たちは、課税すべきはずの牛のおならに相互補助《サブシダイズ》しているのだ。

・水に対する助成は、非効率的な農業と水道の酷使を促進するので、これを段階的に撤廃する。

これらの変更は全て市場による自動調整を可能にするものであって、消費者に対して様々な商品やサービスに関わるエネルギー・コストの理解を求めるものではない。一旦通ってしまえば、現在横行している利他主義や極端なレベルでの環境への配慮ではなく、むしろ利己的な行動によって実行される。

結論としては、自分の食べたアスパラガスのカーボン・マイレージの計算に時間を使うぐらいなら、これらの変革について宣伝したほうが良いと思う（もしもそれであなたの気分が良くなるというのなら、アスパラガスを食べる量を減らしても構わないのだが）。

同時に、アメリカには炭素税がないので、スウェーデンカブを料理することには、いまだに何らかの環境的価値がある（ただし、これはハエ叩き一本だけで問題に立ち向かうようなものだ）。個人のレベルでは、さらにいくつかの提案を追加しておきたい。

1．道徳的な行動をもっと楽しもう

私はサーディンが好きになった。他の多くの魚とは異なり、サーディンは絶滅の危機に瀕しておらず、食物連鎖の上位ではなく下位を占めている。さらに、缶詰で食べても美味しく、いつでも手軽に食べられる。缶詰は保存期間が長く、場所も取らないので、腐らせて捨てたりせずに済む。さらに、サーディンはタンパク質が豊富なので、肉の代用にもなる。サーディンの他にも、タイセイヨウサバ、キュウリウオ、カタクチイワシ、ニシンなど、食物連鎖の下位に位置する魚であれば、同じように扱うことができる。イガイやカキのように、サイズの小さい水産物もＯＫだ。

2．環境に悪いものは高級品を選ぼう

私は、環境に良い食べ物を手軽に安く楽しむことに加えて、環境に悪い食べ物の多くについては、手間とお金をかけなくては楽しめないようにしてきた。自分の大好物が環境にとって悪いもので、おのれの身勝手さゆえにそれをやめられない場合、その品物については、あえて高級志向を身につけることにしてい

る。こうすれば最終的には、それを買う量が減ることになる。本当に美味しいものを食べたことがあれば、質が劣るものにはなかなか満足できない。それと同時に、最高級の品というのは、あまりにも高価だったり入手が困難だったりするので、しょっちゅう食べることは出来ない。

一九九〇年代半ばにブラジル南部を訪ねた際、私の最大の目的は、当時は世界最高だと思っていたステーキを食べることだった（後に私は、日本の神戸牛も同じぐらい美味しいことを知った）。その結果、今ではめったにステーキを食べることがない。昨年、私はブルックリンにある「ピーター・ルーガー・ステーキハウス」に行った。この店はニューヨーク、あるいはひょっとしたら全米で一番美味しいと評判で、批評家たちからも絶賛されている。確かに美味しかったし、気に入る人がいるのも理解できたが、全体的にはがっかりしてしまった。特に残念だったのは価格だ。店を批判するつもりはない。店としては、するべき仕事をちゃんとしていた。ウエイターたちはいかにもニューヨークらしい感じで親しみやすく、ステーキは美味しかった。ただ私としては、もはやこうした「するべき仕事」に価値を見出せなくなっているのだ。世界一美味しいというわけではないし、付け合わせの野菜とフライドポテトがついたランチが七十ドルという価格にもお得感はない。どうして行ってしまったのか。何もかもがありきたりな感じがした。「全国一美味しいステーキが七十ドル」と聞けば行く価値があるように思われるかもしれないが、新たなフレーミングを手に入れた私にとっては、「これまでに食べた中で六番目に美味しいステーキが七十ドル」という程度のものだったのだ。むむむ。けれども私はこの経験を今後に活かして、もう一度大きなステーキを食べる前に熟慮することができる。私は自分が自由になったと感じているので、その意味では、七十ドルの投資には意味があった。

高級志向を養いたいと思うなら、役に立ちそうな高級レストランやグルメ本がたくさんある。ステーキと同じような話として、フォアグラが生産時に動物に対して不当な苦痛を与えていると思っている人は多い。こうした評価には賛同しているのに、どうしてもフォアグラを食べるのがやめられない場合には、最高級のフォアグラを食べてみるといい。その味と比べてしまうと、普通に市販されているフォアグラには食指が動かなくなるはずだ。普通に「美味しい」フォアグラを食べても、正しいフレーミングの中では、私が現在ピーター・ルーガーのステーキに対して感じていること――可もなく不可もない高級品――と同じような感想を抱くことになるだろう。もちろんこの提案は、最高級のフォアグラをいつでも好きなだけ買えるような、とんでもなく裕福な人たちには効果がない。けれどもこれは、大半の人たちにとって、自らの身勝手さを克服するために残された一つの方法なのである。

3. 精製糖はなるべく控えよう

アメリカ国内の魚や卵の総消費コストと比較しても、加工されたジャンクフードは多大なエネルギーを消費する。砂糖を精製加工する過程もまた、諸悪の根源である。環境コストを削減する一つの方法は、ジャンクフードを減らすか、完全に撲滅してしまうことである。お金を節約し、環境を守り、健康的な生活を送れるようになるし、それでもまだ美味しいものを食べることはできる。ジャンクフードの代わりに缶詰の鰯を食べれば、ほとんどの人がもっと幸せになり、やっぱり全ての食事が大切なのだと分かるはずだ。

4. 食器をもっと手洗いしよう

食洗器を使う回数を減らそう。プラスティックの食器と紙皿を使おう。何かを食べ終えたり飲み終えたりしたら、その都度、それぞれの皿やグラスを手洗いしよう。大きな鍋は漬け置き洗いをしよう。でも、そんなの不便じゃないかって？　何を隠そう、私が食洗器の使用回数を減らすためにやっているのは、自分自身の弱点を利用することである。私は、前に洗った食器を食洗器から取り出すのが嫌いだ。

単なるものぐさなのだが、これをうまく利用すれば、良い目的を達成するのにも役立つ。食洗器の中に入っているものを取り出す気になれない時は、シンクにあるものを石鹸とお湯で洗わなければならない。私はこの「弱点」に磨きをかけ、その素晴らしさを妻に説明しようと試み、様々な度合いで成功した。

アメリカ合衆国農務省の研究によると、家庭での調理と保存は食品部門のエネルギーフローにおける最大のカテゴリーであり、全体の約二十九パーセントに相当する。この数字は、何を食べるかということだけでなく、それをどのように食べ、どのように調理し、食後の食器をどのように洗うのかということにも関係している。

5. 残飯を減らそう

私たちが食べきれずに残してしまう食べ物はたくさんある。特に多いのは、パンだ。パンはかなり大きな塊で売られていることが多い上に、味にうるさい人々から見れば、味が落ちるのも早い。たった一日で不味くなるものもあれば、焼き上がりや購入時からわずか数時間で不味くなるものもある。味が落ちたパンは捨てられてしまう。イチゴもやはり傷みやすいので、せっかく買ったものを食べきれないことが多い。食べ物の多くは、堆肥の山で腐る際にメタンガスを発生させ、気候変動問題の大きな要因となる。

私が現在取り組んでいる食のプロジェクトは、自分は何を余らせて捨ててしまうのかを明らかにして、それを買う量を減らすというものだ。今のところ冷凍の団子や袋入りのレンズマメを余らせたことはないので、こういうものは買う量を増やすべきである。

6. 車での移動は最小限にしよう

私は、買い物に行く時はなるべく大量にまとめ買いをして、車での移動回数を減らすようにしている。

仕事に行くついでに食料品を買ったり、何か他に出かける用事と合わせて買い物に出かけたりすることもある。

エネルギーと環境汚染に関しては、食べ物の消費よりも車での移動による影響のほうが大きいことが、米国農務省の試算によって示されている。（レストランとスーパーの両方を含む）食品サービスセクターによって生み出されるエネルギー供給量の合計は、一人当たり年間十六ガロンのガソリンに相当する。したがって、各個人が年間五十ドルから七十ドルのガソリン代を減らすことができれば、典型的なアメリカ人一人が購入する食べ物のエネルギーインパクトをほぼ相殺することができる。もしもあなたが〈いつでもグルメ〉《エヴリデイ・フーディ》で、たとえ環境にやさしくないとしても、どうしても自分の好物を食べ続けたいのならば、この領域にはまだ大幅に節約できる余地が残っている。自動車の使い方を少し変えて、移動の回数を減らすだけで、私たちはロカヴォアたちに勝てる。

食べ物の消費は、必ずしも環境保護にとって最も容易な領域でもなければ、最も効果の高い領域でもない。私たちの食べ物の消費は、ガソリンの消費ほど大きな問題ではないし、エネルギーと環境汚染に関していえば、車自体、たとえば褐炭の使用ほど大きな問題ではない。私たちは環境に対して与えるインパクトをゼロにすることはできないし、ピグミーのような規模にすることも不可能なのだから、どの問題に取り組むべきなのか、賢い選択をする必要がある。環境問題における最大の悪役や、エネルギー消費の最大の源は、食べ物ではない。それは、私たちだ。

第9章

なぜメキシコで食べるメキシコ料理は味が違うのか

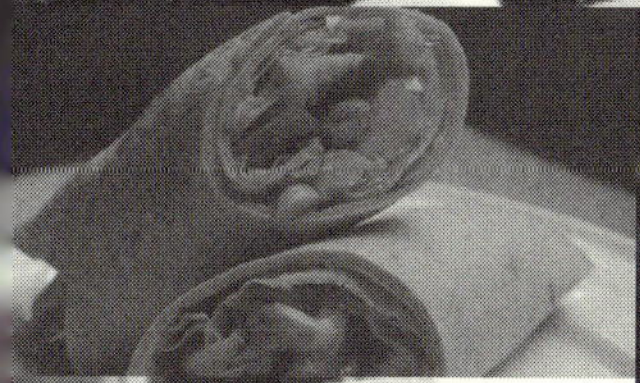

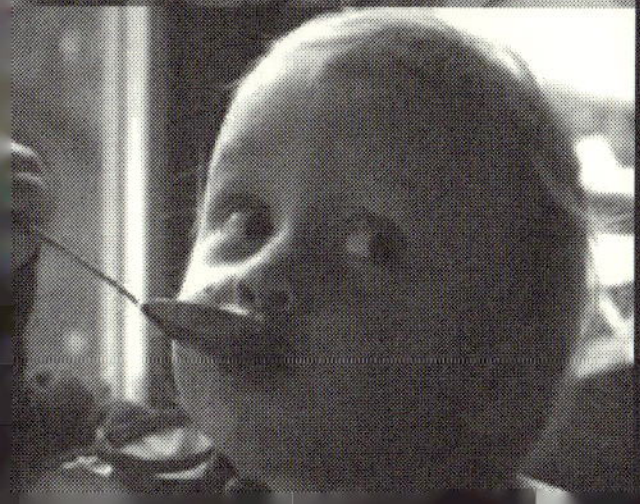

もはや環境にやさしい食生活など重荷としか思えないかもしれない。でも、ちょっと待って。〈いつでもグルメ《エヴリディ・フーディ》〉は、新しい味や経験に喜びを覚えるものだ。つまらない悪習から抜け出す素晴らしい方法の一つが、旅である。私はアジア系スーパーへとつながる別の道について話しているのではない。本章と次章では、食に対するアプローチが法的にも文化的にも異なる場所で物を食べるということについて書きたい。〈いつでもグルメ《エヴリディ・フーディ》〉が旅をすれば、ある国の景気や政府のやり方が食に対してどのように影響するのかが見えてくる。私が特に興味をそそられるのは、どうして本場で食べるエスニック料理はこれほど味が違うのか、という問題である。

食のスノッブたちはいつも、メキシコで食べるメキシコ料理はアメリカで食べるよりも明らかに美味しい、と言ってはばからない。いかにももっともらしく聞こえるが、果たしてそうなのだろうか。もしそうだとしたら、本当の理由は何だろうか。

私がとりわけ愛してやまないものの一つが、メキシコの食べ物である。何度メキシコを訪れたのかも覚えていないほどで（十五回は超えている）、私にとっては、危険を冒してでも美味しいものを食べたいと思わせる場所である。危険というのは寄生虫だけの話ではない。これまでの話でお分かりいただけたかと思うが、私が食について考えることの大半は、冒険と発見を求める気持ちから生まれたものであり、そこには危険が付き物だ。未知の世界へと飛び込むことには、驚くべき利点がたくさんある。メキシコ料理は、アメリカの食についての理解を深めるにはとても良い方法だ。それは、初めて外国語を学ぶ時に獲得する文法についての洞察に少し似ている。

もしもあなたが不注意で、メキシコで単に長い時間を過ごすだけだとしたら、他の国に行った時と同じく、凡庸なものしか食べられないだろう。食べられるのはせいぜい、メキシコのファストフードや、チェーン店のつまらない食事や、筋の多いメキシコ産チキンや、ソースのたっぷりかかったそれなりの味のメキシコ料理や、平凡きわまりないメキシコの家庭料理ぐらいだろう。単に茹でただけの麺や、ぱっとしないキャセロール、缶詰のモレソースがかかったチキンなどのメニューである。多くのメキシコの店よりもアメリカのタコベルのほうが――色々と問題はあるにせよ――料理は美味しい。タコベルなんて大嫌いかもしれないが、メキシコにもタコベルの支店はある。ただし、現地の人たちには、アメリカ風に面白くアレンジされた奇妙なものとしか思われてないようだ。

メキシコ国内のメキシコ料理は、常にアメリカのメキシコ料理よりも美味しいというわけではなく、はるかに美味しい時もあれば――はるかに不味い時もある。

だが、私にとって一番大事なものは一体何だろうか。私がこれまでメキシコで食べた中で一番美味しい食事には、五ドル以下のものもあれば、二ドル以下のものまであった。メキシコでの経験があったからこそ、ニカラグアへのグルメ旅行（第1章）でも、希望的観測を抱くことができた。

それでは、メキシコ国内のメキシコ料理とアメリカ風メキシコ料理は、どのように違うのだろうか（「アメリカ風メキシコ料理」は、純然たるメキシコ料理だけでなく、アメリカで食べられるメキシコ風料理も含むものとする）。両者の間にそれほどの違いがあるのはなぜか。ヒスパニック系の住民が七割を占めるエル・パソでさえ、国境を越えてすぐのシウダー・フアレスとは全く異なるメキシコ風の料理を生み出している。

そして結局のところ、なぜメキシコ国内のメキシコ料理とアメリカ風メキシコ料理は、それぞれの国の中でも多種多様であるのか。なぜマンハッタンのグルメ向けメキシコ料理店は、ヒューストンのタコス屋や郊外のテックス・メックス料理店とは違う道を選んだのか。シカゴやロサンゼルスのメキシコ人居住区の食べ物も、エル・パソとは異なっている。メキシコの屋外の食堂《コメドーレス》で出てくる料理は、メキシコシティの高級レストランの料理とはスタイルが異なる。メキシコ南部の都市オアハカの料理は、より産業の発展したメキシコ北部の新興都市のものとは異なっている。

こうした地域差はあるものの、メキシコ社会においては、アメリカのようなマイノリティの顧客グループに対する配慮がほとんど見られない。アメリカの〈いつでもグルメ《エヴリディ・フーディ》〉がメキシコを訪れて最初に気が付くのは、この点かもしれない。大半のメキシコ人にとって、ベジタリアンは奇妙な存在である。あるアメリカ人の旅行客が、自分はベジタリアンであると申し出たところ、牛が駄目なら鶏か豚か魚のどれを食べるのかと質問されただけだった、という話を聞いたことがある。メキシコ人はベジタリアンに対して「何か健康上の問題があるのか」と尋ねてくる。つまり、流行に敏感な一部の人たちを除けば、そもそもベジタリアンというのが何のことなのか分からないし、仮に分かったところで、ばかばかしいとしか思えないのである。メキシコはアメリカと比べてユダヤ人やムスリムの数も少ない。四旬節《レント》［キリスト教会暦における復活祭前の四十六日間］には食事制限の問題が生じるが、メキシコの社会ではやはり重視されない。

逆に言えば、常に重要なのは、需要者と供給者である。

二部（の供給）物語

私は「二都物語」のような実験を行った。国境に行ってみれば、メキシコとアメリカの食べ物の違いがもっとよく分かるだろうと考えたのだ。私は、アメリカとメキシコが、地理的にも民族的にも、最も近づく地点を見つけようと考えた。それは、テキサスに行けということを意味していた。

エル・パソとシウダー・フアレスは姉妹都市であり、共通の国境を挟んで接している。この二都市は気候や場所や黎明期の歴史を共有しており、人種混合比もますます共通したものになってきている。エル・パソの約七割が「ヒスパニック」とされており、ある調査によると、エル・パソ住民の四割がメキシコ生まれを自称している。不法移民や調査から漏れた人々を考えると、エル・パソにおけるメキシコの遺産の力は、おそらく公にされている数値よりも高くなるだろう。

二つの都市は、一八四八年の米墨戦争の後で分断された。北側の居住地にはエル・パソという旧来の名前が残り、南側にはシウダー・フアレスという新たな名前が付けられた。一九一七年まで、メキシコからの移民に対する規制はほとんどなかった。国境警備が始まったのは一九二四年に入ってからのことで、それ以降でさえ、高いレベルでの気楽な越境が何十年も続いた。今日にいたるまで、多くの人々がフアレスに住みながらエル・パソに働きに来ており、特別労働パスを使って毎日国境を越えている。

それでもなお、エル・パソとシウダー・フアレスは、二つの点で異なっている。第一に、食べ物に対する規制も含め、法律と規制が異なっている。第二に、エル・パソはシウダー・フアレスよりもはるかに裕福である。かくして私たちは、法律と豊かさが食に対してどのような影響を与えるのかに関する（大雑把な）フィールド実験を行う。

私は二〇〇六年にエル・パソを訪れて、驚愕した。メキシコ人やメキシコ系アメリカ人の客が大勢いたにもかかわらず、現地の「メキシコ料理」は、匂いも味もあまりメキシコ風ではないように感じられたのだ。何より、エル・パソではメキシコの食材がほとんど手に入らないことに驚いた。アメリカでアメリカ風メキシコ料理を食べても、そこで使われているメキシコ産の食材は、唐辛子と、せいぜいウィンタートマトだけである。それ以外のものはほとんどすべて、メキシコとは違う味がするだろう。エル・パソも例外ではない。

挽肉

国境の両側でバーベキューがどのように異なるのかについては既に詳しく検証したが、その時に触れなかった点が一つある。メキシコ料理とアメリカ風メキシコ料理の最大の違いは、肉の風味の強さである。アメリカの肉はメキシコの肉と比べてぼんやりした味である。

メキシコの牛は牧草を食べているため、その肉はより強烈で獣くさい味になる。また、牧草で育った牛は肉質が硬くなることもよく知られている。だが、肉がどのようにスライスされ、刻まれ、切られ、扱いやすい小さな塊へとまとめ上げられるのかを考慮すれば、硬さはそれほど問題にはならない。メキシコのビーフタコスやファヒータは、きちんと調理されたものであれば、アメリカで食べるものよりも美味しい。メキシコは挽肉の国である。

大きなステーキに関しては、アメリカ産の牛肉のほうが大きくリードしている。メキシコのステーキ屋の多くは、アメリカ産牛肉の使用を謳っている。市販の餌を与えられているアメリカの牛は、風味は弱くなるが肉質が柔らかくなる。大きな塊の場合は特に、テキサスのステーキはメキシコのステーキよりも簡単に噛み切ることができる。風味の乏しさは、サルサもしくはスパイシーなアルゼンチン風チミチュリ・ソース（どちらもメキシコのステーキ屋では定番である）によってカバーできる。

牛の餌の違いは、基本的な経済的配慮からも生じる。アメリカの牧場はメキシコよりも大きいため、牛一頭を育てるのにかかる金額が小さい。子牛のうちは屋外で牧草を与えられることが多いが、それから一頭ずつに仕切られた屋内の畜舎へと移される。たしかにアメリカのシステムでは、ある一定の土地で多くの動物を育てることができるが、動物たちは常に屋外で牧草を食んでいるわけではなく、トウモロコシを原料とする大量生産の餌を食べなければならない。さらに、合衆国政府はトウモロコシに対して巨額の助成金を投入し、トウモロコシを原料とする餌の使用を促進している。もっと貧しいメキシコの農家は、牧場を家族で経営しており、その土地に生えている草を牛に与えている。メキシコではアメリカよりも地価が安いため、スペースを節約する必要に迫られることも少ない。さらに、アメリカの農家はビタミン、抗生物質、廃棄物の処理技術を利用することで利益を高めているが、メキシコの農家の多くはこれらを手に入れることができない。

バーベキュー以外にメキシコ人たちが肉を処理する方法としては、ドライエイジングと戸外の技術が挙げられる。実際、肉が緑がかった色に変色するまで熟成が行われることもある。メキシコでは冷蔵庫の価格が高いため、ごく最近まで国内の冷蔵庫の普及率は低く、昔ながらの保存法に頼っていた。乾風による熟成術は、付きっきりの監視と安い労働力を必要とする。肉は、鉤にかけて吊るされるか、戸外で風にさらされる。肉の一部が汚く変色したところで、誰かがそこをナイフで切り取って捨てる。必然的に、腐敗してハエがたかったり、その他の屋外ならではの危険にさらされたりする肉もある。さらに、ドライエイジングによって水分が抜けて縮むため、肉のサイズは小さくなる。

おそらく既にご存知だと思うが、多くのグルメにとって、ドライエイジングビーフの味わいは普通の牛肉よりもはるかに強く豊かである。

対照的に、アメリカの牛肉の供給者は冷蔵に頼っている。彼らは真空パックを用いた「ウエット」エイジングによって肉を熟成させる。こうすれば肉のサイズが予想以上に減ることもなく、健康および安全上の基準を簡単に満たすことができる。大量の肉を扱うのであれば、この処理法のほうが楽である。それでもやはり、アメリカでもトップクラスの肉料理店では、安全性は高いがコストもかかるドライエイジングの技術が使われている。米国でも屈指の人気を誇るスーパーマーケット・チェーン「ウェグマンズ」では、通常の牛肉よりはるかに高い価格ながらも、ドライエイジングビーフが販売されている。「ホールフーズ」や高級食肉店でも見かけることがあるが、「ジャイアント」や「セーフウェイ」などの大衆スーパーではお目にかかれないはずだ。メキシコ流のドライエイジング技術は、メキシコだからこそ安いのだ。アメリカのステーキ屋でドライエイジングビーフを注文すれば、一ポンドあたり四ドルは高くなるだろう。

メキシコの肉はどの種類も、アメリカと比べて緩い健康・安全基準の下で生産されている。供給業者の数が多すぎる上に、メキシコの官僚はあまりにも無能で腐敗している。メキシコでは家族経営の牧場の大半が、きちんとした検査を受けることがない。メキシコからアメリカへの牛肉輸入の問題は、関税ではなく（NAFTAを覚えているだろうか）、食品医薬品局（FDA）、農務省（USDA）、州政府や地元政府など、とまどってしまうほど種類の多い規制のせいである。さらに、業者の責任を問う各種の法律があるせいで、食品を供給する側は、消費の際にリスクがあるような製品の取り扱いを尻込みすることになる。

一般的にメキシコ人は、高脂肪の食べ物を好んで食べたり、あえて避けようとはしなかったりするが、肉に関してもやはり脂肪の多い部位が好まれる。こうした肉は美味しいし、タンパク質も摂取しやすい。古典的なファヒータは、比較的高脂肪な「ハラミ」を使う。現在のファヒータの概念は、それよりも広くなっている。テキサスの牧場料理として生まれたファヒータは、屠殺した牛の肉を余すところなく食べる手段だった。メキシコのファヒータでは一般的にハラミしか使われないが、アメリカのファヒータでは、今や内モモ肉やチャックや脇腹肉のみならず、鶏肉や海老、魚まで使われている。アメリカにおけるファヒータの概念は、細切れ肉を使った料理全般を指すものになってしまった。グーグルで検索すれば「豆腐ファヒータ」がたくさんヒットする。高脂肪なハラミのほうが風味は良いにもかかわらず、アメリカではハラミのファヒータは敬遠されるようになってしまった。

メキシコのレストランは、低脂肪のメニューを出さねばというプレッシャーとは無縁である。メキシコの飲食業界に健康志向が入ってきたのは、つい最近のことである。今日でもメキシコは健康的な国であるとは到底言えず、糖尿病患者の割合も世界一である。貧しい国では病気にかかることも非常に多く、人々は食事の改善によって余命を延ばすことができるなどとは考えていない。それなら、脂の乗った肉を食べようじゃないか、というわけだ。

豚肉はメキシコ北部ではそれほど食べられていないが、国全体としては最も消費量の多い種類の肉である。またもや、国境の両側では大きな違いがある。

メキシコの豚は、家族経営の牧場や田舎の家の近くで放し飼いにされ、トウモロコシの餌を与えられている場合が多い。対照的に、アメリカの「工場豚」は、内臓と魚を混ぜた粉末飼料を与えられているが、これは大規模な豚の飼育を行う際には一番安上がりな方法である。メキシコの豚肉は、アメリカの豚肉ほどやわらかくはないが、より自然な味わいで、風味も変化に富んでいる。有名なグルメ評論家のピーター・カミンスキーは次のように述べている。「豚は反芻動物ではない。自分の食べた脂肪を第二の胃で分解することはない。このため豚の脂肪は、餌として食べたドングリ、大豆、ピーナッツ、トウモロコシのかすかな風味がする。脂肪が美味しければ、肉自体も美味しくなる」

貧しい国では一般的に牛肉よりも豚肉を多く食べる。豚は小規模の農場でも育てやすい。牛にはきちんとした飼料や広い牧草地が必要だが、豚は牛よりも優れた採食者であり、生ゴミを食べても育つ。メキシコの田舎では、豚が飼い主の家の物陰で眠っているのをよく見かけるが、これもメキシコ人が美味しい豚肉料理をどんどん編み出すことのできた理由の一つである。

多くの国では豊かになるにつれて豚肉から牛肉への移行が生じるが、これはアメリカの場合にも当てはまる。十九世紀、アメリカ人は牛肉よりも豚肉を多く食べていた。豚肉は塩漬けにして保存するのが簡単だった。塩漬けハムは今でも南部の名物であるが、大半の客は新鮮な肉を好むので、色々な形で保存された豚肉よりも牛肉の人気が高くなる。第2章で論じたとおり、仲介業者が中西部産の牛肉を腐敗のリスクなしに全米に輸送することが可能になったのは、冷蔵貨物車のおかげだった。アメリカの牛肉は、こうした冷蔵貨物車の発展があって初めて重要な地位を獲得することができたのである。第一次大戦の頃には、アメリカにおける牛肉の消費量は豚肉の消費量と並んだ。一九五〇年代には、牛肉のほうが豚肉よりも明らかに重視されるようになっていた。

例外となるのが、フアレス近郊を含むメキシコ北部のいくつかの地域である。メキシコの他の地域とは異なり、この地域では豚肉よりも牛肉のほうが重用されている。北部は土地が広く、牛は牧草に含まれる繊維質を消化することができるが、豚にはそれができない。アメリカ風メキシコ料理が、野菜と豚肉中心のオアハカの料理よりも、メキシコ北部の料理に大きく依拠しているのは、このためでもある。

牛肉の場合と同じく、メキシコ人は豚肉についても、自分たちの好きな肉の種類が健康的かどうかはあまり気にしない。アメリカの豚肉は、以前よりも低脂肪になりつつある。ある試算によると、米国産の豚ヒレ肉に含まれる平均的な脂肪分は、一九八〇年代初頭と比べて四十二パーセントも低下したという。これは脂肪を気にするアメリカ人消費者の勝利であるが、その結果、肉の味や食感は落ちてしまった。

メキシコ人は、豚肉も含め、肉類をフライにすることが多い。フアレスの食品市場を散策してみれば、美味しいチチャロン（パリパリに焼いたローストポークの皮に似た、豚皮の揚げ物の一種）が何種類も並んでいるのを見かけるだろう。ただし、フアレスの食品市場で売られているチチャロンは、豚肉ばかりではない。チチャロン・デ・パヴォ（ターキー）、デ・ボタネロ、デ・ペリータ、デ・レス（牛肉）、プレンサード・デ・プエルコ、デ・ティラ、デ・ペッラ等々――果たして全ての正体を把握している人などいるのだろうか。ベーシックなチチャロンは米国内のラテン食品市場でも売られているが、これほどバラエティに富んだ揚げ物の数々は、エル・パソではお目にかかれない。

揚げ物が好まれることには、歴史的な根拠がある。メキシコの田舎でガスや電気の料理用レンジが使われるようになったのは、ここ数十年のことである。多くの村では、いまだにレンジのない家庭も多い。そうなると、焼いたり炙ったりといった調理法を選択することはできない。スープや煮込みやモレであれば、直火にかけた鍋で調理することができる。しかしそれを除けば、メキシコではいまだに温かい食事を作るには油で揚げるのが手軽だと考えられているのだ。メキシコ人たちは、パスタまで揚げてこってりした味にしてしまう。同様に、アメリカのエンチラーダは焼いたものばかりだが、メキシコでは油で揚げたもののほうが多い。

筋だらけの鶏肉、地元産ではないシーフード

メキシコ産の鶏は放し飼いが多く、米国産の鶏に使われている添加物やホルモン剤や遺伝子工学などが用いられていない。それでも、メキシコ産の鶏肉はメキシコ産の豚肉の水準には及ばない。まず、鶏肉には脂肪が少ないため、放し飼いの効果が味にはあまり現れない。メキシコ産の鶏肉は、肉が硬くて筋だらけであることが多く、身も貧相である。成長ホルモンには、胸などの重要な部位に柔らかい肉を増やす作用がある。しかも、メキシコの田舎の農家では鶏を絞めるのに時間がかかるため、鶏の身体が――自分を殺そうとする行為に反応して――化学的に反応して肉が硬くなってしまうことがある。

メキシコでは美味しい鶏料理がたくさん作られてきたが、その大半は、家庭でいつも食べる肉が鶏肉で

あるオアハカで生まれたものである。だが、鶏料理の美味しさは、鶏肉そのものの味よりも、香辛料とその配合によるところが大きい。この地域で獲れる小柄で新鮮な鶏は、美味しい場合もある。しかしメキシコ北部とテキサスを比べると、いくら鶏料理はメキシコのほうが美味しくても、鶏肉に関しては米国に軍配を上げることになる。

メキシコのシーフードは、地方によって量と質にバラつきがあり、その差は米国内の差よりも大きい。テキサスの真南に位置するシウダー・フアレスは、メキシコ全体の代表というわけではないが、シーフードの種類は乏しい。

メキシコで最高のシーフードは、海か淡水湖で水揚げされるもので、ほぼ獲れたての状態で食卓に上がる。色々な種類を食べることは難しいが、その地域で何種類ぐらいの魚介類が獲れるのかによっても異なる。海沿いでは珍しいシーフードが食べられる。田舎に住むメキシコ人の多くは、一生に一種類の魚しか口にすることがない。それはおそらくその土地で獲れるモジャッラ（マスに似たクロサギ科の魚）の一種だろう。それにもかかわらず、獲れてから数時間以内に食べられるため、クオリティは高い。

メキシコの海沿いの地域では、同じようなアメリカの海沿いの地域よりも美味しいシーフードが食べられている。おそらく高価な最高級品を除けば、ティファァーナには隣接するサンディエゴよりも美味しいシーフードがある。理由は単純で、様々な長さのサプライチェーンと、賃料だ。ティファァーナの海辺の露店では、魚のタコスが約二ドルで販売（または調理）されている。魚は漁船から直接店に届けられ、すぐに消費される。店の経営者――あるいは家族――が調理を行う。店の装飾は最小限で、設備といっても椅子とテーブルが少しあるだけだ。言うまでもなく、こうした店はアメリカの衛生基準には引っかかるかもしれない。

サンディエゴでは、同じような店を開くのは難しい。ティファァーナよりも賃料が高いため、海辺にあるのは、もっと店構えが大きく売り上げも高い店ばかりである。海辺のレストランでは、高い回転率が求められる。そのため、バーや、お金をかけた内装、上品な雰囲気などが必要になる。それに合わせて店の規模も大きくなるので、大規模で組織のしっかりした供給業者から魚を仕入れることになる。魚は加工され、保存され、おそらくティファァーナの場合よりも高度な凍結と再凍結が繰り返されることになる。調理と下ごしらえは(不充分な)訓練を受けた労働者の集団によって行われ、短時間で大量の料理を扱うことになる。ひょっとすると店で働いているのは、かつてティファァーナの海岸で魚のタコスを食べていたのと同じメキシコ人かもしれない。サンディエゴのレストランはそれなりに美味しいかもしれないが、獲れたての魚を食べられるわけではないので、ティファァーナの魚タコスほどは美味しくないだろう

とはいえ、サプライチェーンが長いおかげで、サンディエゴでは種類の豊富なシーフードが供給される。サンディエゴでは世界各地から送られてきたシーフードが販売されているが、ティファァーナでは、というよりはメキシコでは全般に、純地元産の製品しか販売されていない。

アメリカとメキシコのどちらの国でも、ウォルマートなどのスーパーや大型店舗では、冷凍の魚製品が販売されている。このカテゴリーでは通常、長いサプライチェーンの扱いを得意とするアメリカのほうが優位に立つ。平均的な冷凍魚の味は、メキシコよりもアメリカのほうが上だ。ただし魚の種類によっては、その魚を冷凍せずに入手できるメキシコの各地で、冷凍魚よりも安くて美味しい鮮魚を買えるはずだ。

高脂肪チーズとメノナイト

メキシコ料理がアメリカ風メキシコ料理よりも濃厚で美味しいのは、肉のおかげかもしれないが、この基本的な差をさらに確固たるものにしているのがチーズである。メキシコのチーズは、アメリカで使用さ

れているチーズよりもベタベタしていて、美味しく、重厚である。

アメリカ風メキシコ料理では、濃厚で美味しいメキシコのアサデロ・チーズやオアハカ・チーズの代わりに、モントレー・ジャックや、マイルドなチェダー、あるいはアメリカ製のチーズが使われる。メキシコ北部で特に人気が高いのは、チワワ・チーズ――メノナイト〔キリスト教アナバプテストの教派で歴史的平和協会の一つであるメノー派の信徒〕によって作られることが多い――である。これらのチーズは、最高のメキシコ料理のメインディッシュが美味しい大きな理由である。

風味の弱いアメリカのチーズと肉は、料理のその後の体裁にも影響を与える。ぼんやりした食べ物の味やチーズの味の薄さをごまかそうとして、レストランは濃厚なソースに頼ることになる。

シウダー・フアレスの路上では、職人によって作られた低温殺菌されていないチーズが広く売られている。違法な密輸品としてたまに出回っているもの（大抵は町のラテン地区にある小さな食品市場で売られている）を買う以外には、同じチーズをエル・パソで入手することはできない。だが、低温殺菌されていないチーズは濃厚で味も良く、微妙な風味もある。多くの美食家たちに愛されているが――ほとんどのアメリカの〈いつでもグルメ《エヴリディ・フーディ》〉の手には届かない。しかしフランスでは、殺菌処理していないチーズは地元の特産品の中心を占めている。

殺菌処理していないチーズのうち、合衆国連邦政府が禁止しているのは、製造から六十日以上が経過したものだけである。ところがこの規定は、実際には、メキシコ北部の有名なチーズをはじめとするほぼ全ての低温殺菌されていないチーズを禁止することになってしまう。単純に言えば、メキシコのチーズは、一番良い形ではアメリカに入ってこないのだ。

こうした規制が撤廃されたとしても、最高のメキシコ産チーズを輸入して広く販売することは、合衆国の不法行為法によって事実上禁止されている。低温殺菌されていないチーズを食べて体調を崩す人がいるのは確かで、リステリア菌の感染や結核の原因になる場合もある。この怖さは、たとえば土曜日に車を運転するのと同じ程度のものに過ぎないのだが、巨大資本の大手食品販売業者の大半は、訴訟になることを恐れて、こうしたチーズの販売にはきわめて消極的である。

だが、低温殺菌はそれほど大問題ではない。低温殺菌されていない最高のメキシコ産チーズは、メキシコなどでは、低温殺菌された形でも販売されている。今では低温殺菌されているほうのチーズを選ぶメキシコ人のほうが多い。アメリカ産のチーズは、それでもやはりメキシコ産チーズの水準には達しない。

メキシコ産チーズのクオリティを高めているのが、職人による製造法であることは間違いない。しかし同時に、このようなチーズを大量かつ定期的に一定の品質を維持したまま供給することは難しい。職人によって作られたチーズは、すぐに市場へと持ち込まれ、数日以内に消費されなければならない。これは、全国的なブランド展開や長距離輸送よりも、地域型の製造販売ネットワークと相性がよい。アメリカのチーズは、もっと大幅に加工され、薬品や保存料を注入されていることが多い。スーパーや冷蔵庫での保存期間は長くなるが、保存料のせいで味は平板なものになってしまう。これらの商品は、完全に新鮮な状態での販売を想定していない。

メキシコにおけるチーズの製造法には、古いルーツがある。たとえば、二十世紀に入る頃、何千人ものメノナイトたちがメキシコ北部に移住してきた。彼らの多くはカナダ西部の出身だが、元をたどればオランダやプロイセンやロシアに出自を持つ。メノナイトたちは、自由と隔離と公立学校を回避する可能性を求めていた。メキシコのメノナイトの多くが、エル・パソの南方二百五十マイルに位置するクアウテモック近郊の六万五千エーカーの土地に定住した。メノナイトたちは、彼らのヨーロッパという出自から、農業とチーズの製造法の両方を持ち込んだ。そして、今日ではメキシコ北部の名産品になっているチワワ・チーズという白いチーズを開発した。このように技術の遅れたコミュニティが、今日に至るまでその地域のチーズの製造を支配することができたという事実は、示唆的である。メキシコ産チーズの全てをメノナイトが生んだわけではないが（これはあくまでもメキシコ北部に固有の現象である）、職人によるチーズの製造が、大量生産に取って代わられることは決してないだろう。アメリカでも、高級食材店や食通向けのレストランでは職人によって作られたチーズの人気が再燃しているが、普通のスーパーや普段の食事ではほとんど目にすることがない。

職人によって作られたチーズがなくても、メキシコのチーズはアメリカのものよりも風味が強く、高脂肪である。ファアレスのウォルマートには大きなチーズ売り場があり、職人の手作りではなく工場で生産された、メキシコの有名なチーズが大量に売られている。アサデロ、チワワ、コティージャ、オアハカなどがとりわけ目につく。棒状、円形、または結び目の形で販売されている。米国産チーズも売られているが、それほど人気はない。エル・パソのウォルマートでは、買物客の大半がヒスパニック系であるにもかかわらず、メキシコ産チーズが売られていない。チーズ売り場の中心を占めるのは、チェダーとモントレー・ジャックである（ヨーロッパのチーズはエル・パソでは流行っていない）。メキシコとは違い、通常は紐状または細切りの状態で売られていて、塊ではなく小片の形で料理に使われる。メキシコのアサデロやケソ・ケサディージャも売られているが、やはり細切りの状態でチェダーやモントレー・ジャックとミックスされ、クラフト社のビニール袋に詰められている。惣菜コーナーにはテキサス版のコティージャも売られているが、それを除けば、ファアレスのウォルマートにあったメキシコ産チーズのほとんどが、エル・パソのウォルマートには入っていない。

アメリカの製造業者も、メキシコ・チーズの大量販売にはあまり成功していない。クラフト社は実験的にメキシコ・チーズの製造を行っていたが、特別な設備にコストがかかる上に利益を上げることが難しかったため、製造を中止してしまった。もう少し小さな専門会社の中にはメキシコ・チーズの販売で成果を上げているところもあるが、アメリカ人のチーズの食べ方全体を変えることはできていない。アメリカ人のほとんどが風味の乏しいチーズを好むが、これは高脂肪のチーズを大量に食べるのは気が進まないということの結果でもある。

ラードに栄光あれ

豆に関していえば、いちばん美味しい豆はメキシコのものだが、豆そのものが美味しいわけではない。豆は輸送しても価値が落ちない。その代わり、調理に使われる脂によって違いが生じる。最高峰のメキシコ料理には、新鮮なラードが使われている。メキシコ人は缶入りのラードを使わずに、上質な豚の脂からラードを作る。ラードは、二度揚げした豆に味とコクを足し、タマレスに軽やかさを与え、多くの焼き料理に風味を加える。メキシコ北部のいくつかの地域では、ラードではなく牛脂《スエット》が用いられるが、結果はそれほど変わらない。牛肉はフラワートルティーヤにも加えられる。

アメリカ風メキシコ料理では、ラードよりも風味の弱い植物油や植物性ショートニングなどの材料が用いられる。アメリカでもラードは生産されているが、加工されており、メキシコのものほど新鮮ではない。高級店の料理人の多くはラードを使わない。アメリカ製のラードを使うと、料理は脂っこくなり、まろやかでナッツのような味になる。メキシコ製のラードは、ほぼどんな料理でも美味しくしてくれる。メキシコの豆やタマレスがうんと美味しくなるのは、ラードのおかげだ。英語で書かれた中では最も権威のあるメキシコ料理の本（ダイアナ・ケネディ、リック・ベイレス、パトリシア・クインターナなど）も、新鮮なラードを使うことを推奨しており、ラードほど美味しくはないが代替品としてベーコンの脂を使ってもよいと書かれている場合もある。

新鮮でないアメリカ製のラードは、メキシコ製のラードよりも長期保存が可能である。保存料が添加されているため、分解したり酸敗したりすることがない。メキシコのラードは手作りで作られており、何の制約も受けることなく料理に用いられる。米国のラードは大量生産や全国販売に向いていて、衛生面での規制にも対応しやすい。メキシコの料理人たちは、規模を犠牲にして味にこだわっている。

米国でトップクラスのメキシコ料理店は、通常、新鮮なラードを使って料理している。メキシコ国内と同じように、ラードは豚の脂から作られ、大きな塊の状態で何カ月も冷蔵保存される。メキシコ産の豚のほうが美味しい以上、米国産の豚から作るラードは確実に味が落ちる。それでも、こうして作られたラードを使えば、植物油よりも濃厚な本場風の味を出すことができる。かくしてこれらのレストランは、本当のメキシコ料理に少し近づくことになる。ただし、メキシコ流のラードを使った料理は、大量生産には向いていないという大きな問題もある。

米国のメキシコ料理店での新鮮なラードの使用が制限されてしまう背景には、もう少し特殊な事情もある。ベジタリアンや、コーシャー［食事や生活に関するユダヤ教の戒律］を遵守しているユダヤ人、ムスリムは、豚の脂肪であるラードを口にすることができない。料理にラードを使う店は、彼らに客として来てもらうことを諦めなければならない。これらのグループは、地理上の一地域の内の人数としては少ないかもしれないが、彼らの存在が商売に対して与える影響は大きい。法律上さらには広報上の理由から、料理にラードを使っている店は、その事実を公表しなければならない（かつては馬の脂を使って平均点以上のフレンチフライを調理していたマクドナルドが、ベジタリアンからの抗議によって調理法の変更を余儀なくされ、多くの〈いつでもグルメ《エヴリディ・フーディ》〉を失望させたことを思い出そう）。アメリカの消費者の多くは、大量のラードが使われていると知りながらあえて食べることを嫌がるので、メキシコ料理店の中にはわざわざラード不使用を謳っているところもある。

メキシコ料理におけるラードの重用には、歴史的な起源がある。スペイン人たちはメキシコでオリーブの木を育てようとしたが、それは難しいことが判明した（ペルーの気候ではうまくいったので、オリーブオイルはペルー料理に欠かせないものになった）。そのため植民地の料理人たちは、オリーブオイル以外の油を使って加熱調理しなければならず、当然、ラードが候補になった。ラードはメキシコ料理にとって重要なものとなり、一五六二年には断食中にラードを口にしても肉食の禁止を破ることにはならないという特免が教皇によって出された。メキシコの原住民たちは、当初はラードに対して嫌悪感を示していたが、ラードによってタマレスなどの料理の美味しさや栄養価が向上することをすぐに学んだ。

料理本を見ると、ラードの扱いに関してアメリカ風メキシコ料理がどのような変遷を辿ってきたのかが分かる。『エル・パソ料理本』（一八九八）は、エル・パソで出版された最初の料理本だと考えられており、少なくとも私はこれより古いものを見たことがない。レシピの多くは英米またはヨーロッパから入ってきた料理のものだが、この本の一節――五十九件のレシピ――がメキシコ料理に割り当てられている。どのレシピにも、ラードをたっぷり使って料理するようにと書かれている。

アメリカでラードなどの動物性油脂が植物油に取って代わられたのは、二十世紀初頭のことである。プロクター・アンド・ギャンブル社は、一九一〇年までに、植物油を特許取得可能な商品へと変えてしまった。それから数年のうちに、全米各地で広告の大キャンペーンが展開された。英語で書かれた最初のメキシコ料理の本（一九二九）では、ラードを使うレシピもまだ残っているが、植物油を使っているもののほうが多い。そこから先は、植物油が優勢になっていく。

さらに時代が下って一九七〇年代頃からは、米国内で健康に対する意識が高まり、この変化はさらに確固たるものになった。世代を追うごとに米国文化への同化が進むにつれて、メキシコ系移民たちの食事がどのように変化したのかに関しては、興味深い研究がいくつかある。第二世代になると、大半のメキシコ系アメリカ人がコレステロールの問題を意識しており、ラードの摂取が健康に対して悪影響を及ぼすことを認識しているか、少なくとも両者の間には何らかの関係が存在すると考えていた。メキシコ系移民たちの合衆国での暮らしが長くなるにつれて、ラード、クリーム、チョリソー、ソーセージ（そして、その他の高脂肪の肉類）の消費量は、明らかに減少しつづけた。マイナス面としては、コーントルティーヤのような複合炭水化物に代わって、袋入りの食品や菓子やデザートといった形で、より大量の糖分が消費されるようになった。

ラード障壁についての話はこれぐらいにして――他の料理についてはどうだろうか。

トルティーヤの多様性

アメリカのトルティーヤは小麦粉から作られることが多く、メキシコのトルティーヤはトウモロコシから作られることが多い。米国内のトルティーヤの売り上げの六割を占めているのは、薄力粉や全粒粉などの小麦粉を使って作られたトルティーヤである。

メキシコではトウモロコシと手作業が結びつくことが多い。彼らは手でトウモロコシを挽き、手で生地を伸ばして自家製トルティーヤを作る。メキシコの田舎では、ほとんどの食事に出来立ての自家製トルティーヤが添えられている。

フラワートルティーヤはメキシコの北側（ソノラ、チワワ、コアウイラ、ヌエボ・レオンの各州）でも食べられているが、それを除けば、伝統的なメキシコ料理で使われているのは概ねコーントルティーヤである。フラワートルティーヤは、メキシコにおける初期のフュージョン料理の事例である。フラワートルティーヤを発明した人たちは、メキシコ土着のトルティーヤというアイデアと、ヨーロッパで採れた小麦を掛け合わせたのである。ただし、フラワートルティーヤが普及したのは、メキシコ土着の伝統が弱くスペインからの影響が比較的強い、(ファレスを含めた)辺鄙な北部の地域だけだった。それ以外の地域では、小麦粉はパンを焼いたり、既に都市部では国民的料理となっていた「トルタ」というサンドイッチを作ったりするのに使われた。

小麦(小麦粉)のトルティーヤは、メキシコ全土には普及しなかった。小麦の栽培には、トウモロコシの栽培よりも多額の初期投資が必要である。たとえば、小麦の作付けを行うには、高価な農耕馬や農耕牛の頭数を増やさなければならない。十二月の種まきにも三月の成熟にも灌漑が必要である。メキシコで栽培が試みられた小麦の中には、収穫量が少なく病気に弱い品種もあった。収穫が終わると、採れた小麦をヨーロッパ式の製粉機で挽かなければならない。田舎の人たちの大半は、フラワートルティーヤを受け入れることなく、昔ながらのコーントルティーヤを作り続けたが、その背景には味や文化だけでなく経済的な理由――つまり、自宅でそれを栽培する際の費用と手間――もあった。

コーントルティーヤは、今でも国あるいは地域の誇りの象徴である。スペイン人による征服以前、トウモロコシの実は、メキシコの原住民たちの摂取カロリーの八割を占めていたとも言われている。十九世紀の間、メキシコのエリートたちは、トウモロコシやトルティーヤが栄養価や洗練度、経済発展、さらには倫理という面でも小麦やパンに劣っている、という考えを広めた。この議論は、メキシコにおけるナショナル・アイデンティティに関するヨーロッパ的な観念とメキシコ土着の考え方との普遍的な闘争の一部だった。だが、こうした反対意見は一九四〇年代までに自然消滅し、コーントルティーヤ(さらに、トウモロコシ全般)はメキシコ料理の定番として受け入れられた。

最近、フラワートルティーヤはメキシコ全土に広まり、人気を獲得しつつある。アメリカからの旅行者に対するサービスが、メキシコ料理に影響を与えてきたという面もある。フラワートルティーヤを食べてみたら気に入った、というメキシコ人も多い。都市部へと移り住むメキシコ人が増えるにつれて、彼らは故郷である田舎のコミュニティではなく、国家としてのメキシコをアイデンティティの拠り所とするようになる。彼らが「コーントルティーヤ」ではなく「トルティーヤ」に誇りをもつこともある。アメリカナイズされたメキシコ料理は、チェーンのレストランなどを通じてメキシコでも存在感を増しつつあるが、本来のメキシコ料理よりも風味が弱く、同じく風味の弱いフラワートルティーヤと相性がよい。ますます機械化の進む農業は、NAFTAと共に、小麦とトウモロコシの相対的な収益性を変えてきた。基本的には、小麦粉が輸入しやすくなれば、フラワートルティーヤ（大半が工場で生産されている）はコーントルティーヤに対してコスト面で優位に立つ。たとえば、テキサス州では一九三〇年代以降、フラワートルティーヤが主流になったが、これはトルティーヤ工場が広く普及した直後のことである。

アメリカの消費者が一番たくさん食べるコーントルティーヤ――もしもトルティーヤと呼べるならば、という話ではあるが――は、揚げてチップにしたものである。「フリトス」というスペイン語は、商標登録されたアメリカのブランド名になった。一九三二年、エルマー・ドゥーリンはサン・アントニオでコーンチップスを食べ、これを商品化すれば一儲けできると思いついた。彼はメキシコ人の料理人からレシピと道具を百ドルで購入した。時間が経つにつれ、基本の製品に添加される薬品の量は増えてきている。

それでもアメリカでは、現在、伝統的なコーントルティーヤの消費量が増えている。新しい移民の多くは、エルサルバドル、ホンジュラス、グアテマラなど、伝統的にコーントルティーヤを食べてきた地域の出身である。ここ十五年間のメキシコからの移民は、田園地帯の出身者が増えているが、彼らもコーントルティーヤに愛着をもっている。したがって、アメリカとメキシコにおけるトルティーヤの消費のされ方は、ある程度似たものになりつつある。

トウモロコシ対小麦粉という問題のほかにも、トルティーヤには国境のこちらとあちらで違いがある。

アメリカのフラワートルティーヤは、精白粉で作られているため、色も薄くて白っぽい。メキシコのフラワートルティーヤは、もっとザラザラして不純物も多い。アメリカで農業の機械化が広まるにつれて、製品はますます規格化されていく。

コーントルティーヤに関していえば、アメリカのトウモロコシは種類が少なく、風味にもあまり違いがない。メキシコのトウモロコシと比べて、味も薄い。この違いは、機械処理のしやすさや、収穫量、成熟までの時間、粒の均質さ、病気への耐性などを向上させるために品種改良されたトウモロコシの交配種が市場に出回りはじめた一九二〇年代に生じたものである。メキシコのトウモロコシははるかに品種が多く、コーントルティーヤの味も地方ごとに、あるいは村ごとに違っている。さらに、一つの村の中でもトルティーヤ用のトウモロコシが何種類も栽培されている（ただし、主に豚のエサとして用いられている品種もある）。

メキシコの田舎では、コーントルティーヤは工場ではなく手作りで生産されていることが多い。母親や祖母が一日中トルティーヤばかり作っていたとしても、外部からの収入を諦めることにはならない。仮に同じ時間働いたとしても、同じ量の食料を買えるほどの稼ぎにはならないからだ。

それでもやはり、トルティーヤの製造過程は骨の折れるものである。まず、トウモロコシの実を取り（これは男の仕事だ）、通常は一晩、石灰水に漬ける。トウモロコシと石灰を混ぜることで、伝統的な食事に欠乏している水酸化カルシウムが生じ、トルティーヤの強度が増す（トウモロコシのアルカリ化には壊血病を防ぐ効果があることが、最近になってようやく西洋科学で解明された。これは初期メキシコ文明の大きな科学的貢献である）。翌朝、そのトウモロコシを挽いて、トルティーヤの生地の材料となる「マサ」というコーン粉を作る。以前は杵を使って手作業で粉を挽いていたが、今日では家庭用の機械が用いられる。扱い慣れていないと、作業中に指を切断されてしまうこともある。こうして作られたマサで生地を作り、手で伸ばして成型する。生地を手で打つ回数はぴったり三十三回にすべし、という言い伝えもある。この生地を、くすぶっている火にかけた平らな鉄板の上で焼く。この火は、機械の助けを借りることなく、正しい温度で維持されなければならない。焼きあがったトルティーヤも成型済みのマサも長もちしない（古くなったトルティーヤはスプーン状の「スクーパー」として使われることも多い）ので、少なくとも一日一回は新しいトルティーヤを焼かなければならない。トルティーヤ作りはメキシコの田舎の女性にとっては日々の雑仕事の中心を占めているが、風味や新鮮さという点では、得られる成果は素晴らしいものである。私がメキシコの田舎で食べた自家製のトルティーヤは、これまでに食べたトルティーヤの中でも一番美味しかった。

食の世界におけるトレードオフが、ここにも見られる。非常に質の高い、新鮮な食べ物を定期的に食べることは可能だが、そのためには手間と暇を惜しんではいけない。私たちの大半は、食べ物にこだわりがあっても、こうした手間と暇を毎日費やすことは割に合わないと思ってしまい、ついつい手早く簡単に食べられるほうを選んでしまう。貧しい社会では、制度も技術も整備されていないため、手早く簡単に……という選択肢を選べない人が多い。貧しい場所で本当に美味しいものが食べられるのは、そんな時である。だがこうした地域も、豊かになるとすぐに利便性を追求するようになる。かくして、もっとも新鮮で美味しいものを食べられるのは、相対的に貧しい人たちと相対的に裕福な人たちという二つのグループに分かれることになる。貧しい人たちには、選択の余地がない。裕福な人たちは大金を投じて、貧しい人たちが何世紀も前から使ってきた食品供給網を再構築しようとする。

トルティーヤ工場は、手作りの技術を受け継いでいるわけではない。もっとも大きな違いは、工場で使われるマサが挽きたてのトウモロコシを使用しておらず、ある程度乾燥させてパック詰めされているという点である。メキシコ国内で乾燥マサが流通するようになったのは、一九四九年のことである。新鮮なコーントルティーヤには約四割の水分が含まれているが、この水分量を保持したまま冷凍輸送することは、距離にかかわらず不可能である。さらに、工場生産のマサ・ハリーナ（トルティーヤ生地）は、人間の手ではなくローラーとへらを使って成型される。生地の厚みやテクスチャーが丁度よくなるのも、材料ごとの微妙な違いが調整できるのも、手を使うからこそだと考えられている。

メキシコでは、手作りのトルティーヤは厚みがあり、形が不ぞろいで、風味が強い傾向がある。アメリカでは手作りではなく機械で作られたトルティーヤばかりが使われるため、時間と労力は節約できるものの、これらの長所は失われる。プラス面としては、薄くて乾燥したアメリカのトルティーヤは揚げ物に向いており、トスターダ系の料理とは相性が良い。

トルティーヤの生産集中を示すもう一つの徴候として、メキシコがトルティーヤの工場生産への道を歩みはじめたのは二十世紀初頭のことである。メキシコに最初のトルティーヤ工場ができたのは十九世紀後半のことだが、二十世紀のはじめに設計が改良されるまでは、まともに稼動していなかった。機械製造への流れが加速したのは、メキシコ政府がトルティーヤの価格を助成したためであり、この助成は一九九九年まで続いていた。助成によって、多くの地域のトルティーヤ工場が営業を続けられるようになり、メキシコの巨大企業であるマセカ社の乾燥トルティーヤに対抗できるようになった。手作りのトルティーヤが機械で作ったトルティーヤよりも美味しいのと同様に、地元の工場で作ったトルティーヤは、全国展開しているブランドのトルティーヤよりも美味しい。トルティーヤは傷みやすい上にカビも生えやすいので、全国販売されているトルティーヤは風味も弱く乾燥している。だが、メキシコ国内のレストランでも、便利で安いからという理由だけで、工場生産のトルティーヤを使う店が増えている。

アメリカにおけるトルティーヤの製造もまた、さらなる統合へと向かった。アメリカで最初の小さなトルティーヤ工場は、一九二〇年代にサン・アントニオで操業していた。一九六〇年代に入ると、レストラン・チェーン「エル・チコ」のトルティーヤを製造するため、より大規模な工場がこの部門にも進出しはじめた。今日でもトルティーヤを製造している業者は米国内に何百社もあるが、その大半は、テキサスかカリフォルニアにある小さな家族経営の工場である。

米国内の小さなラテン・マーケットの中には、移民の客のために手作りのトルティーヤを復活させているところもある。これらのトルティーヤは、冷凍する必要があるため乾燥はしやすいが、機械で製造されたトルティーヤよりも風味が強い。一流レストランでも、美食家向けの手作りトルティーヤを高い価格で提供している。たとえば、サンタフェやニューヨークにある食通好みの「南西部料理」レストランでは、手作りのトルティーヤが食べられることがある。ニューメキシコにあるトルティーヤのメーカーは、チョコレートやブルーベリーやバジルソースなどで味を付けたフラワートルティーヤを試験的に作っている。

要するに、トルティーヤの世界の多様性は高まりつつある。アメリカとメキシコのどちらも、ほとんどのトルティーヤが機械で製造される世界へと移行しつつあるが、それと同時に、手作りのトルティーヤの供給も息を吹き返しつつある。

大きくて赤いもの

トマトには、国境を越えて取り引きされる果物や野菜をめぐる様々な問題が詰まっている。米国はサプライチェーンの中で冷蔵を使う必要があり、それによって多くの食べ物、特にトマトの味を台無しにしている。

唐辛子は国境のどちら側でも大して味が変わらない。唐辛子の種類はメキシコのほうが多い。だが、アメリカで入手できる唐辛子の種類も充分に豊富なので、多くのメキシコ料理は再現可能である。自宅で唐辛子を焼き、水に漬けたものをピューレにして、本物のメキシコ産唐辛子にかなり近いものを作ることもできる。

なぜメキシコ産の唐辛子は、アメリカの市場でうまく流通しているのか。その理由を理解するカギとなるのが、予測可能な供給の大切さである。数週間、あるいはそれ以上の期間、味や価値を損ねることなしに唐辛子を保存することは簡単である。レストランの経営者や食品の供給業者は、定期的に唐辛子をまとめ買いする。ある日の入荷が遅れたり、満足のいく品が入荷しなかったりしても、在庫品を使えばいい。

メキシコを訪れる旅行者たちは、現地の果物に感動することが多い。カンクンに来る人たちは、新鮮なパイナップルの品質にしばしば驚く。シウダー・フアレスのそれなりのレストランでは、米国内のアメリカ風メキシコ料理の店よりも種類豊富で美味しい果物ジュースを飲むことができる。だが、これらの品物は、ほとんどのメキシコ人にとっては高すぎて手を出せない。メキシコ人の多くは、地元で採れた果物だけを食べる。種類は地域によって異なるが、スイカ、オレンジ、グアバ、モモ、パパイア、マンゴー、パイナップル、チュナス、カプリン、マメイ、ホコーテ、ナンセ、マルメロ等々である。これらの果物は上質で新鮮だが、出回る時季や地域が限られている。スーパーで美味しい果物に巡りあえることは少ない。

夏にエル・パソとフアレスにあるウォルマートへ行ったところ、エル・パソの店では売っていたアメリカン・チェリー、普通のレッド・チェリー、スイカ、梨、グレープフルーツ、アプリコット、白桃、黄桃、ネクタリンが、フアレスの店にはなかった。フアレスの店で売られていたプラムには米国産と表示されていたが、エル・パソの店のプラムのほうが種類も多く物も良かった（傷んだり腐ったりしているものが少なかった）。パパイアの品揃えだけはフアレスのほうが上だったが（エル・パソは数も少なく痛んでいた）、それを除けば、果物についてはエル・パソの圧勝だった。メキシコ各地の素晴らしい果物は、ウォルマートのような大型店で並べて売るのには不向きなのである。

シウダー・フアレスは果物の名産地ではないので、この比較には偏りがある。シーフードの話と同じだ。よその地域から果物を手に入れようとすれば、通常、広範囲にわたる輸送と冷蔵と保存が必要になる。フアレスもエル・パソも熱帯地域には入っていないため、果物は他の地域からの輸送に頼っているが、供給網に関してはアメリカのほうが優れている。メキシコの果物の中にはとびきり上等なものがあり、米国のスーパーで買えるどの果物よりも美味しいのだが、米国の小さな農園で採れた果物よりも確実に美味しいとまでは言いきれない。全体的にメキシコの食品市場では、一年を通じて色々なものが手に入るというわけではない。

メキシコとアメリカの野菜を比べた場合も、同じ構図が浮かび上がってくる。メキシコにはとびきり上等なカボチャ、種類豊富なトウナスやウチワサボテンがあるものの、一年を通じて手に入る野菜の種類はアメリカのほうがはるかに多い。さらに米国の野菜は、やはりメキシコよりもはるかに多くの農業技術が用いられているおかげで、品質が均一である。メキシコの野菜は栽培方法もまちまちで、傷もつきやすく、手元に届くまでに傷んでしまっていることも多い。

メキシコの果物や野菜は、たとえ申し分のないものだったとしても、サイズや品質や食感のバラつきが大きすぎるため、米国の市場の需要には応えることができない。ある客の皿に載っている付け合わせが別の客よりも大きくなってしまうのは、レストランにとって好ましい事態ではないし、購入後に届いた品物を分類するような余計な手間もかけたくない。メキシコよりも長いアメリカの食品管理ネットワークは、耐久性や均質さ、信頼度にとってプラスに働く。

さらにメキシコのサプライチェーンは、アメリカよりも不規則で、見通しを立てづらい。果物や野菜は、輸送の際、メキシコの様々な州を通過しなければならない。交通手段は大抵貧相な上に、商品は寄生虫予防のために検疫を受けなければならない。検査官たちから要求される賄賂のせいでコストは上がり、発送の遅延や中止が生じる場合もある。いくつものメキシコの州を通過する輸送をあてにするよりは、はるかに距離が遠いとしても、メキシコよりもきちんと管理されているチリの産物を購入するほうが楽である。

トマトに話を戻そう。

「トマト」という言葉はメキシコから来たもので、ナワトル語の「トマトル」を語源としている。ナワトル語に由来する他の単語（オセロット、チョコレート）と同様、「トル」という音が脱落し、「トマト」という形でスペイン語に、さらには英語に入ってきた。長い間、トマトはアメリカではあまり広く食べられていなかったが、十九世紀初頭にはトマトの栽培が広く行われるようになり、アメリカの食卓に欠かせないものになった。

メキシコ産トマトは一八八〇年代から広範囲に輸出されてきたが、分水嶺となったのは一九二〇年代である。メキシコのトマト生産者たちは、トマトを運びやすいように木枠に詰めるなどの標準的な輸送技術を、この頃から使いはじめた。メキシコのトマト生産は、職人の領域から抜け出し、近代資本主義と出合ったのである。一九九〇年代半ばまでに、メキシコにおけるトマトの生産量は、果物と野菜の総生産量の二十二パーセント以上を占めるようになっていた。米国とは異なり、メキシコでは一年中トマトを生産することができる。これは単に、メキシコのほうが気候が温暖だからである。十二月から二月にかけてアメリカに出回るトマトは、ほとんどがフロリダ産またはメキシコ産である。

メキシコのトマトのネットワークは、一番良いトマトを米国に輸出するように設計されているが、実際には――美食という観点から見て――最高のトマトの多くは、メキシコ国内に残ることになる。卸売業者によって輸送用の木枠から取り出されたトマトは、等級別に分類される。農業労働者の多くは若いメキシコ人女性であり、彼女たちが最高のトマト――いちばん大きくて身が締まっているもの――を手で選り分ける。これらのトマトは、アメリカの消費者たちにとって魅力的であるだけでなく、梱包して輸送する際のダメージを最小限に留めることができる。分類の際には、傷の有無もチェックされる。輸出用として理想的なトマトは、形も整っていなければならない。

米国への輸出向けに選別されたメキシコ産トマトは、価格が三倍に跳ね上がる。だが、このトマトにはさらなる処理が施される。とりわけ重要なのは、摂氏十度以下に冷蔵保存することである。これは、トマトを長距離輸送中も保存するためでもあり、法律で定められた基準を満たすためでもある。トラックで輸送される場合には、メキシコ側の国境で米国農務省による積荷の抜き取り検査が行われる。温度が基準を超えているトマトは全て却下され、積荷全体にも嫌疑がかけられる。そのため、トマトは低温で保存されることになる。だが、低い温度はトマトの風味と新鮮さを損ねてしまう。さらに、大きなトマトは水気が多いので、旨みは薄くなってしまう。

検査を通過したトマトは、アメリカ側の国境にある倉庫へと運ばれる。最終的にスーパーの棚に並ぶまでには、そこからさらに数日を要することもあるが、その間もずっと低温に保たれることになる。簡単な実験をしてみたければ、美味しいトマトを冷蔵庫に二日間入れておいた後で、どんな味になるのか食べてみるといい。

アメリカ行きの生産物が低温に保たれている間に、通常はサイズも小さい「劣等の」メキシコ産トマトは、とっくに食べられてしまっている。メキシコでは、国産のトマトはグアダラハラやメキシコシティにある果物市場で販売される。市場に並ぶまでに時間はかからない。傷がついていても、自宅で採れるトマトに近い味がする。もっとも質の悪いトマトは、動物のエサとして使われる。

米国においてもメキシコにおいても、トマトの供給網は他にもある。どちらの国でも、自家栽培やファーマーズ・マーケットのトマトが供給されている。だが、レストランへの定期的な供給に関して言えば、メキシコの消費者は、アメリカで売られているものよりも見た目は悪いが美味しいトマトを買うことができる。

　メキシコの方がトマトが美味しい本当の理由は、自分たちにとって良いものは何であるのかについて、他人の考えを押しつけられることなく、消費者が自らリスクを冒して決定することができるという点にある。だが、スノッブな美食家たちの意見も、一点においては正しい。一番美味しくて安いメキシコの食べ物が桁違いにたくさんあるのは、メキシコである。美味しいメキシコ料理を作るのが難しいことは、パリで美味しいメキシコ料理を探してみれば分かる。そんなことは、ほとんど不可能なのだ。

　メキシコで食べるメキシコ料理がアメリカで食べるよりもはるかに美味しい本当の理由は何だろう。メキシコは、非常に有利なやり方で、二つの食の世界に跨っている国だと思う。彼らには、近代的な食品供給網を維持し、良いレストランを経営し、〈いつでもグルメ《エヴリディ・フーディ》〉の行くところに相当な量の多様性を送り込むに足るだけの、技術と現代性が備わっている。それと同時にメキシコは、いまだに職人的な食料生産の方法と密に連携している。メキシコにもアグリビジネスはあるが、アグリビジネスしかないというわけではない。最高の状態においては、メキシコは食の新世界と旧世界の一番良いところのユニークな組み合わせである。利用できるうちに利用せよ。

第10章
どこでも美味しいものを食べるための事典

ジョディ・エッティンバーグは、各国食べ歩きの旅をしながら、世界を一周しつつあるという。まだ観光客の少ない各地の穴場を探し、格安ホテルに泊まり、屋台の売り子と仲良くなり、美しい写真をめいっぱい撮り、美味しい食事を思いっきり楽しむ、というのがジョディの流儀だ。地元の市場や、食べ物の屋台、路上の出店や、ロードサイドのレストランなどを撮影した彼女の最高傑作の中には、風景写真もあれば食べ物の写真もある。

彼女のこうした生き方は、行き当たりばったりで実現されたわけではない。ジョディはモントリオール出身の元弁護士で、ニューヨークにある二つの法律事務所に五年間勤めながら、お金を貯めて旅に出るにはどうすればいいかといつも考えていた。彼女が旅に取り憑かれたのは、高校の時に見たシベリア横断鉄道についてのPBSのドキュメンタリー番組がきっかけだ。二〇〇八年、二十八歳の時、彼女はついに仕事を辞め、着替えを詰め込んだバックパック一つで旅に出た。それ以来、南米縦断の弾丸旅行は言わずもがな、南アフリカ、モンゴル、中国、ロシア、ドミニカ共和国、フィリピン、マレーシア、インドネシア、タイ、ミャンマー（ビルマ）、ラオスといった国々を巡った。彼女は好奇心に溢れ、「スポンジのようにすべてを吸収すること」を目標にしている。そして、自分を突き動かしているのは「目的の濃密さ」だと語る。今後はスリランカ、インド、ネパールを訪れる予定だが、長期的な計画があるわけではないという。

それに、彼女にとっての世界旅行は、休暇ではなく人生なのだ。彼女は、（本人からの手紙によると）旅こそが「もっと大きなタペストリーの中にいる一人の人間として」自分たちを見る観点を保ってくれるのだと熱烈に信じている。

自分の哲学を記録するため、ジョディはブログ（www.legalnomads.com）を書いている。このブログには写真の他、「ビルマのバス旅ワースト5」「バンコクの軍事弾圧」「プルフンティアン島で毒グモを殺さずに済む方法（全三部）」などといった話題が掲載されている。

彼女は今や、安く食べることの達人である。弁護士業で貯めたヘソクリをなるべく長もちさせたい、という思惑もある。だが、旅を通じて、特にアジアでは、一番安い食べ物が往々にして一番美味しいという事実を知ったからでもある。さらにそれは、情報を学んで吸収することで文化的な絆が深まり、他の人々との関係が密になり、日々の楽しみがもっと構造化され、本質的に人間性が高まるはずだという前提に基づいた一つの焦点――先入観と呼ぶ人もいるだろう――でもある。ジョディは次のように述べている。「アジアを旅すればするほど、自分の生活がどれほど食を軸にしているのか思い知らされる」。実際、アジア社会の多くは食を軸に構成されているので、ジョディとの相性は良さそうだ。

私が気に入っているジョディのブログ記事は、美食の国としてはほとんど知られていないラオスの食べ物に関するものだ。三週間の滞在（彼女の見解によれば、到底充分なものではない）を通じて、彼女はほぼ毎日のように知られざる絶品料理を発掘した。彼女が紹介しているのは、ラオスのスープだ。たとえば、あるスープは「あっさりした魚ベースのスープに細い麵、バナナの花と芽の千切りが入っていて、ミントとコリアンダーがトッピングされている」。別のスープは「濃厚なスープに、山盛りの焼きたての豚肉、新鮮なハーブ、揚げたニンニクと、歯ごたえのある太い米麵が入っている」。さらに、ココナッツミルクと豚の細切り肉のスープもある。「ビルマではいつでもスープの時間だ」と彼女は書いている。全てのスープは美しい写真と共に紹介されている。スープと並んで、彼女のお気に入りになった「チェオ・マック・クア」（焼き茄子のディップ）の写真も掲載されている。これらのスープの平均価格は五十セントにも満たない。どれも新鮮な食材を使って一から手作りされているものばかりだ。

ラオス風焼き肉やフランスパンも、ジョディの大好物になった。最後に、彼女はブログにこう書いている。「このブログでは紹介しきれなかったラオス料理もたくさんある――バナナの葉でぴっちり包まれたラーブ（複雑なパテ）や、無数のシチュー、それまで見たこともなかった甘い果物などについては、まったく触れられなかった」

ジョディは訪問先のほぼ全ての国で、絶品なのに安い料理を発見してきた。食べ物の消費者としてイノベーションを起こす人がいるとすれば、それはまさに彼女のことだ。あまり食べ物が美味しいとは思われていないロシアでさえ、シベリア横断鉄道の停車中に買った挽肉のパンケーキ包みや、真っ赤なトマト、ハムを載せたパンを堪能した。では、その他にはどこで美味しいものが食べられるのだろうか。彼女のアドバイスは次のとおりだ。「結局、一番美味しいものが食べられるのは、停車中の駅の近くや、タクシーの運転手たちが食事をするモスクワやエカテリンブルクのカフェテリアだった」。意思の疎通は難しいが、通訳してくれる人さえ見つけてしまえば、町で一番美味しいものが食べられた」。私と同じくジョディも、美味しい食べ物に関する一番の情報源は、その土地の交通機関の運転手たちであると主張している。

ジョディが理解しているとおり、旅行中に外食することは、単なる食べ物の問題ではなく、探求《クエスト》でもある。冒険をし、思い出を作り、その土地の文化とつながるチャンスであり、あなたの旅、ひいてはあなたの人生の目的を明らかにする助けとなるのだ。旅をすることで「食べることは創造的な芸術である」という実感は一層強くなる。

ジョディは身長が五フィートしかない小柄な女性なので、非常用のホイッスルを持ち歩き、ビルマで襲撃してきたサルを撃退したり、他の危険に備えたりしている。

私の普段の旅はジョディの旅ほど過激なものではないが、旅人ならば誰もが、彼女と同じ問題に幾度も直面したことがあるだろう。つまり、道中あるいは知らない土地で美味しいものを食べるにはどうすればよいか、という問題だ。私はネットの情報をプリントアウトして持参したり、アイフォーンで情報を検索したり、どこに食べに行くかを前もって調べておいたりしてきた。だが、出張にせよ休暇にせよ、いきなりその場で美味しいものを見つける必要に迫られることも多々ある。ネットで調べてもハッキリしない場合もあれば、言葉の壁に突き当たる場合もあるし、実際に現地を見ることでネットの情報を補いたいと思うこともある。いずれにせよ、ネットに頼らない経験は抜群に楽しいし、自力で何かを発見したという素晴らしい思い出をきっと作れるはずだ。さらに長い目で見れば、実地での経験は、インターネット上に何があり、それを調べるべき時はいつなのかを判断するための最高の基礎を作ってくれる。

ジョディの経験にはいくつかの基本原則が反映されている。それは、美味しい食事を見つけることはほぼいつでも可能であり、消費者としてイノベーションを起こすことには価値があり、これらの食事は比較的安いものとなりうる、ということである。他の国の食べ物に対して適用される根本的な経済原則は、アメリカの食べ物に対して適用されるものと変わらない。だが、メキシコについて見たとおり、法律や賃金、周辺環境が千差万別である以上、適用の仕方は異なってくる。本章でお目にかけるのは、私の個人的な事典である。世界各地を巡りながら、第1章で述べた「食は、経済的な需要供給の産物である。したがって、供給される品が新しく、供給者が創造的で、需要者に知識があるところを見つけるべし」という基本原則を実際に使ってみよう。

アジアでの冒険

東京

おそらく東京は、私がこれまで訪れた中で最も魅力的な場所だ。その魅力は食べ物のみにとどまらない。二度の東京旅行からアメリカに帰国した時は、まるで別の惑星から戻ってきたかのような感じがした。先進的な資本主義社会らしく何もかもが便利なのに、どういう訳かアメリカとはまったく違う。財布を落とせば見知らぬ人が返してくれるし、トイレは話しかけてくるし、外国人が日本語をしゃべると怪しまれる。それに、かつて人類が経験したことがないほど急速な経済成長を遂げたのに、ゼロ成長に近い期間が続いているって？　さらに東京には、解読すべき食の「暗号」がたくさんある。

外食産業を含めた東京の商構造を形作っているのは、人口密度の高さである。都心から数時間以内の範囲に何千万人もの潜在的顧客が存在しており、彼らが東京における商業活動の密度と多様性を支えている。速くて運行も安定している公共交通のおかげで、東京の住民たちは電車や地下鉄での長時間通勤を厭わない（一日あたり三百万人以上が新宿駅を通過する）。彼らの大半が、首都圏の潜在的顧客である。狭い家が多いので、人々は外食を含めた娯楽を求めて外へ出かけることになる。

実際の購買力に関して言えば、首都圏の食品市場にもたらされる人や金や知恵の規模は、世界でも他に類を見ない。

外食産業を含む日本経済の供給面では、専門化を重視する見方が根強い。あなたが各国料理店の厨房を仕切る調理人だとしたら、その国の料理に精通しておく責任がある。あなたに期待されるのは、数年にわたる修行を積んでいることや、その料理の本場を訪れて正しい料理法を習得すること、その国の料理について全てを熟知した上で最も高い基準で判断を下すことである。キャリアの自由度が小さくなることは確実だ。日本というのは、「メキシコ料理のシェフ」が一晩で「自動車のセールスマン」に転職することも、その逆も起こりえない国なのだ。食事客の視点から見れば、これは理想的である。私は六本木にあるシンガポール料理の一流店で食事をしたが、その店のシェフは、シンガポール料理を学ぶために三十回以上も現地に渡航したことがあると胸を張っていた。

東京の飲食店事情は、全く異なるいくつもの層によって構成されており、私がその全てを発見できているかどうかは定かでない。

第一層、日本料理――アメリカ人にとって馴染みがあるのは、天ぷら、寿司、麵類、トンカツ等々、日本料理なら何でもござれというタイプの店である。こんな店を日本人が見たら卒倒するだろう。彼らにとってレストランとは、どれか一つのジャンルに特化しているのが当たり前なのだ。経験則上、これらのどれか一つを専門にしている店を探して、そこで食べるのが良い。そこがどれぐらい美味しい店なのかを慎重に見極める必要はない。東京のレストランはほとんどハズレがない。なぜなら、日本の客は好みがうるさく、要求水準が高いからだ。

評判に反して、日本ではそれほど高いお金を払わなくても美味しいものが食べられる。十ドルから二十ドルも出せば、簡単に絶品の料理にありつける。麵類に関していえば、一流の品が五ドル以下で食べられる。高級スーパーでは百ドルのメロンも売られているし、高級寿司店で食事をすれば千ドルはかかるが、ほとんどの場合、日本の食べ物は手頃な価格である。日本は中流階級の国であり、それが外食の価格にも反映されている。百ドルのメロンでは、一億人もの中流階級の国民の腹を満たすことなどできない。

ところで……日本のレストランは、なかなか店に辿り着けないことが多い。東京でさえ、流暢に英語を話す人は少ない。日本語を習得するのは難しい。所番地には一貫した秩序がない。多くのレストランはショッピングモールやタワー、地下にある。それに大抵、都市はごちゃごちゃと不規則に広がっている。ガイドブックには「地下鉄新宿駅」で降りるように、と書かれているだろうか。結構。だが新宿駅には六十以上の出口がある。それぞれの出口は地上では全く別の場所へとつながっているし、簡単に見つかる出口ばかりではない。まずは目的地への正しい道順を知ることが、旅の第一歩となる。

日本でレストランを見つける方法として、特に東京では、いくつかの選択肢が考えられる。

・面白そうな地域に行き、自分の足で歩き回り、良さそうな店を探す。

・正しい地下鉄の駅で降り、正しい出口から出た後、知らない人たちに声をかけまくって、目的地までの行き方を尋ねる。ほとんどの人たちが、多少の助けになってくれる程度には英語が分かるだろう（日本語で住所を書いたメモがあれば特に良い）。お目当ての店まで数ブロックしか離れていない場合でも、五回以上は道を尋ねる羽目になるだろう。くじけてはいけない。そして、多くの店が地下にあったり、目につかない場所に隠れていたりすることを忘れてはならない。

・正確な住所をカードに印刷して、タクシーを拾う。お金はかかるし、運転手が道に迷うことも多いが、料金さえ払ってしまえば、座席に座って高みの見物をしていればいい。

これらはどれも選択肢としては許容範囲内である。問題なのはどの選択肢も選びたくない場合だが、そうなってしまうと目的地に辿り着くことはできないだろう。

第二層、エスニック料理——東京をはじめとする日本の大都市には、ほぼ全種類のエスニック料理がある。これまで私が訪れた約七十五カ国の中でも、本場の味を（執拗なまでに）忠実にコピーすることにかけては、日本に並ぶところはない。つまり、日本では完璧なメキシコのモレソースを食べることができる。

日本風のアレンジが存在している料理の一つが、中華料理である。日本には華僑の共同体が古くからあるため、日本の中華料理は、単に本場の味を再現したものというよりは、日本的な要素が色濃いものになっている。日本の中華料理では、麺類に重点が置かれている。点心の分野では、日本風のギョウザが幅を利かせている。中国の地域ごとの差異や特色は消え失せ、豆腐、日本の茄子、鍋物がやたらと使われる。いずれにせよ、大半の料理は上質な材料を使って丁寧に作られている。日本の中華料理は独自のジャンルであるが、あっさりした上品な味つけで、より精選した材料を使っている分、アメリカの中華料理よりもはるかに美味しい場合がほとんどだ。

第三層、高級料理──完全に順位をつけるのは難しいが、時折、ずっと記憶に残るような大当たりに遭遇する。これまでの人生で食事をした中で最高のレストランは、買い物客で賑わう東京・表参道にあった（その後、都内の別の場所に移転）、ピエール・ガニエール（ミシュランで三ツ星を獲得したパリのレストランの日本支店だと思う。味、独創性、サービスのクオリティのすべてが、ヨーロッパで食べたあらゆる高級料理を超えていた。決して安くはなかった（二百ドル）が、パリで同じレベルのものを食べようと思えば、三百ドルはかかるだろう。面白いことに、この店は東京では最高峰とは思われていないし、多くの人はベスト5にも入れないだろう。当時のミシュランでも二ツ星しか獲得していない。私が予約の電話を入れたのは店を訪れる前日で、翌日のランチタイムには座席が半分しか埋まっていなかった。私につきっきりでサービスしてくれた給仕は、充分に英語を話すことができ、私が歓迎されていることを実感できるようにあらゆる手を尽くしてくれた。つまり、最高のフランス料理を食べたいならば、予算とストレスを減らすためにも、東京に来ることを検討したらいい。

寿司や懐石料理などの日本料理を非常に高い価格で提供する店も多い。最高級と思われる寿司などを出す店では、一回の食事に千ドル以上かかることもある。これらの店の多くは取引や接待などに利用される。あなたが裕福でない限り、この手の店はあまりおすすめできない。

奇妙に思われるかもしれないが、東京で豪勢な食事をするつもりなら、日本料理は避けたほうがいいと思う。おすすめはフランス料理、イタリア料理、中華料理だ。ひょっとしたら、私のお金の使い方が不充分だったのかもしれない。私は百五十ドルの美味しい寿司をランチで食べただけだからだ（千ドルのメニューなら、もっと強烈に美味しかったのかも）。だが、果たして百五十ドルの寿司ランチは、築地市場の適当な店や近所の寿司屋で食べる三十五ドルの寿司と比べて、はるかに美味しかったと言えるだろうか。私にはよく分からない。「本当に、本当に美味しい日本料理」だという点で、どちらも「本当に、本当に美味しい」という点では大差がない。日本は食べ物にお金を使うには絶好の場所だが、それほどお金をかけなくても美味しいものが食べられるのだから、どこで散財するかについては慎重になったほうがいい。経済学は限界での選択に関する学問であるが、東京でうまくやるためには、大枚をはたく必要はないのだ。

ところで、ジョディ・エッティンバーグは私あてのメールで、東京でおすすめの食事スポットを教えてくれた。それは、居酒屋である。日本酒はさておき、彼女は居酒屋を「賑やかで素敵な雰囲気、肉野菜炒めや煮込みうどんや焼き鳥などのメニューも楽しく、素晴らしい体験でした。他のレストランに比べて価格も手頃なので、好みの品を好きなだけ食べられます」と評していた。

第四層、低価格の洋食――これが非常に興味をそそられる分野だ。東京の標準的な洋食は、クオリティが極めて高いか、とんでもなく珍妙であるかのどちらかなのである。

まずは良い方から見てみよう。かつて私は妻と一緒に、東京でも有数の商業地域である表参道を歩いていた。午後二時半過ぎで、レストランはたくさんあったものの、ほとんどの店がランチ営業を終了していて、店に入ることさえできなかった。私たちは空腹で、とにかく何か食べたかった。

結局、私たちは、一見失敗としか思われないような選択をした。私たちが入ったのは、目抜き通りのビルの二階にある終日営業のイタリア料理店で、店内はやかましい女子高生たちで溢れかえっていた。とにかく空腹だったのだ、文句は言えまい——。

シンプルなスパゲティを注文したところ、イタリア中北部、たとえばパロマやボローニャで食べた時と同じぐらい、充分に満足できる味だった。店を出るときに支払った金額は、一人あたり約十ドルだった。

毎回そうだと言うつもりはないが、こんなことが起きる場合もあるのだ。その一方で、トマトソースのかわりにケチャップがかかった麺を出されることもある。だからこそ、東京で洋食を食べるのは面白い。もちろん、ケチャップはまずいケチャップではなく美味しいケチャップなのかもしれないが、そんなことは関係がない。日本の洋食ほど恐ろしい調味料の使い方をする料理は滅多にない。

私のおすすめは、どこでもいいので大手百貨店に行き、食品フロアを端から端まで歩いてみることだ。フランス料理とイタリア料理、特にパンと焼き菓子が、ひときわ目立つセクションで扱われているはずだ。それを食べてみるといい。食に関していえば日本人はイタリア料理に、そして何よりもフランス料理に、並々ならぬ執着を見せている。パリには全ての授業が日本語で行われている料理学校があり、日本人シェフの卵たちにフランス料理の技術を教えている。まじめな話、今日世界で一番美味しいフランス料理が食べられるのは、ひょっとしたら日本なのかもしれない。

要するに、日本へ旅をするのは正解だ。日本の都市部では、経済活動——特に小売——が人類史上新たな高みへと達しており、その中には食も含まれている。

シンガポール

私はシンガポールという土地の食べ物を愛してやまないが、その最大の魅力は素晴らしい屋台《ストール》である。都市全体が豊かなため、人々が外食する機会も多く、さらには土地利用に関する政策のおかげで、賃料の高騰によって屋台が都市部の外へと押し出されてしまうこともない。私が行った中ではチョンバルが最高だが、いくつか出版されている屋台ガイドのどれかを町の書店で買っておくといい。

これらの屋台が集まった「ホーカー・センター」（屋台地区の通称）は、市街のいたるところに存在しているが、おそらくお察しのとおり、市街の中心部にあるものは最良とはいえない。とはいえ、町のほとんどの地区では、美味しい屋台めし――小腹を満たすのに充分な量――を二ドルから三ドルで買うことができる。シンガポールは一人当たりの豊かさがフランスとほぼ同じであることを考えれば、この価格は驚異的だ――しかも、私の好みからすると、シンガポールの屋台めしは今まで食べた中で最高においしいものの一つだ。

現在のホーカー・センターは、通常、繁華街から外れた場所にある。大きな金属製の屋根の下に、中華料理、マレー料理、インド料理の屋台が五十軒以上並んでいることが多い。特に中華料理は典型的なシンガポール風で、インド料理やマライ料理の発想がミックスされており、魚介類と麺類がメインになっている。たとえば、シンガポール独自の料理であるフィッシュヘッドカレーの場合、カレーソースは南インド風だが、魚の頭を使うのは中華料理の発想である（インド料理では魚の切り身を使う）。シンガポール風チリクラブは、古典的なシンガポール料理の一つだが、中華料理（豆のペースト）、マレー料理（チリ）、インド料理（ソースの質感）、西洋料理（トマトソース）からの影響が組み合わさっている。

ほとんどの屋台は少数のメニューしか扱っておらず、評判なのはどれか一品、あるいは一品とその類似メニューだけである。したがって、ナシゴレン（目玉焼きののった焼き飯）、粥、ロティ・ジョン（チリソースのかかったミートローフの一種）、焼きアカエイ等々、選択肢は多いのだが、大抵はそれぞれ別の屋台で買わねばならない。

これらの屋台は、文化混合によって生じる利益のショーケースでもある。シンガポールでは、中華料理までもが各地方の料理の混合物である。広東料理からは、焼き豚、点心、汁麵といったアイデアが借用されている。シンガポールの華僑で最も多いのは福建省出身者である。彼らの料理で好まれるのは、じっくり煮込んだ料理で、特に豚肉を使ったものだ。ニンニクと醬油を使うことが多く、スープも定番である。シンガポール料理で豚のラードが広く使われるようになった起源は福建料理である。じっくりと火を通した福建風のスープやシチューは、屋台で作って売るのには理想的だ。熱々のあっさりしたスープや海鮮料理を中心とする潮州料理も、シンガポール料理に影響を与えている。フィッシュボールとフィッシュケーキと粥――シンガポール料理では定番の三品――は、潮州料理を起源としている。シンガポール料理で使われる唐辛子は、マレー料理とのつながりに加えて、四川料理をはじめとする中国内陸の料理にも由来している。シンガポール料理の唐辛子は、単体で使われることよりも、ペーストやディップ用ソースや調味料など、料理人にとって入手可能な様々な形の唐辛子系調味料として用いられることのほうが多い。

魚介類は、シンガポールの屋台では不動の定番である。シンガポールは水に囲まれており、便利な波止場や空港もあるため、国内への魚介類の輸送が容易である。さらに魚介類は、シンガポールの二大マイノリティであるムスリムやヒンドゥー教徒の食事上のタブーの多くに抵触しない。ムスリムは豚を食べず、ヒンドゥー教徒は牛を食べないので、魚介類は比較的安全な領域なのである。気候と土地の広さのいずれの点からみても、シンガポールは大量の野菜を栽培するのには適していない。結局、一九五〇年代以前のシンガポールでは、肉や鶏肉はどのような種類のものであっても珍しかった。有名な屋台料理の多くは、肉ではなく魚介類に依存する形で進化した。当時、魚介類の価格は肉類の半分から三分の一だった。

最高の調理人たちは、何年か修業して得意料理を極めてから、ホーカー・センターで店を開く。店のオーナーは大抵、自ら店頭に出て料理をするか、少なくとも自分の店の食べ物を監視している。様々な屋台がひしめきあっているので、それぞれの屋台は二品か三品の看板メニューに特化する必要がある。客は、ある屋台で牡蠣の卵炒めを買い、別の屋台でラクサ（ココナッツミルクのスープ麺）を買う。こうした専門化と、厳しい品質管理が組み合わさっていることが、シンガポールの食べ物が美味しいもう一つの理由である。シンガポールの屋台には、私が上質な食べ物に対して求めるほぼ全ての要素が備わっている。シンガポールの社会制度は東京とは異なっているが、どちらの食のネットワークにおいても、極度の専門化へと向かう力が結集されている。

最大の問題は待ち時間である。屋台では、注文が殺到してしまうと、大量の食べ物をさばくことが難しくなってしまう。したがって、三十分以上は並ぶつもりで、早めに店に行ったほうがいい。

幸い、テクノクラート的なシンガポール政府は、町にいる屋台のために土地を確保しており、屋台は一種の公権または公共施設のようなものと見なされている。シンガポールでは地価が急騰しているにもかかわらず、この規制があるせいで、屋台の土地を買収して巨大ショッピングセンターを建設することは容易ではない。グルメにとってはシステム全体が巨大な助成であり、その基礎になっているのは多数の飲食施設のために低く固定された賃料である。政府が屋台システムを維持しているのは、安く簡単に食事ができることで、人々の労働時間が長くなり、国の経済成長に資するからである、という話も聞いたことがあるが、これは噂の域を出ない。

ホーカー・センターの屋台はとても清潔だ。シンガポール政府は食品検査官をあちこちに派遣しており、彼らがそれぞれの屋台に等級を与えている。シンガポールの人たちは皆、屋台で食べるのは安全だと知っている。客はキッチンや調理の様子を見ることができる。ほとんどの屋台は、検査官からB級を獲得している。お決まりのジョークでは、C級以下の屋台が一番美味しい、なぜならA級の店は清潔さにばかり注意を向けており、肝心の味に気を配る余裕がないからだ、などとも言われている。

まだ迷っている人のために、こんな話をしておこう。私自身はあちこちの国の屋台で何度も食べているけれども、具合が悪くなったことは一度もない。これまでに食べ物が原因で体調を崩したことは二度しかない。詳細は割愛するが、そこから得られる教訓は示唆的だ。最初に具合が悪くなったのは、一九八〇年代半ばに初めてメキシコを訪れた時のことだ。「きちんとした」レストランでしか食べなかったのに、それでも具合が悪くなった。二度目は数年間、チューリッヒのシェラトンホテルに滞在していた時のことだ。そう、スイスのチューリッヒである。朝食のビュッフェでうっかり（生の）スモークサーモンを食べてしまった結果、人に話すのもはばかられるようなひどいことになった。

というわけで、屋台で食べて腹を壊すことについては、私はほとんど心配していない。屋台料理よりも、私が避けているジャンクフードのほうが、私たちの体にとってははるかに危険である。屋台料理については、何が起きているのか自分の目で確かめることができる。また、地元の人たちをターゲットにしているので、危険な商品が売られている場合は気付かれてしまう。食品市場で見かけうる最良の作りつけの監視システムである。屋台料理を食べても腹を壊すことは決してない、と言うつもりはない（ちゃんとした店で食べても、当たる時は当たる）。ただ、もしも路上で売られているものを食べてみたいのであれば、清潔で管理の行き届いたシンガポールは一番のおすすめだ。

インド

インドへのアウトソーシングは今やグローバルな流行となっているが、大規模な生産施設が自らインフラを構築しなければならないことは、まだあまり知られていない。インドの大都市では、自前の発電機と給水施設を備えた自己充足型のビジネス「島」を見かける。商業的な観点から見れば理想的な状況とはいえないが、それでもどうにか回っている。こうしたことが必要になるのは、多くの大手企業にとって、政府から供給されるインフラが充分に信頼できないからである。

こうした基本的なモデルを念頭に置いた上で、美味しいインド料理を探してみよう。インドの食文化は、特にお金がある人にとっては、素晴らしいものであることが多い。だが、健康という点からすると、継ぎはぎだらけで、信頼できず、危険な場所がたくさんあるのも確かである。結局、熱心なグルメを含む大半の旅行客にとって、最高のインド料理が食べられる場所は——笑うことなかれ——インドのホテルである。

インドには世界有数の豪華なホテルが多数ある。贅沢に装飾された建物には、自前の電気水道および食料インフラが備わっており、一つの完結した世界をゲストに提供してくれる。評判を大きく左右することになるので、ホテルは自らの給水設備に対しても責任を負っている。

大都市にある上位五つのホテルには、それぞれ一流のレストランが複数出店しており、正統派で感じの良い、その土地ならではの食べ物を提供してくれる。こうしたホテルには大抵、インドの他の地域の料理を出す店も入っている。いつもならビュッフェはおすすめしないのだが、インドの上等なホテルでインド料理のビュッフェを見かけた時は、美味しくて新鮮なものが食べられる可能性が高い（インド料理は熱々で供されるものが多いので、ビュッフェの形式に向いている）。インドの上等なホテルには「スタンド」も入っている。大抵はレストランの中に設置されていて、腕の良いコックが実際に屋台で料理しているかのような感じで現地の屋台めしを再現してくれる。要するに、調理しているところを自分の目で見ながら、腹を壊す心配なしに、その土地の屋台でしか食べられない味をつまみ食いできるというわけだ。

こうしたホテルのレストランの価格は、インドで普通に食事をするよりははるかに高いものの、欧米の基準からすれば充分にお手頃である。インドの屋台について詳しければ、美味しいものを激安で食べられるかもしれない。だが、インド市街の水政策について色々と知りすぎてしまった身としては、どうしてもインドの食べ物は信用できない。インドの家庭料理は大抵美味しいが、これは料理人を含めた優秀な使用人を雇っている人が多いためである。ぜひ試してみることをお勧めする。料理人がいる家は珍しくないので、インドに知人さえいれば簡単に実現できるはずだ。ところで、アメリカではインド料理は激辛だと思われているが、実際にはそれほど辛くないものがほとんどであり、家庭料理に関してはまったく辛くないものが多い。

インドはまた、ベジタリアンが食事をするにはおそらく世界でも最高の国である。ベジタリアンでないとしても、インドのホテルのレストランで食べられる美味しい料理の多くは野菜料理である（それに、インドでベジタリアン料理を食べていれば、少なくとも何の肉が使われているのかと心配する必要はないし、体調を崩す可能性も減るはずだ）。インドの大都市にある上位二、三軒の中華料理店は世界的にもトップクラスだが、それを除けば、たとえばネパール料理など、インドまたは地元以外の料理を出す店は避けたほうがいい。インドが世界に対して門戸を開いたのはごく最近のことであり、中国人を除けば、亜大陸の外にいる料理人たちは充分な経験を積んでいない。菓子店もおすすめで、一押しはカルカッタだ。アメリカで売られているインド菓子が嫌いでも、ぜひ試してみてほしい。アメリカのインド菓子が不味いのは、きちんと一から作っていないからだ。手間暇のかかる製品がきちんと作られているのは、たとえばインドのように、賃金の安い国だけである。

ヨーロッパでの冒険

ヨーロッパで安い食べ物を見つけることは難しい。少なくとも対ドルでのユーロ高が進んでいる近年は、ヨーロッパの物価自体があまり安くはないからだ。この為替の状況が続くかどうかは分からないが、ヨーロッパの食事に関しては、詳細に分析して理解することが可能な基本構造がいくつか存在する。このセクションでは、アジアの価格水準からすれば安くはないが、ヨーロッパで食べられるものの多くと比べればお手頃な美味しい食べ物を紹介できるはずだ。

まずは、最も古典的なグルメスポットであり、世界の中でも最も経済的に洗練された食品供給網を有するフランスから始めよう。あなたはまだ、新鮮な供給物と知識豊富な需要者を探している。だが、東京とは違って、安いうどん屋にめぐり合うことはできない。そして、ニカラグアとは違って、道路の向こうに近所の小さな養鶏場を見つけたり、路上でタマレス売りを発見したりすることもできない。あなたが扱うことになるのは、高い賃金、裕福な顧客と、労働時間や利益率に対する政府の規制である。

ところで私は大抵、普段暮らしているアメリカではなく、旅先のヨーロッパや日本で高級店に入ることにしている。アメリカにも素晴らしい高級店は存在するのだが、市場のこのセクターに関しては、何世紀もの歴史があり、レシピと原材料の扱いも洗練されている分だけ、西ヨーロッパに軍配が上がる。海外旅行をする機会があるのなら、自宅で高価なものを食べるのを控えてみるといいかもしれない。ヨーロッパで高級料理を食べれば、特別な思い出を誰かと共有する機会が生まれたり、その食事から旅や物語が生まれたりすることもある。

アメリカではなくヨーロッパで高級店に入る理由はもう一つあるが、それは記憶や社交性と関係している。つまり、誕生日や記念日に特に高級な店に行くのと同じ理由だ。旅をするならば、一生の思い出になるような特別なものにしたい。この目的を果たすには、旅先ではあるカテゴリーのレストランを予約すべし（誕生日も同じだ）。あなたの期待と記憶は、より力強いものになるだろう。

フランス

あなたは「フランスの食は世界一だ」という話も「フランスという食の王国は没落しつつある」という話もその両方を耳にするだろう。どちらの話も、話している人は同じぐらい大真面目である。一方では、フランスには驚異的に才能のある料理人がいて、フォアグラを出したりチーズのワゴンサービスを続けたりしつつも、古い発想を徹底的に作りかえることで、洗練された世界中の客をうならせる。他方では、フランス料理は古くさく、退廃した、規制過剰な、イノベーションの少ない、階層的なシステムであり、分不相応なミシュランの星を獲るための不毛な努力に心血を注ぐうちに、スペインや英国に対する優位を失いつつある。一冊まるごとフランス料理の衰退について詳しく論じた、マイケル・スターンバーガーの『そのすべてにさようなら《オ・ルボワール》——食、酒、そしてフランス料理の衰退』という本もある。

これほど簡単に食べることのできる料理やレストランについて、知的な人々の意見がこれほど割れてしまうのはなぜか。本当に、単なる好みの問題なのだろうか。

この二つの意見は、厄介だが誰もが直視しようとしない問題に対して、それぞれ違う面から触れたものであり、どちらも正しい。フランス料理は、花開くと同時に萎れつつある。私は、この明らかなパラドックスを手がかりに、フランス料理について考える。パリにはかつてないほど多くの高級レストランが溢れているが、パリの安い食べ物は質を落としつづけている。

少し思い切って単純化するために、上質な料理を支援する二つの方法について考えてみよう。第一の方法は、上質な食べ物を供給する業者同士が緊密に結びついた地元のネットワークによるもので、これらの業者がすぐれた発想や原材料を充分にばら撒くことで、食の伝統が活性化されることを期待する。たとえばレストランなら、屠畜場や釣り船、賢いおばあちゃんなどと密な関係を築き、そこから基本的な食材や見事なレシピを引き出すことができるかもしれない。パリのラ・ヴィエットという地区には、かつて屠畜場や牛市場があり、肉料理や臓物料理の名店が並んでいた。最近ではどこにでもあるような、おそらく科学博物館を除けばとりたてて面白くもない場所になってしまった。

質の高い料理を支援する第二の方法は、職人的な――通常はコストが高くなる――生産に頼るものである。これはピカソを雇って肖像画を描いてもらうようなもので、良いものは出来るが、とんでもなく高い値段を払わねばならない。食べ物に関して言えば、これらの高級店は、賃料の高い場所――大きな博物館や高級ホテルの近く――に陣取って、観光客を相手に商売していることが多い。いずれの場合も、その界隈に以前あった古い店は消えている。地元で採れた食材が使われることもあるが、大抵は輸送と保存に多額の費用をかけて急いで取り寄せられている。調理に関する知識は大部分が売買されており、「自然に広まる」ことは少ない。シェフたちは世界中を飛び回り、複数の店を監督している。グローバルなものがローカルなものに取って代わり、インスピレーションの源となるのは、地元のおばあちゃんたちや休日の家庭料理ではなく、有名シェフの下での修行である。

多くの都市にはどちらのネットワークも存在している（良いことだ）が、パリの場合、近隣モデルからグローバルモデルへとバランスが移りつつある。つまり、美味しい食べ物はたくさんあるが、その価格はますます高くなっているということだ。

パリの地価が高騰するにつれて、全ての商業用地はすみずみまできっちり計測され、その結果、食料供給網の大半が都市の中心部から押し出される。スターバックスやインターネットカフェや衣料品店は観光客が多い地区に出店しなければならないが、食料を供給する市場にはその必要がない。最近は、都市の中心部ではなく遠方に市場を設置し、品物をトラックで運び込むほうが、安上がりなのである。

一つの転換点となったのは、一九六八年、パリに古くからあった食品市場レアールの閉鎖である。これは質の高い食品を生産する一つの様式が終わり、別の様式へと移行していくことを意味していた。レアールは右岸の主要な地区から歩いてすぐの場所にあったが、現在の中央食品市場であるランジスは、オルリー空港の近く、パリの環状都市高速道路《ペリフェリック》の外にある。レアールはかつての場所で、何度かの休止を挟みながら、八世紀にわたって営業していた。ゾラはここを「パリの胃袋」と呼んでいた。だが、レアールはあまりにも混み合っており、周辺地区には市場を拡大できるような余地がなかった。レアールはパリ中心部の小さな地区を占拠していたが、それだけでは広さが足りなかった。今も拡張を続けているランジスには、開業当初でさえ、四十の巨大な倉庫と、二万五千台分の駐車場、近代的な冷凍冷蔵設備と、多数のオフィスビルやレストランが入っていた。ランジスは世界最大の生鮮食品市場であると称しているが、おそらく世界最高の市場でもある。

レアールでは、市場は規模が小さく、個人対個人の商いが行われていた。冷蔵設備は最小限しかなく、市場内での輸送を機械化することは困難または不可能だった。主な販売方法は、比較的少量の生鮮品を持ってきて、すぐに市場で販売する、というものだった。市場周辺の地区は、ビストロやカフェやレストランが並んでいることで有名だった。今日、レアールにはみすぼらしいショッピングモールがあるだけで、パリ中心部の中でも最も魅力に乏しい地区の一つになってしまった。もはや単なる掃き溜めである。

レアールの閉鎖は、これらの変化の原因となったのか、より大きな変化を示す一つの徴候に過ぎなかったのか。私自身はどちらかといえば後者、つまり一つの徴候だったのだと考えているが、これは本来の目的からすれば仮説に過ぎない。いずれにせよパリは、食料生産についての近隣モデルから脱却してきた。パリで最高の食べ物は、今や日本人観光客と中国人ビジネスマン、アメリカのＩＴ起業家たちに向けて作られている。地元の食品市場が混雑のせいで中心地から離れた場所へと移ったのと同時に、裕福な観光客たちが大挙してパリに押し寄せ、彼らの購買力によって、パリは美食を求めて旅する世界中の人々の視線を集める都市となった。高級レストラン市場はますますコストが高く、より営利的なものになり、グローバルな広告にさらなる基礎を置き、色々な場所から集めてきた材料やアイデアに依存するようになった。

もう少し微妙な点もある。それは、経済学の用語を使えば「品質に関する限界費用が上昇している」ということである。つまり、最高の食べ物は以前よりも高価になっているが、その一方で、可もなく不可もないレベルの食べ物は安くなっている。概して、上質な食べ物を買うことにこだわっているのは富裕層であり、それほど裕福でない多くの購買者たちは美味しさを諦め、単に安いものを食べる。これは、不動産ではなく食に関するジェントリフィケーション【再開発や文化活動などを通じて、都心の低開発地区が活性化する現象。地域が高級化する一方で、元の居住者たちは転出を余儀なくされる】効果の一種と考えることができる。安くて良いアパートをマンハッタンやロンドンで見つけることが難しいのと同じように、安くて美味しい食べ物をパリで見つけることは難しくなってしまった。この現象自体は、都市全体としては成功していることを示すものだが、一部の人たち、特にそれほどお金を持っていない層にとっては、パリでの生活を困難にする原因になっている。

ここで、違う角度からも見てみよう。パリではかつてないほど多くの人たちがミシュランの星つきレストランを楽しんでいる。しかし、並以下の食べ物は今や驚くほど安くなっており、パリで暮らす人々が食べ物に対して高いお金を払うのは、本当にそれを食べたいと思った時だけである。その結果、私たちは「パリの食べ物はますます申し分ないものになっているが、最高級の料理に対して支払わねばならない金額は、以前にもまして高い」という結論に至ることになる。つまり、シャンゼリゼ通りで適当な店に入っても、それほど特別なものは食べられないということだ。私ならむしろサンディエゴ郊外の店を選ぶ。

これらの発展に加え、フランスの労働市場は規制過剰で息苦しいものになっている。安い賃金で労働者を雇うことは難しい。労働時間は規制され、金のかかる諸手当が義務化され、悪い労働者を解雇することは非常に難しい。これは食べ物だけに関する話ではない。フランスの労働市場の大半は、このように働いている（というか働かないでいる）。これにより、安くて美味しい食べ物を生産することは、ますます難しくなっている。労働者たちはかなりの高給取りで、雇用も「安定」しているので、レストランなどの雇用主は、なるべく経験のある労働者を雇おうとすることが多い。信頼性は高まるが、イノベーションの可能性は低くなり、価格は上がる。人件費が高い水準に留まることで、ほとんどの食品の価格がかなり高くなる。

不動産についても同様である。パリには史跡が多いため、都心に新たな建物を建てたり、既存の建物を改築したりすることは非常に難しい。都市の景観のためには良いことだが、食にとっては悪いことだ。オルセー美術館の隣に賃料の安いストリップモールが出来てエスニック料理の食堂が入る、というような事態は起こらず、パリの食べ物は損害をこうむる。こうした規則は、変えるべきだとは思わない（美的な利益があるのは確かだ）が、パリの食品市場がある意味でこれほど停滞している一つの原因にはなっている。

明るい面についても見てみよう。ごく普通の食事客にとって、パリにはかつてないほど多種多様なエスニック料理店が存在している。ただし、これは都心から遠い場所についての話である。大半の店は、お察しのとおり、見栄えの良くない周辺地域にある。アルジェリア料理からテックス・メックス、レユニオン島料理（他に食べられる場所があるだろうか）まで、種類は多い。この豊富さは、ランジス食品市場に代表される、現代世界の効果的な供給装置のおかげである。食品の処理にかかる費用が安くなれば、食べ物の種類は増える。ただし、その中には美味しいものもあれば不味いものもあり、よりジャンクなものや、安いだけで凡庸なものまで含まれている。

この多様性には、地元のスーパーや小さな食品店へと食料を供給するきわめて効果的なネットワークも含まれている。私がフランス、特にパリに滞在する際には、スーパーや、さらに欲を言えば小さなチーズ店やパン屋や果物屋というのが、最高の選択肢の一つである。こうした店は大抵、観光客がおらず、品質もハイレベルである。

フランスの手頃な価格のレストランということであれば、パリよりもはるかに地価の安い、地方をおすすめする。都市の中心部であっても、ニースやストラスブールで四十ドルも払えば、パリ右岸やノートルダム寺院付近で同じ金額を払うよりもはるかに美味しいものが食べられる。

というわけで、単純な原則を一つ挙げておこう。大金を払うのでない限り、パリは物を食べるにはフランスの中で最悪の場所である。

フランス旅行全般については、もう一つアドバイスがある。ミシュラン・ガイドを買って使うべし。ただし、推薦されている中で一番安い店を探すためだけに使うべし。星なしでフォーク二つのレストランを探そう。そう、星のついていない店である。ミシュランの星は、その店の料理が最高のレベルに達していることを示すものである。一方、フォークは、その店に何か面白いものがあることを示しており、フォークが二本のレストラン（私は「二つフォーク店」と呼んでいる）は「快適」という言葉で評価されている。曖昧ではあるが、かなり正確な表現である。

星なしの店は、単に安くて入りやすいだけでなく、古典的なフランス料理を出している可能性が高い。ミシュランの星は、料理におけるイノベーションや、シェフの総合評価に対して与えられることが多い。それは結構なことだが、フランスの食べ物、少なくとも料理の素晴らしい仕上がりのほとんどは、観光客である私にとって目新しいものである。さらなるイノベーションは私にとっては不要であるし、おそらく私はイノベーションを避けようとしている。私はただ、完璧なポトフが食べたいのだ。私は料理の専門家たちにとってのイノベーションを好むが、少なくともそれと同じぐらい、いつでも古典的な料理――きちんと作られたもの――を楽しみたいと思っている。

したがって、よく噂される諸問題はあるにせよ、私はミシュランの赤ガイドに信頼を寄せており、全体としては、フランスをはじめとする各地で花開いた食文化を紹介するという役割をよく果たしていると思う。けれども私は、多くの熱狂的な支持者とは違うやり方で、このガイドブックを使っている。フランスには何度も（二十回？）行ったことがあるが、短期の旅行もあったので、これまでフランスで過ごした時間は六カ月に満たないと思う。大半の訪問者よりは長い時間だと思うが、それでも、フランスの食べ物の多くは私にとっていまだに目新しいので、わざわざ最先端の料理を探す必要はない。それに、評価は低くとも充分に素晴らしい店に行くことで、ミシュランとその格付けシステムが陥りがちな腐敗や誇大広告を避けることもできる。

ミシュラン・ガイド自体の経済学についても念頭においたほうがいいだろう。ガイドブック単体では損失が出ている（ある試算によれば毎年約二千百万ドル）――だが、その名前とプロフィールのおかげで、この本を出しているタイヤ会社の知名度は向上する。タイヤ会社は実際に儲けている、もしくは少なくとも景気の良い時期には儲けることができる。つまり、ガイドブックは宣伝効果が最大になるように設計されているのであって、一般読者の使い勝手が最大になるように設計されているわけではない。この事実にしたがって、私はこのガイドブックの使い方を決め、この経済学のせいで生じるバイアスを補正している。

パリで外食する際、少なくとも観光客にとって、特にランチを食べる場合に生じる最後の問題が一つある。もしもその辺を適当にぶらついて良い店を探そうと考えているのなら、ちょうどよいタイミングをとらえるのは困難だ。美味しい店は大抵、予約でいっぱいになっていなかったとしても、十二時半の開店と同時に満席になってしまう（都心の狭い店には共通の問題である）。五分から十分ぐらい窓を覗いた後で席を取ろうとしても無理である。席が取れたとしたら、それはつまらない店である可能性が高い。第一の教訓は、前もって予約をすべし、というものである。第二の教訓は、予約できない場合や予約していない場合、真っ当な感じなのに十二時三十四分になっても空席のある店を見つけたら、迷わず飛び込むべし、というものである。さらに十五分ぐらい歩き回って、もっと良い店を見つけるか、ちょっとウィンドウショッピングをしておこうという考えは失敗に終わるだろう。これもやはりパリ市内の家賃が比較的高いことの結果であり、この問題に対処する唯一の方法は、事前にしっかり準備しておくということである。パリに関しては、下調べや予約ができないのであれば——やはり、チーズ屋とパン屋と果物屋で食べ物を買うことをおすすめする。

ロンドン

ロンドンには美味しい食べ物がたくさんあるが、金融危機以降に英ポンドが値下がりした後でさえ、ほぼ常に価格が高い。どんどん金を払うか、耐え忍ぶか、出て行くかのいずれかである。フィッシュ・アンド・チップスが好きなら、イギリスではなくニュージーランドに行くべきだ。英国風のパブ料理でさえ、お高い高級料理へと様変わりしつつある。ロンドンは、会社の経費で美味しいものを食べるには良い場所だが、そうでなければ値段に見合ったものを食べることは難しい。

大都市であり人気の観光地でもあるロンドンにしては書くべきことが少ないのだが、中心地から外れたイースト・エンドまで足をのばし、絶品のパキスタン料理やバングラデシュ料理やインド料理に舌鼓を打つのでなければ、手詰まりになってしまう。とはいえ、美味しいものを食べるのに、百ドル以上払う必要はない。インド料理やポルトガル料理、中華料理などのエスニック料理店に行けば、五十ドル未満でとても美味しいご飯を食べることができる。

ロンドンにはヨーロッパで一番、ミシュランの星つきのタイ料理、インド料理、中華料理のレストランが集まっている。安くはないが、同じランクのフランス料理を食べるよりははるかに安いし、ロンドンでの食事に百ドル支払う方法としてはおそらく最善の選択である（ランチならばさらに安い）。

ロンドンに限定しないイングランド全体の中では、私は北部のパキスタン料理、バングラデシュ料理、インド料理を愛してやまない。うらぶれた感じの都市のほうが、美味しい亜大陸料理に出会える確率は高い。荒廃したブラッドフォードは、十九世紀には工業と織物の中心地だったが、今日では無法地帯の様相を呈することもある。このブラッドフォードで、私はこれまでで最高のパキスタン料理に出会った。レストランが並ぶ目抜き通りの治安は、安心して訪問できるレベルである。

ドイツ

ドイツの食べ物は過小評価されている。脂肪たっぷりの肉にジャガイモが添えられた皿を、でっぷりと太ったバイエルン人のウエイトレスが運んでくる、という場面を想像するかもしれない。あるいは、オクトーバーフェストとビールぐらいしか思いつかないかもしれない。

だが、もっとよく見れば、その豊かさが見えてくる。ドイツはフランスのすぐ隣にあり、ヨーロッパのほとんどの国との間に自由貿易区域を設けているため、最高の食材のいくつかを手に入れることができる。ドイツは富裕な国であり、多様なサービス産業を支援している。ドイツには精密なものづくりを得意としてきた長い文化史があるのだ、料理の腕だけが悪いことなどあろうか。もちろん、そんなことはない。さらに、欧州連合基本条約には移動・居住の自由を定めた条項があるため、ドイツは他の国から優秀な料理人を迎えやすくなっている。最後に、ドイツは「欧州硬化症《ユーロスクレローシス》」と呼ばれる停滞期から脱却し、活気に満ちたダイナミックな経済へと移行したことで、世界中から移民を引き寄せている。西欧の物価が世界基準から見て安いことは滅多にないが、地域水準ではドイツにおいても安いものがたくさん見受けられる。

ドイツとフランスは新鮮な食材をめぐってライバル関係にあり、ドイツが勝つことが多い。だが、食に関する知識と関心を持つ客ということに関しては、ドイツのレベルはフランスには及ばない。要するに、熱心なグルメたちは、良い製品を見つけ出すことはできるものの、そのままさらに探求を続けねばならない。さらに、良い食材が見つかれば、混雑は緩和し価格は下がることになる。

ドイツには素晴らしいミシュランの星つきレストランがある。フランスの最高峰の店には劣っているが、フランスの典型的な星つきレストランとは同じぐらい美味しい。二〇〇一年までの総計で、ドイツには二百軒以上のミシュラン星つきレストランが存在していた。三ツ星レストランは九軒で、これはフランスに次いでヨーロッパで第二位である。これらのレストランは、フランスのレストランと同じ食材を数多く入手しており、料理人自体をフランスから招いていることも非常に多い。それでも、フランスの同じレベルのレストランと比べて値段は半額以下であり、事前の予約なしでも入店しやすい。ドイツの場合は有名店であっても、前日あるいは一時間前に電話すれば予約できることが多い。

どうしてドイツのレストランは、安くかつ入りやすいのか。悲しいことに、ドイツの消費者はフランスの消費者ほど食文化に傾倒していないため、平均水準はフランスよりも低い。多くのドイツ人は、肉と炭水化物で構成されたステレオタイプのメニューで、本当に満足しているのだ。幸いなことに、旅行客は平均にとらわれる必要がない。知られざる名店は無数にあり、その多くは非常にハイレベルである。ドイツの名店はスポットライトを浴びる機会も少ないため、プレッシャーは減り、創造性は高まる。

ドイツのミシュラン星つきレストランは、非常に高いレベルのサービスを提供しており、ドイツ人客を遠ざけてしまうような横柄な接客をすることは滅多にない。フランスの星つきレストランと比べ、他の客がドレスアップしていることも少ないため、アメリカ人である私にとってはドイツの店のほうが快適である。こうした全ての理由から、ドイツを訪れることは、ミシュランの星つきレストランで食べてみたいという欲望を叶えるには良い方法だと言える。

ミシュランの星つきレストランのレベルにわずかに届かないドイツのレストランやビストロでは、抜群に美味しい野菜やきのこや魚を食べることができる。

私がこれまでに食べた最高のドイツ料理の多くは、南西部の安いレストラン、特にシュヴァルツヴァルトの村のレストランで出合ったものだ。シュヴァルツヴァルトに一週間滞在して色々な村を巡ってみるのは、グルメな休暇の過ごし方としては悪くない。料理はどことなくフランス風で、南西部の各地からコルマールやストラスブールまでは一時間もかからない。野鳥料理や、ベリーのソース、近隣の草原で摘んだ野草を使ったサラダなどは、大抵絶品である。

結局のところドイツは、食についてはいまだに正当な評価を受けていない国なのだ。おまけに、スーパーでパンやチーズ、特にソーセージを買えば、ほぼ確実にがっかりすることはない。

ドイツの最高のエスニック料理は、アメリカではあまりたくさん見かけない国や民族のものであることが多い。最近の夏、私はかなりの日数にわたってベルリンに滞在し、授業をした。その時に食べた中で一番美味しかったのは、グルジア料理とスリランカ料理だった。前者の店にはグルジア人の客がたくさん来ていたが、後者にはドイツ人の客が多かった。スリランカ料理の店がよかったのは、他の料理との「クロスオーバー」の可能性がまったく期待できず、それゆえに本場の味に近い辛い料理を売りにして、高学歴のドイツ人の客をターゲットにしていたためでもある。本物のメキシコ料理を食べさせるメキシコ人経営のメキシコ料理店も五、六軒あった。北バージニアで食べられるどのメキシコ料理よりも美味しく、ロサンゼルスのメキシコ料理店の大半を上回っていた。これらのメキシコ料理店は大抵、賃料の安い東ベルリンにあった。ベルリンほどはエスニック料理が充実していないものの、ドイツの他の都市でも、美味しいギリシャ料理の店を含めた隠れた名店が存在している。ただし、ドイツの中華料理店の大半は、ドイツ料理の悪影響のせいで肉と炭水化物がやたらと多いので、注意が必要だ。

ドイツのトルコ料理は過大評価されている。エスニック料理では競争が多いものを探すべし、という原則の例外である。ドイツにトルコ料理屋が多いのは、数十年にわたるゲストワーカー・プログラムの結果、トルコ人がドイツで最大のマイノリティ集団となっているせいでもある。中にはとても美味しい店もあるが、適当に店を選ぶことはおすすめしない。どの店に行くつもりなのか、知っておく必要がある。

潜在的な問題は、機能障害を起こしているドイツのファストフードに関わるものである。マクドナルドは、ドイツではアメリカのような足場を築くことができなかった。これは、ドイツ人がマクドナルドの品質について懐疑的だからでもあり、多くのドイツ人たちがマクドナルドをアメリカナイゼーションのシンボルと見なしているからでもあり、さらには、アメリカと比べるとドイツの家族の食卓はそれほど子供中心でないからでもある。

その結果、ドイツ人たちは自らのファストフードを発展させねばならなかった。ドイツ人の多くは屋台でソーセージを注文することになるが、それでも需要と供給の間には大きな溝があり、その溝を埋めたのがトルコ料理、特にドネル・ケバブだった。ドイツではトルコ料理といえばファストフードであることが非常に多く、その水準は低くなってしまっていることが多い。あまり上等ではない肉に、味気ないヨーグルトソースをドサッとかけてパンに挟んだだけのトルコ料理が、ドイツにはあまりにも多い。

ところで、ドネル・ケバブはトルコ料理だと思われていることが多いが、ベルリン在住のトルコ人が考案したもので、ごく初期からドイツ人をターゲットにしていた。「クリーミーなソースのかかった肉と炭水化物」――何やら聞き覚えのある感じではなかろうか。この場合もやはり、決して不味いというわけではないが、注意は必要だ。ドイツでトルコ料理を食べる時は、うっかり間違えてドイツのファストフードを食べないように注意せねばならない。

最後に、ベルリンは特別な注目に値する。都市の規模や政治的な重要度の割に、ベルリンの外食産業はヨーロッパの中でもモスクワに次いであまり発展しなかった。この都市にはビジネスマンがそれほど多くいないが、それは第一にナチスのせいであり、次に東ドイツの共産主義者たちのせいである。二十世紀初頭には、ベルリンはドイツの商業の中心地だったが、それもはるか昔の話である。高級レストランを支えているのは、ビジネスマンや資本家であることが非常に多いのだが、今日のドイツの金融資本は、ベルリンではなくフランクフルトにある。さらにベルリンには、ジュネーヴやブリュッセルやワシントンＤＣとは違い、裕福な多国籍機関も存在しない。

ベルリンが自慢できるのは、目を見張るほど安い賃料である。産業風土が弱いせいで、勤め口はそれほど多くない。人口に比して不釣り合いなほど多くの人たちが、政府に関係のある仕事をしているか、政府からの補助金収入を得ている。若い人たちは、芸術やデザイン、音楽などに取り組みながら、ベルリンで暮らしている。これは文化的な富を支えるものではあるが、都市そのものが経済的に活性化することはない。しかし、ベルリンは本来、商業の一大中心地となるべく築かれた都市であり、その結果、建物の数が多すぎる。賃料は非常に安く、今日でさえ、月三百ドルの家賃でそれなりのアパートを見つけるのは難しくない。これは、ニューヨーク市やロンドンでは考えられない金額だ。そのおかげで、西洋においても他に類を見ない活気あふれるカルチャー・シーンが育っている。さらに、とても美味しくバラエティに富んだエスニック料理が食べられるのも、安い賃料のおかげである。食べ物に関しては、ベルリンは多かれ少なかれパリ中心部とは対極の存在である。

スイス

食べ物について議論する際には、スイスをフランス語圏とドイツ語圏に分けて扱うことが慣例化しているが、この区分によって何かが明らかになることよりも、誤解が生じることのほうが多いと思う。食べ物はさておき、スイスに関する非常に基本的な教訓を二つ挙げておこう。

1. スイスのものはすべて良い。
2. スイスのものはすべて高い。

フランス語圏、ドイツ語圏のどちらにせよ、食べ物もこの二つの法則の例外ではない。私はスイスの全ての州を訪れたことがある——二回以上訪れたところも多い——が、どの州も印象的だった。ロンドンと同じように、この国では価格と品質がきれいに並んでいるため、お値打ち品を見つけることは難しい。注目すべきは、スイス通貨がほぼ常に過大評価されているという点である。これは、かなり多数の投資家が、安定しているスイスを「セーフ・ヘイヴン（安全資産）」の国ととらえているからに他ならない。多くの人々がスイスに貯金することを望むため、為替レートは旅行客にとっては好ましくない方向へと押しやられる。金融上の回避地《ヘイヴン》であることは、安い食べ物にとっては良くないことである。

それでも、コツはいくつかある。

・比較的大きなスイスの都市には、ベジタリアン向けの店や、オルタナティヴ系、インド関連（仏教関連の宗教的な店であることが多い）のオルタナティヴな店が何軒かある。これらの店は概して、美味しい上にお得である。お香くさかったとしても心配は無用だ、それもまた値段が安い理由なのだから。

・スイスの店は、チーズ、パン、コールドカットを買うには絶好の場所である。これらの品は決して安くないが、スイスで手作りのピクニックに出かけるのはかなり楽しいはずだし、ピクニックにはうってつけの美しい景色もある。

・スイス料理ではクリームソースが濫用されている。世界有数の美味しいクリームソースもあるのだが、私は一度の旅行で二食以上は注文しないようにしている。料理の味に少々うんざりしてしまう時は、クリームソースが元凶であることが多い。「買い主をして注意せしめよ（Caveat emptor）」。

・スイスはスリランカからの移民を多数受け入れているため、スイスにあるスリランカ料理店はとても美味しく、とてもスパイシーで、他の大抵のレストランよりもかなり安い。大きめの都市の周辺にあるスリランカ料理店を探すべし。

イタリア

問題は次の点だ。アメリカ人旅行客の大半は、ローマとフィレンツェとヴェニスを訪れることが多い——そして、残念ながらこれらの都市は、観光客からの人気が集まりすぎているせいで、イタリアの中で最も食べ物が不味い場所なのである。これらの都市には、豊かな食文化の歴史がなかったわけではない。問題は、観光客と、パッケージツアーと、大集団である。情報通の旅行者でさえ、店の好き嫌いにかかわらず、おそらく何があってもそこに戻ることはないだろう。観光旅行と高い賃料が手を組んで、これらの土地の食べ物の質を下げている。この三都市の中心部では、ごく普通に見えるレストランに入ってみたところで、せいぜい高いばかりで可もなく不可もないものしか食べられない。

この場合には、店の場所に関する基本的なコツが役に立つだろう。観光客と高い賃料を避け、素晴らしい料理にありつくためには、町の中心から出来るだけ遠く離れること。あまり観光客の来ないフィレンツェ近郊のトスカーナ料理は、とても、とても美味しい。ただ、そういう料理はますます見つけにくくなっている。絶対に美味しいものを食べるのだと決めたら、電車かタクシーに少し乗って町から離れてみよう。きっと無駄足にはならないはずだ。

ヴェネツィアには当地ならではの素晴らしい食堂が軒を連ねていて、『タイム・アウト』のガイドブックに掲載されていたり、ミシュラン・ガイドで「二つフォーク店」と評価されていたりすることもある。ヴェネツィアの食堂では郷土料理を出しており、店の客には地元の人たちが多い（目利きのフランス人が混じっているのも悪くない徴候だ）。安いわけではないが、他の選択肢と比べれば手頃である。これらの店に共通するのは、少なくとも道案内を頼りに歩いていては、辿り着くのが難しいということである。はっきり言って、半端な難しさではない。GPSを使うべし。ヴェネツィアという都市の性質上、目的地が極度に遠いということはないのだが、これらの店を探すのは、迷路の中を進むようなものだ。だが、ミシュランの星つきレストランよりも美味しいものを安く食べられたりもするので、苦労する価値はある。簡単に辿り着ける店は、それほど美味しくない——というのが、ヴェネツィアについての経験則だ。なるべく確実に店に入るためには、事前に予約しておくか、開店時刻に合わせて店に入らねばならない。

ローマは都市の規模も大きく、人口も多いので、都心からそれほど離れていない場所に郊外が広がっている。やはり、行ってみる価値はある。私は以前、ローマで一流のエチオピア料理を食べたことがあるが、おそらく今まで食べた中で最高の逸品だった。だが、料理人たちの腕前にもかかわらず、イタリアのエスニック料理の中には世界一ひどいものもある——そして、意外なことに、麺類はどれも不味い。

高級料理に関しては、観光地としては三大都市よりも人気の低い、トリノ、ジェノヴァ、ボローニャ、ベルガモ、トレント、ナポリ、パルマ、パドヴァのような場所（シチリアについては次項）で食べたものが美味しかった。観光名所が何も思いつかないようなイタリアの都市では、手頃な値段で美味しいものが食べられる可能性が高い。全体的に、前述の「破壊された三都市」さえ素通りすれば、イタリアは世界の中でも最も安定して美味しいものが食べられる場所である。あれこれ策を弄する必要はない。ただ旅行客のいない水域で釣り糸を垂らせばよい。あとは何とかなるはずだ。

フランスの場合と同じく、ガソリンスタンドやサービスエリアでも、かなり美味しいものが食べられる。イタリアの食べ物の中では最下層かもしれないが、アメリカ風イタリア料理の店で出てくるイタリア料理の数々よりは美味しい。私が前回のイタリア旅行で飛行機を降りてから最初に入った店は、アルプスで開かれる学会に向かう途中で立ち寄った、高速道路のサービスエリアだった。同じサービスエリアには、ギャングのような格好をした男たちと、ありえないほど高いハイヒールを履いた色っぽい女たちがいた。いかにも安っぽい雰囲気だった。午後十時半頃、私は、ランプの下にあった作り置きのパスタを注文した。イタリア旅行で食べたものの中では最低だったが、このパスタでさえ、北バージニアで食べられる最高のイタリア料理と同じぐらいのレベルだった。イタリアでは、どんなにうらぶれた低級な感じの店であっても、とても美味しいものが食べられる可能性がたっぷりあるのだ。

シチリア

シチリアは私にとってヨーロッパの中でもお気に入りの食事場所である。きわめてレベルが高く、良質な食材が豊富にあり、ヨーロッパの基準と比べて価格は安く、現地でしか食べられない名物料理がたくさんある。ヨーロッパとアラブと地中海からの影響が交差するところを想像してほしい。ミントとオレンジとピスタチオが味の決め手として使われ続け、質の高いシーフードとパスタがいたるところにある。味付けは大胆かつダイレクトで、リコッタチーズの美味しさは想像を絶する。菓子の味は、イスタンブールやカルカッタに匹敵する。シチリアでは各地にそれぞれの郷土料理がある。

私はかつて八月の六日間をパレルモで過ごした。八月のヨーロッパではあちこちで見かける光景だが、有名なレストランはバカンスで軒並み休業していた。友人やブログの読者から事前に推薦してもらった店は、一軒を除いてすべて閉まっていた。ミシュラン・ガイドを見ても、ますます袋小路に陥るばかりだった。結局、その辺を歩いて適当な店に入るしかなかったのだが、それでも尚、この時のパレルモ滞在は私の生涯で一番美味しいものをたくさん食べた一週間になった。ところで、シチリアにはミシュランの星つきレストランが少なく、せいぜい片手で数えられる程度しかない。上等である。問題は、シチリアにあと三、四軒だけ星つきレストランを増やそうと思っても、三百も四百も星をつけたくなってしまい、どうしても絞りきれないということだ。フランス人はそんなことをしないだろう。

滞在中、私は一食だけシチリア料理をお休みして、インド料理を食べてみた。移民街の路地を散策していた時に店を見つけ、ほとんど好奇心だけで足を踏み入れた。出てきたのは一種の「フュージョン」料理、すなわち、シチリア産の鰯を詰めたドーサー（インド風クレープ）だった。私はとてつもない衝撃を覚えた。シチリアの食べ物の美味しさは筆舌に尽くしがたい。私からのアドバイスはただ一つ。シチリアに行き、できるだけ長く滞在し、食うべし。

スペイン

スペインの食べ物に関しては、高級店とタパス店の料理を中心に、既に色々なところで取り上げられている。ここでは別の角度から、特に都市部で役に立つ話をしたい。スペインには、一般に知られているよりもはるかに美味しいエスニック料理がある。フォーダーズやフロマーズのガイドブックには載っていないだろうが、マドリッドとバルセロナには、南米やラテンアメリカからの移民が大勢いて、都市のあらゆる地域に住んでいる。エクアドルやボリビアやペルーなどのラテンアメリカ料理の美味しい店は、米国内よりもたくさんある。料理の値段もかなり安い。こうした店のある界隈は物騒だと言うスペイン人もいるが、アメリカの基準からすれば、治安も比較的悪くないように思う。これは、スペインで一味違う食体験をするには良い方法だ。散々食べた塩辛いタパスやハムやバカラオ（塩漬けの干し鱈）をさらに食べることなしに、スペインの食材の良いところだけを存分に味わうことができる。スペインの食べ物は必ず飽きが来ると言うつもりはないが、私自身は――スペイン料理は好きでも――時々うんざりしてしまうので、そんな時にはこうやって趣向を変えることにしている。質について調査しておく必要はないはずだ。とにかくラテン料理のレストランに入ってみれば、美味しいものが食べられる。

イスタンブール

伝統料理を質素な店で食べることもできれば、もう少し奮発して、少しアレンジされたメニューを豪華な店で食べることもできる。イスタンブールで美味しいものを食べるためのカギとなるのは、奇を衒うことなしに、最高かつ最も純粋な形でストレートな料理が食べられる店を探すことだ。客は世界トップクラスの食材を自由に入手できるのだから、それを駄目にしないことだけを心がければよい。難しいことではない。

路地には無数のレストランがあり、魚介類（私の好物は鱸《レヴレッキ》よりもキュウリウオのフライである）、茄子、そら豆、いろいろな種類のケバブ（揚げたスーマックの入った辛口のケバブなど）、ムラサキガイのフライ、カキフライ、チーズとトマトのサラダ、子羊の脳みそ、ジャガイモの揚げ焼き、トルコ風ラビオリ（美味しいけれどもなかなか見つからない）等々の珍味が食べられる。小さなレストランでは何かの料理を専門に扱っていることが多いが、これもクオリティの高さを示すものである。これらの店の料理は、少なめの量で六ドルから十ドルなので、いくつか注文していろいろ食べてみるとよい。休暇の間は腹回りのことは忘れて、デザートのトルコ菓子もちゃんと食べよう。私が好きなのはピスタチオ入りのものだ。

主な観光名所や旅行者向けホテルが集まっている辺り、特にスルタンアフメットのレストランは避けるべし。大通りにある店の大半は――トルコ料理の店であっても――避けるべし。海の見える魚料理の店も避けるべし。大通りから少し外れた、小さなレストランの集まった路地を探すべし。人通りの少ない場所のほうが好ましい。小皿料理を頼むのであれば、一食につき二、三軒の店をハシゴすることになるが、問題はない。

私が気に入っている小さなイスタンブールのレストランは、牛の胃のスープの専門店である（普段は牛の胃が苦手なのだが）。液状のガーリックソース、パプリカ、唐辛子少々と、香草を、自分でカップに入れる。朝食から開いている店もある。

有名な料理を食べつくしてしまうまで（かなりの時間がかかるだろう）は、わざわざ高級店に入ったり、イノベーションを求めたりしても、大した感動は得られない。イスタンブールの基本的な市場モデルは、レストランの種類の細分化と、食べ物のクオリティではなく客の社会的ステータスに基づいた価格設定である。食べ物の美味しさを追求するなら、目新しい料理法のために余計なお金を払うことはない。高級店でも地中海料理を出してはいるが、伝統的な調理法のままではない。

奇を衒わず、安く済ませよう。イスタンブールの「美味しい料理」はとても美味しく、「最高に美味しい料理」との差はあまりない。

私は、美味しい食べ物を求めてトルコのさらに辺鄙な地方に旅をする、という幸運な機会に恵まれたことがある。妻と私は最近、トルコの中でも最も宗教的な場所の一つと言われるコンヤを訪れた。コンヤは人口約七十五万人の都市で、トルコの農業地帯の中心にある。有名なスーフィズムの詩人であるルーミーの墓を除けば、観光スポットはほとんどない。これらはすべて安くて美味しいものが食べられる条件であり、実際に美味しいものを食べることができた。私は、美味しいヨーグルトスープや、特産のエトリ・エキメキ（青唐辛子と粉に挽いた赤唐辛子を生地に練りこんで風味をつけた、牛肉を載せた薄いピザのようなもの）を食べた。全部で数ドルしかかからなかった。やはり重要なのは、熟練の職人技や、知識のある固定客に料理を提供したいという願望と組み合わされた、純粋な地元の食材を探すことである。トルコは休暇に絶好の場所であるだけでなく、安くて一級品の食べ物に関しても世界有数の場所である。

もちろん、まだ私が足を運んでいない場所もたくさんあるが、どこに行くにせよ、旅先で店を選ぶときには、いつも同じ一般原則に従えばよい。ご好意に甘えて、その原則をここで再確認させてもらおう。

「食は、経済的な需要供給の産物である。したがって、供給される品が新しく、供給者が創造的で、需要者に知識があるところを見つけるべし」

第11章

家で作る料理の材料と価値

最もやりがいのある経験の一つは、自宅に人を招いて、食べ物に関する自分の知識をシェアすることである。少し前に、私たちは約六十人の人たちを自宅での夕食に招いた。その中には、はるばるニュージャージーからバージニアまで車でやってきた私の妹とそのパートナーも含まれていた。私たちは、完璧な春の陽気に加えて、何かその集まりを記憶に残るものにするようなことをしたいと考えた。

私はコストコでパーティーの準備をするのが大好きなので、紙皿や巨大なチーズ、メキシカン・コカ・コーラなどのソフトドリンクをコストコに買いに行った。だが、その晩の経験を私たちのゲストにとって特別なものにするためには、さらに多くの工夫が必要だった。

私はお気に入りのガソリンスタンド――RアンドRタクエリアのついたシェル石油の支店――まで車で出かけた。このスタンドは、メリーランドの国道九十五号線から外れた、国道一号線沿いでも特に汚い地域にある。店主はメキシコシティ出身の元パイロットで、ワラチェ［草履型のマサを揚げたものに、様々な具材をトッピングした料理］、タコス・デル・パストール［羊飼い風タコス。スパイス液に漬け込み、ドネルケバブのような回転焼肉器で焼いた豚肉を挟んで食べる］、チレ・レジェーノ［チレ（ピーマンに似た唐辛子）に詰め物をして揚げ焼きにした料理］など、本物のメキシコ料理を作ろうと決心して店を開いた。彼の作る料理は、この界隈（といっても、かなり広い範囲だが）で一番美味しく、値段もかなり安い。安いおかげで、大量に買うことができる。私は、二つの大きなプラスティック容器にラム肉のスープと唐辛子ピューレのスープを入れてもらい、それを後部座席に積んで帰宅した。どちらのスープも、翌日に温めなおしても美味しいことが分かっていた。

普段は家で料理をするのは私の役目だが、この時は妻と娘が食事の準備を担当した。ロシア人の客が大勢来ることになっていたので、妻（モスクワ生まれ）は色々な種類のロシア風サラダを作った。少なくともロシア人の客に対しては、これは大好評だった。ご記憶の通り、新鮮な食べ物と大量に作り置きができる食べ物との間には、緊張関係がある。だが、共産主義の時代、多くのロシア料理が、パンの配給を求める行列や大量の缶詰製品といった諸条件の下でも作れるものへと進化した。私自身はあまり好きではないが、ロシア風サラダが好評だったのは、作りたてでなくても構わないからである。年配のロシア人たちは、あっという間にサラダをたいらげ、すっかりくつろいでいる様子だった。

すぐに分かるひとつの教訓は、家の料理と外の料理は、互いに補完しあうものであって、必ずしも交換可能ではないということである。大人数をもてなす際は、全体の核になるような料理は外で用意しておき、それを補うような形で、あなたの好きな料理や家で準備したものを添えるとよい。六十人分の料理を全て自分で作らなくてもいいのであれば、それほどプレッシャーを感じることもないし、おそらく自分でも何か一品作ってみようという気になるだろうが、何もかも自分で作らねばならないとしたら、そもそもパーティーを開きたいなどとは決して思わないだろう。料理や食事の準備にあたっては、分業――つまり、外部の商業的な補完物に依存すること――を敵視せず、味方につけよう。

最後に、一番の目玉として、私たちはお気に入りのボリビア料理の移動販売車――ラス・デリカス――に来てもらい、自宅の私道で四時間営業してもらった。単なるボリビア料理ではなく、コチャバンバ地方の様々な名物料理である。私たちは事前に代金を支払い、ピーナッツスープ、小麦スープ、シルパンチョ（パン粉をまぶして焼いた薄い肉に、ポテト、米、トマト、卵、スパイシーな緑色のソースを添えたもの）、ピケ（山盛りの肉と芋）、チャーキなどの代表的なボリビア料理を作ってもらった。一番美味しいと大人気だったチャーキは、乾燥して筋張った塩辛いビーフジャーキーを、甘くしっとりした白いボリビア産チーズと混ぜたものである。ゲストの大半がこのような料理を食べるのは初めてだったが、ほとんどの人たちが夢中になった。彼らはパーティーから帰る時にもチャーキの話をしていた。

この料理もやはり、比較的まとまった分量を事前に準備して保存することが簡単にできる。多くの人たちに料理を出す際、一番重要な問題は、味を損ねることなく分量の変更が可能なものは何かということである。単に自分のお気に入りの料理を選んで、大きなパーティー向けにアレンジしても味が落ちないよう期待してみたところで、うまくいかない。

移動販売車に来てもらうことには、利点がたくさんある。彼らは残り物や汚れた食器を持ち帰ってくれる。そのおかげで、自分たちでロシア風サラダを準備したり、台所を使って大量のフルーツや飲み物を片付けたりする作業がやりやすくなる。移動販売車のオーナーはチャーミングな女性で、終始家庭的な雰囲気を演出してくれた。料理と同じく、パーティーもエキゾティックでユニークな感じになった。

ケータリング業者を選ぶ際には、大抵は常識を使えばよい。高いばかりで美味しくない、宴会や結婚式用の退屈な料理を出すような業者を選ぶことはやめよう。それよりも、安い労働と低い賃金という原則に従おう。エスニック系のスーパーマーケットやエスニック料理店で聞き込みをして、エスニック料理のケータリングをしてくれる地元の業者を探そう。あなたやゲストたちのために料理を作って持ってきてくれる、メキシコ料理、ハイチ料理、アフガン料理、韓国料理、インド料理の小さな店はないだろうか。お気に入りの移動販売車を呼んで、自宅の私道にしばらく車を停めて営業してもらうのはどうだろうか。私たちがボリビア料理の移動販売車であるラス・デリカスを知っていたのは、日曜の午後にここの料理を食べたことが何度もあったからである。私たちは、ラス・デリカスの美味しいメニューを知り尽くしていた。ぜひとも現金がほしいと思っている地元の料理人は大勢いて、彼らはあなたに喜んでもらおうと懸命に努力するだろう。レストランというよりは家庭の台所から、自分好みのものをテイクアウトするようなものとして捉えてみよう。

以上は、自宅で大きなイベントを開く際の話である。もっと少人数（おそらく四人から八人ぐらい）のグループのために、単に自分で料理をするという場合には、私は、やはりシンプルな経済学に基づいて、メキシコ料理に関する自分の知識を使うことになる。ここで、第9章で述べたことや、外食および食品サプライチェーンに関する理解に基づき、自宅で料理する人たちがアメリカでもっとおいしいメキシコ料理を作るためのいくつかのルールを紹介したい。

1．唐辛子ベースのソースやカボチャの種を使ったレシピは、メキシコ以外でも美味しく作ることができる。こうした料理を作ろう。

2．典型的なメキシコのサルサを再現することは可能だ。白タマネギ、唐辛子、ニンニク、トマトを鍋で温め、滑らかになるまで、またはトマトの粒が残る程度にすり潰す。

3．美味しいドライエイジングビーフのソースがなければ、牛肉料理はうまくいかない。見つけたら金を惜しまず手に入れること。

4．新鮮なラードを使うこと。ラテン市場で入手できるし、作ろうと思えば自作もできる。これを無視してはいけない。

5. メキシコの鶏料理は、比較的風味の弱いアメリカ産食材の影響が小さい。

6. 地元のラテン系コミュニティで自家製トルティーヤを探すか、一から自作することを検討しよう。

7. 濃厚で粘り気のあるチーズを見つけよう。入手可能であれば、加熱殺菌されていないメキシコ産チーズに挑戦してみよう（怖がることはない――魚介類や寿司を食べるのと同じだ）。

8. 新鮮で、小さく、見た目が悪いトマトを買って、冷蔵庫には入れないようにしよう。

結局は純然たるメキシコ産のものを食べられるわけではないが、日常的に食べるものとしては上等だし、大半のアメリカ風メキシコ料理の店よりははるかに本場の味に近づけるはずだ。需要と供給という観点から考えるということが、全体に共通する考え方である。あなたが求めているのと同じ味を求めている客をターゲットにしている、自宅からのアクセスが可能な市場（実店舗でもオンライン店舗でも可）を見つけよう。

もう一つ、〈いつでもグルメ《エヴリデイ・フーディ》〉が自宅で毎日経験している供給源がある。非常に安価なのに、冷蔵庫の中にゴチャゴチャと溜まってしまうもの――残飯である。残飯を美味しく食べる方法を見つけ出すには、やはり理詰めで考えてみよう。最も保存が利くのは、手早く揚げたり炒めたりしたものよりも、じっくりと火を通した複雑なソースや料理である。カレーや、メキシコのモレソース、ビーフジャーキーを使った料理などを選べば間違いない。これらの料理の大半は、翌日になると味が落ちるどころか美味しさがアップする。ソースはますます混ざり合って濃厚になることが期待できる。ロース芯のステーキより牛挽肉やラム挽肉のほうが長持ちするのも、やはり新鮮さよりも調合が味の決め手となるからである。

　残飯はアメリカで大問題になっているが、これは主に、堆肥の山の食べ物が腐敗する際にメタンガスの排出が助長され、環境問題を生み出しているからである。この問題に対する一つのアプローチは、罪悪感を覚え、残飯の害悪について自ら学ぶことである。それも結構ではあるが、インセンティブについても考えてみよう。一番良いのは、食べ物を捨てたくないと思うようになることだ。時としてこれは、翌日以降に使い回すことを念頭に置いて料理することを意味する。美味しい食べ物に関しては、冷蔵庫とタッパーウェアを敵に回すのではなく味方につけよう。地元の食材を食べるよりも、よほど環境に対してプラスになる。

　この本の読者諸氏はきっと、個々の答えを単に覚えるだけではなく、様々なプロセスやそこに含まれるコードについてもっと深く理解したいと考えてくれるだろう。家で料理をすることで、良いレストランの価値をさらにきちんと評価できるようになり、悪いレストランがどこで躓いたのかも分かるようになる。料理すること、外食すること、料理本を読むことが全て、料理人または美食家としてあなたの能力向上に役立ってくれるようなスイートスポットは、一体、どこにあるのだろうか。おそらく、家庭の食の経済において最も影響力のある人工品は、本だろう。つまり、料理本のことである。

影響力のある料理本

　まだ学部生だった頃、経済学の古典を手頃な価格で手に入れるべく、友人のダニエル・クラインと連れ立って図書館の除籍本セールによく出かけた。朝になってドアが開くと、ハゲワシたちは部屋の中へと突入し、本の山に襲いかかった。私たちが狙っていたのは、大幅に値引きされた、ハイエクやホートリーのような偉大な経済学者たちの古書だった。だが、私たちが一番乗りになることはほとんどなかった。私たちの前には、いつもマクギラップ夫人という女性が並んでいた。ダンと私が経済学関連の稀覯本を渉猟するのと同じように、彼女は料理本を買い、料理関連の稀覯本を渉猟していた。マクギラップ夫人は、実際に本のレシピを作ることにはあまり関心がなく、むしろ本そのものをお目当てにしていた。彼女は料理本のコレクターで、昔の人たちがどんな風に料理していたのかを知るのは大好きだったが、それを自分で再現したいとは思っていなかった。料理本市場の大部分は、このような形で機能している。料理本を買うことは、必ずしも料理をすることに直結しているとは限らないのである。

人々は、実際に料理に使うよりも多くの料理本を買う。料理本を買う人は、大抵、料理についてのアドバイスを求めているわけではないのだ。多くの場合、人々は希望的観測に基づいて料理本を買うものの、結局は本棚の肥やしにしてしまう。あるいは、感傷的な理由から料理本を買うこともある。私たちは、有名なシェフやレストランとつながったり、休暇を思い出したり、エスニック料理やエスニシティとの関係を表明したり、きれいな写真を眺めたりしたくて料理本を買うのだ。フロイトが「葉巻は単なる葉巻に過ぎないこともある」と語ったことはよく知られているが、これは料理本についてはほとんど当てはまらない。ブーランドとヴォークトの『宇宙飛行士料理本：お話、レシピ、等々』を売り出した人たちも、ちゃんと「お話」という言葉を「レシピ」よりも前に出している。

インターネットの普及した昨今は特に、料理に関する情報も少なくない。そこで、楽しく美味しい方法でイノベーションを実現できるように、きちんと計画を立てた上で知識を構築し、アレンジすることが重要になってくる。数冊の本を繰り返し使うことで、様々なアプローチの仕方を知ることもできる。料理本Aではカレーペーストをこのように作れと言っているのに、料理本Bではまったく違う作り方が紹介されていたり——あるいは、そんなことはなかったりする。トマティージョ［メキシコ料理に用いられる食用ホオズキ］をベースにしたメキシコ風ソースは何と合うのか。私の料理の腕が磨かれてきたのは、物語風のお話よりも実際の料理に役立つ情報のほうが多い本に集中したおかげだ。

フューシャ・ダンロップによる湖南料理と四川料理の本や、ダイアナ・ケネディ、パトリシア・クインタナ、マーク・ミラー、リック・ベイレスによるメキシコ料理の本、ジュリー・サーニによるインド料理の本は、長らく私の考えにヒントを与えてきてくれた。もっとシンプルな定番料理についてはマーク・ビットマンの本を参考にするし、料理の化学に関する一般的な知識については、ハロルド・マッギーの本から多くを学んできた。これらの本があなたにもピッタリなはずだ、と言うつもりはない。あなたが何を料理したいかによって、選ぶべき本も違ってくる。だが、これらの本は私にとっての「良い料理」の形を反映している。お金のかかるレシピはほとんど載っていないし、どの本にも実用的な情報が満載である。

これらの本の大半には、きれいな写真がほとんど載っていない。これは、それぞれの本の長所が、食品の調理に関する実用的な情報に由来するものであることを示している。例外もあるが、有名シェフの経営する特定のレストランと結びついている料理本については、私は怪しいと思っている。有名なシェフやレストランの名前が入っている料理本というのは、大抵は土産のようなもので、実際に作るには複雑すぎる料理ばかりが載っている。これらの本は、料理の腕が足りないことを読者に恥じ入らせることが目的であるかのような内容になっている。たとえば、料理本で紹介されている料理が、ジャン＝ジョルジュ・ヴォンゲリスティン［ミシュラン三ツ星を十年連続で獲得したフランス出身の有名シェフ］やフェラン・アドリア［「世界一予約の取れない店」として知られたスペインの有名レストラン「エル・ブジ」の料理長］の最高傑作だとしよう。果たしてその本には「地元のセイフウェイに買出しに行って、普段の料理にほんのひと手間だけ加えれば、あなたにもこんな料理が作れますよ」というメッセージが込められているだろうか。まさか。この本の目指すところは、シェフの印象を強めることであって、あなたの料理の腕をシェフの域にまで高めることではない。有名な料理人たちは、料理本の売り上げだけでなく、テレビ出演や商品の推薦、食品会社へのコンサルティングなどによっても稼いでいる。要するに、彼らのレシピは要求が厳しすぎることが多く、彼らの料理本は、料理法を伝授するためではなく自らの宣伝の一種として書かれているのだ。安いアイダホ・ポテトの見つけ方と使い方についての情報が実用的だとしても、そんなことを教えてくれるシェフの高級レストランに行って高い金を払いたいと思う人はあまりいないだろう。

　私は、トロントとシンガポールで評判の優秀な料理人スーサー・リーの著書『スーサー：ある料理人生』を開いた。彼の書く文章は素晴らしく、写真はどれも色鮮やかだった。私はこの本を買って良かったと思う――読んでいて楽しいし、彼の感動的な人生について知ることもできる。それでも、この本が私の料理に対してそれほど影響を与えることはないと思う。適当なページを開いて、たとえば「鴨胸肉のローストと牛蒡と鴨足のコンフィのクレープ、スパイスを加えてキャラメリゼした栗と山羊チーズを添えて」のレシピを見てみよう。私が実際に使っているレシピは、この料理のタイトルよりも短いものが多い。この料理のレシピには、私が数えただけで五十五種類の食材が使われていた。他のページを参照せよという指示も六カ所あり、参照先の各ページでも、さらに多くの食材が使われている。ただ単に難しいというだけでなく、（充分にありうる事だが）仮にどこかで失敗した場合に、自分のミスから何かを学ぶということも非常に困難だろう。果たして自分がどこで失敗したのかを突き止めることができるだろうか。このような本は、たとえ何らかの価値があるにせよ、私のような〈いつでもグルメ《エヴリデイ・フーディ》〉に持続可能な学習の機会を与えてくれることはない。

　リック・ベイレス［アメリカで最も有名なメキシコ料理のシェフの一人］の『真正メキシコ料理』のように、有名シェフによる優れた料理本もある。しかしこれらの本は、特定のレストランの宣伝よりも、実際に料理の技術を伝授し、メキシコ料理について理解してもらうことを目的としている。ベイレスの代表的な著作のタイトルには、レストランの店名は何も入っていない。有名なシェフが店の宣伝をやめてしまえば、彼らの料理本は、旅行や来店の記念品ではなく、そのシェフが長年の経験を通じて学んできたことの精髄となる可能性が高くなる。

細部や前提条件のレベルという観点から、その料理本がどのような種類のものとして書かれたのかを突き止めよう。私はよく、アメリカ的な視点から書かれたジュリー・サーニの『古典インド料理』と、インドに旅行した際に購入した小型で安い「万人向け」料理本を比較する。後者は一冊二ドルぐらいで、巻ごとに異なる地方の郷土料理を紹介している。ページを開いたままにしておけるので、鍋をかき混ぜたりシンクの蛇口をひねったりしながらでも読みやすい。これらの本で当然のこととして扱われていることと、サーニが詳細に説明していることを比べるのが好きだ。サーニの本では、予備知識に関する記述に九十五ページもの紙幅が割かれており、比較的些細なことについての情報もたくさん載っている。これらのページでは、ポピーシードとは何か、「カレー」とは何を意味するのか、インド産チーズの水気をどうやって絞るのか、インド人はどのように蒸し煮をするのか、家庭のフードプロセッサーで出来ることと出来ないことは何か、といった疑問が扱われている。この手の話は、インドの本では当然のこととして見なされており、一ページたりとも言及されてない。

私は二十年以上前にサーニの本でインド料理を作りはじめたが、今では大抵、もっと短いインド料理の指南書を使って料理している。これらの本は、自分がインド料理の様々なコードを習得できたのかどうかを絶えず試してくるが、細部が書かれていないおかげで、自ら即興で作ってみたり、学習したり、失敗したりする余地が生じる。時々、私はもっと詳しく書かれた本（サーニの本の他には、ニーラム・バトラ『インド料理のレシピ一〇〇〇』など）に戻って新しいレシピや技術を学び、それから再び短い指南書を使って料理をする。それは、何をすればいいのか教えてもらえる食の世界と、暗黙のコードの中に入り込み、既に確立された構造内部のイノベーションに貢献できる食の世界の間を行き来する、反復のプロセスである。

あなたの持っている料理本、あるいはもっと広い意味でのレシピ集には、こうした使い方に向いている非常に短いレシピが含まれているはずだ。モーリーン・エヴァンスは、ツイッターの@cookbookというアカウントにレシピを投稿しており、『イート・ツイート』という著書もある。少なくともドイツで食べるドイツ料理の好きな私にぴったりの一品がこちら。

「クネーデル（ドイツ）。ジャガイモ六個は皮をむいて茹でる。細かくおろす。卵二個、小麦粉1／2カップ、塩小さじ1と1／2を混ぜる。直径二・五センチに丸める。十分間茹でる。穴開きスプーンで取り出す。スープかグレービーソースを添えて出す」

これだけである。古い料理本を見れば分かるように、昔のレシピの多くはこれぐらい単純である。料理が洗練されていなかったのではなく、料理人たちは、特定の原材料についての理解や、「srv w soup or gravy」という表記の意味など、多くの背景知識をもとに仕事をしていたからである。これは経済学で「暗黙知」と呼ばれることがあるもので、どうしたら会社が成功するのかにとっても重要な要素である。

彼女のサイトから、今度はタイ料理のレシピを見てみよう。

「ヤムカオパッ（タイ）。レッドカレーペースト小1、ココナッツミルク&ピーナッツ&ライム&コリアンダー大2、ナンプラー&干し海老（お好みで）大1を混ぜる。コーン1カップ、炒ったココナッツ1／4カップと和える」

私はこれまでたくさんタイ料理を作ってきたので、きっちり示されていなくても、材料の正確な分量がどれぐらいなのか分かる。ただし、スタート地点としてはふさわしくない（ナンプラーの分量はどれぐらいなのか。臭くないのだろうか。そもそも、なぜナンプラーを加えるべきなのか）。これは、次の段階として進むべき道である。情報量の多い詳細な料理本と、簡略化されたレシピの間を行ったり来たりすることは有効だ。このような切り替えを通じて、ある分野に関する知識がおのずと洗練され、原材料や工程に関して自分がどこまで理解できているのかが常に試されることになる。

私のお気に入りの料理本の一つが、『郷土の人気料理』と銘打たれた五十巻のシリーズ（まだ刊行中）である。サン・ルイス・ポトシとケレタロの料理について書かれた第二十六巻の百二十六ページには、典型的なレシピが載っている。まず、大きなカボチャ一個、普通サイズのキノコ五株、水、お好みでシナモンの皮を用意する。カボチャの種を取り、大きめに切ったら、水が減るまで他の材料と一緒に茹でた後、水気を切って冷ます。以上である。水が二リットル必要であるということ（他の材料の正確な分量や所要時間については記述なし）と、仕上がりが「甘く」なるということ以外、詳細は何も書かれていない。どのキノコを使えばいいのかは指示されておらず、ただ現地の言葉では「Nchyawl」と呼ばれているとだけ書かれているが、この言葉を二〇一一年の夏にグーグルで検索しても何もヒットしなかった。

このレシピを試してみたところ、驚くほど香り豊かで繊細な一品が出来た。アジア産ではなくメキシコ産のシナモン（簡単に割けるような種類のものを丸ごと一本）と、ヒメカバイロタケよりも柔らかい種類のキノコ（私は地元のウェグマンズで購入した）を使うことをおすすめする。六株以上のキノコを使ってはいけない理由はない。茹で時間は一時間半で充分だった。私は今、このレシピをアメリカの環境に合った、自分にとって使いやすいものに改変している最中である。また、カボチャに関しては、冷ます途中、室温よりは少し温かいぐらいのほうが好きだった。

同じシリーズの中には、「タラフマラ族の食べ物」という五〇九ページにも及ぶ一巻も入っている。タラフマラ族は、メキシコ北部に住む五万人から七万人の原住民で、長距離走の能力に優れていることで知られている。私は彼らの町を訪れたことはないし、自分が知る限り彼らの料理を食べたこともない。

二九二ページにはパロ・アマリージョのレシピが載っているが、まずタラフマラ族の言葉で書かれた後で、スペイン語に訳されている。グーグルの検索結果を信じるならば、パロ・アマリージョとは一種のゴムの木である。レシピではまず、この木が古いものであり、その柴が羊毛と合わせて裁縫や編み物に用いられる場合があることが言及される。さらに、熟した果実は食べられること、果実は甘く、白と黒の二色であることが述べられる。続いて、この木はもはや渓谷では育たなくなっており、実は五月に熟すと書かれている。それから、この木の木材の用途と、黄色い花が咲くということが記される。これでレシピは終わりである。

私たちの大半は、非常に狭い意味でしか「レシピ」という言葉を捉えていない。メキシコ原産のフルーツは大抵美味しいのだが、産地や保存法については知識が必要である。奇妙で風変わりな料理本を読むことで私たちは、自分は世界の食べ物の食べ方について知るべきことを全て知っている、という思考のループから抜け出すことができる。

メキシコの先住民の料理本を読めば、料理に関する知識がどれほど人の頭の中にあり、紙には書かれていないのかということも分かる。料理教室などで専門家から直接教えてもらうのは大変良いことだが、おそらくお金も時間も足りないだろう。そこで私は、最後に一つアドバイスをしておきたい。おそらく、少なくともいつかは、あなたの料理を誰かに食べてもらう機会があるだろう。彼らに意見を聞いてみよう。ただし、正しい聞き方をしなければいけない。「どう思う？」という聞き方だと、褒められたいだけだと思われてしまうので、代わりに「この料理の一番悪いところは何だった？」または「気に入ってくれたのは分かるのだけど、一番満足できなかったのは何？」というような質問をしてみよう。そこから、さらにもう一押ししてみよう。こうすることで、料理本には決して書かれていない、役に立つ教えを得ることができる。

食材以外のものが散らかる

人々のキッチンについて、これまでに気付いたことが二つある。

第一に、料理本と同じく、持っている調理器具の大半は、全く使わなかったり滅多にしか使わなかったりするものである。私は料理に関しては積極的なほうで、いろいろなジャンルの様々なレシピを試しているのだが、それでも調理器具の半分以上は使われることなく放置されている。私はプラスティック製のボウルや泡だて器やコーニングウェア［アメリカの食器ブランド］のトレーを使わない。私が物を捨てるのが気に食わないという妻の小言がなければ、とっくに捨てているところだ。

第二に、大半の人々には、壊れて買いなおすまで何度も繰り返し使うようなお気に入りの道具がいくつかある。ほとんどのキッチンは「勝者総取り方式」で動いており、ごく少数の道具だけが繰り返し使われ、それ以外の大半の道具は無視されて放っておかれる。

私にとってのキッチン用品の勝者は、熱伝導の非常に良いフライパン、中華鍋、大きな青いキャセロール、炊飯用の小鍋、クイジナートの粉末ミルグラインダー、パスタ用の大きな鍋と、ベーキングトレーである。このリストに、切れ味の良いナイフ数本と、中華鍋用での調理に使う二本の長い木製スプーンを足しておこう。これらの道具しかない——他に何一つない——状態になったとしても、自分が料理する時に困ることはほとんどないだろう。それに、私のキッチンはもっとスッキリするだろう。ただし、このリストは私の料理を表しているものであって、あなたが買うべきもののリストではない。

個々の調理器具についての大量のアドバイスに耳を貸す前に、自分は実際に何を料理するのかという現実に即して考えるべきである。いくつかの調理器具——あなたの料理上の関心にマッチするもの——について熟知できれば、料理についても最大限に学ぶことができるだろう。そうすることで、レシピの中で何が起きているのかを把握し、そのレシピを単に覚えるのではなく、修正したり改良したりするのである。

自分が調理器具を使う際の一般的なパターンについて考えてみよう。あなたは、既にお気に入りの調理器具を持っているか、あるいは、まだ料理を始めたばかりでお気に入りの道具がハッキリしていないかのどちらかである。まずは、料理初心者の場合について考えてみよう。こちらは非常に扱いやすい。

もしもあなたが料理初心者だとしたら、使用頻度に偏りが出ることを考慮して、安い調理器具一式を買おう。自分にとって使い勝手のよい道具はどれなのか判明したところで、重要なアイテムについてはもう少し高いものを購入することを検討してみよう。無駄になってしまうものがほとんどなので、いきなり高いものを買うことはやめておこう。経済学用語でいうところの「最適検索」を行っていると考えてみよう。いきなり高級な調理器具を買い揃えることは、初めてのデートのたびにダイヤモンドの指輪をプレゼントするようなものだ。まずは検索して、自分の好みを知ろう。

代わって、既に自分のお気に入りがあるとしよう。料理という体験をより良いものにするためには、何ができるだろうか。

ある調理器具が自分にとって役に立つことが分かったら、一度だけ、値段の高い上位モデルに買い替えよう。いつも使う道具であれば、性能も耐久性も高いものを買うことの見返りは大きい。キッチン用品の「勝者」ベスト5を選び、そこにもっとお金をかけよう。新しい調理器具というのは、買ったところでほとんど使わず、無駄遣いをしてしまったという罪の意識に苛まれつづけることが多い。だとしたら、確実に使うことが分かっているものにお金をかけたほうが良い。ここで見られるのは、よくある認識バイアスである。私たちは皆、ある意味でまだ子供なので、ピカピカのおもちゃが魅力的に見える。けれども私たちは、マーケティングや買い物自体の楽しさに騙されているのだ。だから、後でもっと確実に楽しめるものにお金を使おう。実際に私たちは、新しい調理器具を買い揃えたりすることよりも、よく知っている道具の使い方や、自分にとって大いに関心のある特殊な料理の作り方をマスターすることで料理を学ぶ。

自分にとって役に立つものは、何種類か購入することを検討してみよう。たとえば我が家には、中華鍋が三つに、スパイスグラインダーとして使える機械が四つ（！）もある。なぜ中華鍋が三つも必要なのか。私は、一つの中華鍋でメインディッシュを作りながら、別の中華鍋で蒸し野菜を作ることがある。あるいは、翌日に食べられるように、出来上がったカレーで満杯の中華鍋を冷蔵庫の下段にしまってあることもある。夕食に大勢の客を招いている時は、大抵、中華鍋を三つとも使うことになる。

実は四つ目の中華鍋も持っている。普通の鍋ではなく電気中華鍋なのだが、まだ一度も使ったことがない。よく分からないが、おそらく素晴らしい商品なのだろう。良さが分かったら、ツイッターで呟くつもりだ。

では、四つのスパイスグラインダーはどうだろう。いくらなんでも馬鹿じゃなかろうか（プッ）。

妻のナターシャは、グラインダーの一つを職場で使っている。このグラインダーは、ほぼいつでもコーヒーのような匂いがするので、唐辛子やナツメグを挽くのに使う気にはなれない。私自身は小さなスパイスグラインダーを持っていて、少量のスパイスを粉にするのに使っている。これは、私がグラインダーを必要とする時のほぼ半分にあたる。クイジナートの大型グラインダーは、材料が少ないと攪拌しているうちになくなってしまうので、唐辛子二本とクローブ一個を挽くのには向いていない。大型グラインダーは、トマトやタマネギをピューレにしたり、メキシコ風モレソースを作ったりするような大がかりな作業に向いている。

それでは、四台目のクイジナート、中型のグラインダーはどうだろうか。実は、これは一度も使ったことがない。それでも、これを持っていると何となく気分はいい。小型か大型のグラインダーが「故障」した場合、中型サイズならどちらの代わりにもなる。そのおかげで、せっかくの料理が最後で失敗してしまうのではないかと不安に感じることなく、他のグラインダーを使うことができる。

五台目のスパイスグラインダーを買うつもりはないが、中華鍋はもう一つ入手しようと思っている。クレームブリュレ用のトーチを買うよりは、良い投資になるだろう。

まだ知らないキッチン用品の中から「勝者」になるものを見つけるには、どうすればいいのだろうか。たとえば私は、昨年、同僚のヴェロニク・ド・リュジ（料理上手でもある）から「サーモミックス」を買うべきだと強く勧められた。サーモミックスの製造元は、超強力掃除機で有名な、泣く子も黙るドイツ企業フォアヴェルクだ。同社の万能調理機は、量る、混ぜる、粉砕する、こねる、蒸す、乳化するという工程を一台で全てこなすフードプロセッサーである（ひょっとしたら他にも機能があるかもしれない）。他の愛用者たちと同じくヴェロニクも、この機械には千四百ドルの価値があると主張していた（ただし、米国外からの取り寄せになるかもしれず、その場合は価格も異なる）。生地をこねたり、煮詰まりやすい温かいソースを作ったりするのが特に得意だという評判だ。モダンな料理で名高いスペインのレストラン「エル・ブジ」の元シェフであるフェラン・アドリアも、サーモミックスを使っている。

それでも、私はまだサーモミックスを購入していない。おそらく、私は年を取りすぎたのだろう。毎日の料理の手順を一変させる、というコンセプトに尻込みしてしまうのだ。たとえば、サーモミックス一台が、いま自分が使っている調理器具七つ分の働きをしてくれるとしても、自分の料理の腕が上がるかどうかは定かでない。何かを料理するたびに、この機械の新しい機能を習得しなくてはいけない。一年も使いつづければ時間を節約できるようになるかもしれないが、料理に関していえば、まず私には、その投機が簡単なものになるだろうという最初の「一押し」が必要なのだ。私を典型的な顧客として想定しているわけではないが、次のように言っているフォアヴェルク社のスポークスマンがいる。「サーモミックスの機能を既にご存知でないお客様には、購入をおすすめしません」。サーモミックスを購入することは、この機械を自分にとって特別なものにすることを意味するが、私にはその覚悟がない。

さらに私は、料理をする時は同時進行で何品も作るので、キッチン中に「焼きかけのケーキ」を散らかしておくのが常である。あちこち行ったり来たりで手際の悪いやり方に合わせるためとはいえ、私にはいくつもの道具が必要なのだ（サーモミックスは二つ以上の働きを一度にこなしてくれるが、ここで私が話しているのは五つから七つの機能のことである）。このようなやり方は、自分が二十三歳、あるいは二十七歳の時に変えるべきだったのかもしれないが、おそらく四十九歳になっても変わらないだろう。

調理器具は、次の三つのカテゴリーのどれかに分類されると思う。

1. よく知っている用途に用いられる新たな装置
2. まったく新しい作業を可能にしてくれる新たな装置
3. 既に持っている装置の改良版

料理を通じて自分のグルメ生活を向上させたいのであれば、自分はどのカテゴリーの器具ならば受け入れられるのか、自分自身に問うてみる必要がある。

たとえば、私は多忙なので、完全に新しい料理の技法を身につけたいとは思っていない。インドカレー用のスパイスにもっと上手くたくさんのコリアンダーを使う方法や、これまでとは違うフランス風ローストチキンの作り方や、タイカレー用のペーストを一から作る方法などについては、既に自分なりの「研究計画」を立てている。新しいストックの作り方を学んだり、ベンガル風のマスタードカレーを覚えたりしたいとは思っている。あなたがこの本を読む頃までには、これらの目標を全て達成して次の目標に向かっているかもしれないし、もしかしたら達成できていないかもしれない。私はまだチーズケーキを焼いたことがないが、新しい道具を使えばチーズケーキが焼けるようになると教えられても、まず興味を持つことはないだろう。その機械がどれほど素晴らしいものであろうと関係がない。私はもっと上等なナイフがもっとたくさん欲しいし、新しいキャセロール（古いものもまだ使えるのだが、二十三年前から使っているので表面が剝げはじめている）や、新しい中華鍋も欲しい。料理に向けるエネルギーの残りは、今あるレシピの完成度を高めたり、もっと良い食材を手に入れたりするために使いたい。

ここで重要なことはやはり、料理に関わる自分自身の気質や、現在のライフステージを把握した上で、自己欺瞞やピカピカの新品の誘惑に負けないようにすることだ。一番優秀な調理器具を選ぶことは、それほど大きな問題ではない。その答えは、インターネットを検索すればいつでも見つかる。一番大事な問題の答えを見つけるためには、自分自身の内面へと目を向けなければならない。

アメリカ人をキッチンに連れ戻す

ここまでのところ私たちは、キッチンにおける経済学上の生産要素の内、資本（道具）とアイデア（料理本）について見てきた。今度は労働に目を向けてみよう——すなわち、あなたはどれぐらい料理をするのか、という話である。あなたが決してキッチンに足を踏み入れないのであれば、資本もアイデアもそれほど重要ではない。だとすると、あまり外食したくない時、自分を追い込むなり騙すなり何なりして、もっと家で食事する機会を増やすには、何ができるだろうか。

これは私にとって、いまだにほとんど答えの見つかっていない大問題である。それでもなお、ここで〈いつでもグルメ〉《エヴリディ・フーディ》仲間のみなさんにいくつか提案しておきたい。

まず、冷凍食品を悪者扱いする必要はない。冷蔵によって風味が落ちるという話をしたが、すべての冷蔵技術が等しく作られているわけではない。冷凍は単に冷やす場合よりもはるかに効果的に風味を保つことができるので、冷凍される食べ物のクオリティが重要である。フランスには「ピカール」という冷凍食品専門店のチェーンがあり、舌の肥えたフランス人たちの間で人気を博している。アメリカの冷凍食品とは異なり安くはないが、クオリティは高い。冷凍食品が出回りだしたばかりの一九五〇年代と比べて、今日の冷凍技術ははるかに進歩しており、食材の質をはるかに高い状態で保つことができる。急速冷凍によって、上質な食材も乾燥することなく保つことができる。多くの食通たちでさえ、彼らが食べている寿司――つまり、美味しい寿司のことである――のネタの大半が、水揚げの際に急速冷凍されたものであることを知らない。

実際のところ今日のアメリカでは、冷凍の果物や野菜――産地の近くで急速冷凍されたもの――のほうが、トラックで輸送され、何日も冷蔵保存され、大きくて袋詰めしやすい形という基準で選別された生の青果よりも「新鮮」であることが多い。美食評論家のマーク・ビットマンも、筆致の冴えわたる長期連載の料理コラム「ザ・ミニマリスト」で、この点をたびたび指摘している。冷凍のチェリーは「新鮮」なチェリーよりも美味しいことが多い。冷凍されていないチェリーは、輸送と保存によって、実際にはまったく「新鮮」ではなくなってしまうからだ。トマトソース用のトマトも含め、缶詰のトマトは缶詰でないトマト（私としては「新鮮」という言葉を使う気になれない）よりも美味しい場合が多い。グルメ向けの食料品店であっても、美味しい鰯の缶詰は、鮮魚売り場で売られている大半の魚よりも質が高い。経済学を利用して必要以上にスーパーマーケットへ買い物に行くのをやめられれば、料理にかかる手間や費用も減らせる。

事前のコミットメントについて実験してみよう。朝、出勤前に冷凍食品を解凍しておこう。こうして罪の意識のタネを作っておく。もしもその晩の内に解凍済みのトウモロコシを食べなければ、トウモロコシが傷んでお金が無駄になるか、バカバカしいと思いながら再凍結することになる。帰宅途中にうっかりタイ料理店に寄って、グリーンチキンカレーを頼んでしまう可能性は低くなるはずだ。

テクノロジーを利用して、家庭での料理の敵にするのではなく味方につける方法はたくさんある。私は第2章の冒頭で、二十世紀の大半を通じてアメリカの食べ物——家庭での食べ物も含む——がいかに駄目になったかについて論じた。アメリカ人にとっては幸いなことに、これらの否定的な潮流の多くは、ここ三十年ほどの間に逆転し、今では現代のテクノロジーの多くが家庭での良質な生産活動を後押ししてくれるようになった。

たとえばオーブンレンジは、ジャンクフードではなくちゃんとした料理を作るのに使われることが多くなってきた。今や広く知られているとおり、電子レンジを使えば、クオリティを損なうことなく魚を料理することができる。電子レンジを使った手早く美味しい料理の本もたくさん出版されている。黎明期のスワンソンの冷凍食品とは大違いである。ジュリー・サーニの『ムガル朝の電子レンジ』は、電子レンジを使ったレシピだけを集めた本である。さらに電子レンジは、先に述べた残り物の処理にも大いに役立つ。電子レンジは、当初は美食の敵だったものが、時を経て、より良く洗練された調理目的のために使われるようになったテクノロジーの好例である。

家での食事のために良い材料を入手する方法としては、ネット通販がある。多くのレストランや食品の供給業者が、製品を直接あなたに届けてくれる。六年ほど前から私たちは、感謝祭の食事のメインディッシュの一部として、テキサス州ロックハートから冷凍バーベキューを取り寄せている。バーベキューについての章でも書いたとおり、テキサス風のソーセージやポークリブやブリスケットに関して言えば、ロックハートはおそらく全米一の町である。ロックハートの人気店の一つ「クルーズ・マーケット」は、離島を除く全米各地に商品の発送を行っている。

バーベキュー自体は比較的安いので、値段としては家の近くの中ぐらいの価格帯のレストランで外食するのとあまり変わらない。ブリスケットとスパイシーなソーセージを解凍すると、店頭と比べて九割ぐらいの美味しさである（ポークリブはもう少し味が落ちてしまう）。そんなわけでブリスケットとソーセージを注文すると、フェデックスのクール便で送られてくる。この手の商品は、単に美味しいだけでなく、わざわざ取り寄せているというところにも価値がある。祝日の食事に招かれた人たちは、何か特別なものを食べているような気分になるし、実際に特別なものであることは請け合いだ。

インチキをしているように聞こえるかもしれないが、このようなサービスを利用すれば、必然的に野菜やサイドディッシュの用意をする時間が増える。感謝祭のディナーというのは、少数の親戚しか集まらない場合であっても、かなり大きなイベントである。クルーズ・マーケットの通販がなければ、おそらくは外に食べに行くか、あまり美味しくない手軽なものでごまかすことになるだろう。クルーズ・マーケットの商品は、並の分量を注文すれば、近所のグルメ向け食料品店で売られている多くの商品よりも安いので、結局はお金の節約にもなる。

上質なベーコン（私が好きなのは、ニューヨークでラーメンブームを巻き起こした「モモフク」のデヴィッド・チャンがスープに使っていることで有名な、ベントンズ・スモーキー・マウンテン・カントリー・ハムズ社の製品だ）を取り寄せて、それを冷凍しておき、数ヶ月かけて繰り返し料理に使うのもいい（私は四川料理に使うことが多い）。ベーコンは常にしっかりと保存処理されているので、冷凍してもそれほど風味が損なわれることがない。この手の商品はホールフーズのベーコンよりも値は張るが、同じレベルのベーコンをレストランで食べようとするよりは安い。このベーコンを使って二人分の「毛主席の豚バラ煮込み」を作るのにかかる費用は、おそらく十二ドルぐらいだろう。これは法外な出費からは程遠いような金額だし、しかも、世界でもトップクラスの材料を使った料理を食べられるのだ。何より重要なのは、冷凍庫に入れておけば、いつでも使えるということだ。

家での食事を増やす方法は他にもある。過酷な道は失敗しやすいが、楽しくて革新的な方法なら上手くいく。家で料理をする際には、その試みがどれほど控えめなものであっても、毎回特別な要素を盛り込むべきだ。何十人も参加するような大きなパーティーを開く必要はないが、そこに関わる全員にとって何らかの意味があるような、人の集まる楽しいイベントらしい感じは必要だ。それこそが、家の外にある素晴らしいレストランの誘惑に打ち勝つための最善策である。何より、食の革命は、それぞれの人の心と頭の中に恒久的な場所を勝ち取った時に成功する。

次のステップは、あなた次第だ。

Huat (Singapore: Singapore University Press, 2003), pp. 93-117 を参照。シンガポールのホーカー・センターの屋台については、たとえば Selina Ching Chan, "Consuming Food: Structuring Social Life and Creating Social Relationships," in *Past Times: A Social History of Singapore* edited by Chan Kook Bun and Tong Chee Kiong (Singapore: Times Editions, 2000), pp. 123-35, see, in particular, pp. 124-26 を参照。

・レアールの歴史については、たとえば John Hess, *Vanishing France* (New York: Quadrangle/The New York Times Book Co., 1975), pp. 4-5 および Susanne Freidberg, *French Beans and Food Scares: Culture and Commerce in an Anxious Age* (Oxford: Oxford University Press, 2004), pp. 130, 142, 144, 149 を参照。

・ミシュランガイドの出版に伴う財務損失については、Paul Betts, "Flavour of austerity taints Michelin guide," *The Financial Times*, March 5, 2011, p. 2 を参照。

第 11 章

・招待客から正直な感想をもらう方法に関するアドバイスについては、http://blog.figuringshitout.com/my-hn-dinner-party-3/ に載っているハングの意見を参照。

・フォアヴェルクについては、Amanda Hesser, "The Way We Eat: Dream Machine," *The New York Times Magazine*, November 11, 2005（http://www.nytimes.com/2005/11/20/ magazine/20food_html?_r =1）を参照。

コにおけるトルティーヤの生産については、たとえば Pilcher, *Que Vivan*, pp. 100-102 および Jeffrey M. Pilcher, "Industrial Tortillas and Folkloric Pepsi: The Nutritional Consequences of Hybrid Cuisines in Mexico," in *Food Nations: Selling Taste in Consumer Societies*, edited by Warren Belasco and Philip Scranton (New York: Routledge, 2002), pp. 222-39 を参照。マサ・ハリナおよびトルティーヤの歴史に関するより一般的な議論については、Janet Long-Solís and Luis Alberto Vargas, *Food Culture in Mexico* (Westport, Connecticut: Food Culture Around the World, 2005), p. 27 を参照。含水量については Robert L. Wolke, *What Einstein Told His Cook 2: The Sequel* (New York: W. W. Norton & Company, 2005), p. 231 を参照。トルティーヤ工場については Donna R. Gabaccia, *We Are What We Eat: Ethnic Food and the Making of Americans* (Cambridge: Harvard University Press, 1998), p. 221 および Jeffrey M. Pilcher, *Que Vivan los Tamales: Food and the Making of Mexican Identity* (Albuquerque: University of New Mexico Press, 1998), pp.103-105 および Arturo Lomelí, *La Sabiduría de la Comida Popular* (Miguel Hidalgo, Mexico: Random House Mondadori), 2004, p. 136 を参照。メキシコのトルティーヤ助成については、Enrique C. Ochoa, *Feeding Mexico: The Political Uses of Food since 1910* (Wilmington, Delaware: Scholarly Resources Books, 2000) および Lomelí, *La Sabiduria*, p. 53 を参照。米国の大規模なトルティーヤ工場について、さらに米国における手作りトルティーヤの流行については、Himilce Novas and Rosemary Silva, *Latin American Cooking Across the U.S.A.* (New York: Alfred A. Knopf, 1997), p. 8 を参照。

・パパロス、ピピズカ、ヴェルドラガ、クエリテなどはメキシコ原産の野菜であり、アメリカでは通常は入手できない。

・トマトおよびトマトの輸送についてのすぐれた議論については、Deborah Barndt, Tangled Routes: Women, Work, and Globalization on the Tomato Trail (Lanham, Maryland: Rowman & Littlefield, 2002), pp. 12-13, 16-17, 21-28, 48 を参照。

第10章

・シンガポールの様々な食べ物については、Lee Geok Boi, "Part One: Food in Singapore," in *The Food of Singapore: Authentic Recipes from the Manhattan of the East* (Singapore: Periplus Editions, 2001), pp. 5-24 特に pp.14-15 および Chua Beng Huat and Ananda Rajah, "Food Ethnicity and Nation," in *Life is Not Complete With-out Shopping: Consumption Culture in Singapore*, edited by Chua Beng *of the American Mass Market* (Washington: Smithsonian Books, 2004), chapter one を参照。1929年の英語で書かれたメキシコ料理の本については、Pauline Wiley-Kleeman, *Ramona's Spanish-Mexican Cookery: The First Complete and Authentic Spanish-Mexican Cook Book in English*. 1929, no publisher listed. を参照。

・トルティーヤはスペイン語で「オムレツ」を意味する。初めてメキシコにやって来たスペイン人たちは、コーン・トルティーヤを見て、故郷の平たいオムレツを思い出した。アメリカにおける小麦粉のトルティーヤの割合については、Daniel D. Arreola, *Tejano South Texas: A Mexican American Cultural Province* (Austin: University of Texas Press, 2002), p. 175 を参照。

・コーン・シロップについては、Betty Fussell, *The Story of Corn: The Myths and History, the Culture and Agriculture, the Art and Science of America's Quintessential Crop* (New York: North Point Press, 1992), pp. 7-8 および Margaret Visser, *Much Depends on Dinner* (New York: Grove Press, 1986), p. 23 を参照。

・メキシコにおける全粒粉と小麦粉のトルティーヤについては Jeffrey M. Pilcher, *Que Vivan los Tamales: Food and the Making of Mexican Identity* (Albuquerque: University of New Mexico Press, 1998), pp. 31-36, 86-87, 493 を参照。テキサスについて論じている Arreola, *Tejano South Texas*, p. 173 も参照のこと。

・フリトスの話については、Betty Fussell, *The Story of Corn: The Myths and History, the Culture and Agriculture, the Art and Science of America's Quintessential Crop* (New York: North Point Press, 1992), p. 209 を参照。

・1920年代のアメリカにおけるトウモロコシの品種改良については、Visser, *Much Depends on Dinner*, p. 48 を参照。もちろん、メキシコのトウモロコシも人間の手によって品種改良されているが、その時期はもっと早い。はるかに多くの種類が現存している。

・メキシコのトルティーヤ製造機は1920～30年代頃に登場した。移行期には、女性が穀粒を村の中央にある機械へと運んだ。村に電気が通るまで、機械の動力にはガスが使われることが多く、トルティーヤの味を落とすことになった。メキシコにおけるトルティーヤ製造機の発展史については、Jamie A. Aboites, *Breva Historia de un Invento Olvidado, Las Maquinas Tortilladoras en Mexico* (Mexico City: Universidad Autonoma Metropolitana, 1989) を参照。メキシ

・米国において牛肉の消費が豚肉の消費よりも重要になった時期については、Richard Pillsbury, *No Foreign Food: The American Diet in Time and Place* (Boulder, Colorado: Westview Press, 1998), pp. 71-73 を参照。

・米国産豚肉の脂肪の減少については、Kaminsky, *Pig Perfect*, p. 190 を参照。

・アメリカにおける非加熱殺菌チーズに対する規制の起源は定かではない。法律は 1947 年から存在しているが、当時、冷蔵トラックはチーズ輸送の際にはそれほど使われていなかった。メキシコ政府は近年、チーズと乳製品の加熱殺菌を奨励しているが、非加熱殺菌の製品が禁止されているわけではない。メキシコ産の牛乳は米国産牛乳よりも薄い場合が多く、これがチーズの味にも影響している。メキシコ産牛乳については、Arturo Lomelí, *La Sabiduría de la Comida Popular* (Miguel Hidalgo, Mexico: Random House Mondadori), 2004, pp. 303-4 を参照。

・メノナイトのチーズについては、Cheryl Alters Jamison and Bill Jamison, The Border Cookbook: Authentic Home Cooking of the American Southwest and Northern Mexico (Boston: The Harvard Common Press, 1995), p. 141 を参照。メキシコにおけるメノナイトのより幅広い歴史については、Harry Leonard Sawatzky, They Sought a Country: Mennonite Colonization in Mexico (Berkeley: University of California Press), 1971 を参照。

・メキシコにおけるラードと牛脂の使用については、James W. Peyton, *El Norte: The Cuisine of Northern Mexico* (Santa Fe: Red Crane Books, 1995), p. 16 を参照。メキシコにおけるラード消費の歴史については、John C. Super, Food, *Conquest, and Colonization in Sixteenth Century Spanish America* (Albuquerque: University of New Mexico Press), 1988, p. 85 および Jeffrey M. Pilcher, *Que Vivan los Tamales: Food and the Making of Mexican Identity* (Albuquerque: University of New Mexico Press, 1998), p. 36 を参照。

・*The El Paso Cookbook*. El Paso: Ladies' Auxiliary, YMCA, 1898, republished (no date) by Applewood Books, Bedford, Massachusetts, introduction by Andrew F. Smith を参照。

・植物油とその広告については、Susan Strasser, *Satisfaction Guaranteed: The Making*

史については、同書 p. 33 を参照。

・フアレスはメキシコの中でも最も裕福な地区の一つである。エル・パソはアメリカの他の地域と比べて豊かさが低下してきている。1950 年の時点では、エル・パソの住民 1 人当たりの収入はアメリカ全体の平均をわずかに上回っていたが、1991 年には全米平均の 52 パーセントにまで下落していた。Staudt, Free Trade?, pp. 35-36 を参照。かつての製造業は、主にアパレル産業関連の低賃金労働へと変わってしまった。

・二国間の差異に関係する工場式農場の経済学の一般背景については、Ann Cooper, with Lisa M. Holmes, *Bitter Harvest: A Chef's Perspective on the Hidden Dangers in the Foods We Eat and What You Can Do about It* (New York: Routledge, 2000), pp. 108-109 および Peter Kaminsky, *Pig Perfect: Encounters with Remarkable Swine and Some Great Ways to Cook Them* (New York: Hyperion, 2005), p. 243 を参照。

・牛肉のドライエイジングとウエットエイジングの対比については、たとえば *Steaks, Chops, Roasts, and Ribs: A Best Recipe Classic*, by the Editors of Cook's Illustrated (Brookline, Massachusetts: America's Test Kitchen, 2004), p. 234 を参照。ドライエイジングビーフの価格の高さについては、たとえば Katy McLaughlin, "Steakhouse Confidential," *The Wall Street Journal*, Saturday/Sunday, October 8-9, 2005, pp. P1, P4 を参照。

・スカートステーキとフランクステーキの対比については、たとえば Steaks, Chops, Roasts, and Ribs: A Best Recipe Classic, by the Editors of Cook's Illustrated (Brookline, Massachusetts: America's Test Kitchen, 2004), p. 40 および Mario Montaño, The History of Mexican Folk Foodways of South Texas: Street Vendors, Offal Foods, and Barbacoa de Cabeza (Ann Arbor: University of Pennsylvania doctoral dissertation, 1992), p. 227 を参照。「ファヒータ」はメキシコのスペイン語で「小さな腰帯」という意味（faja が「ガードル」）。スカートステーキは、まさに牛の腰帯に該当する部位の肉を使っているため、この名前になっている。Jeanne Voltz, Barbecued Ribs, Smoked Butts, and Other Great Foods (New York: Alfred A. Knopf, 1990), pp. 63-64 を参照。

・豚に関するピーター・カミンスキーの言葉については、Peter Kaminsky, *Pig Perfect: Encounters with Remarkable Swine and Some Great Ways to Cook Them* (New York: Hyperion, 2005), p. 159 を参照。

・https://twitter.com/WithoutMonsanto

・この記事もある。http://blogs.riverfronttimes.com/dailyrft/2010/04/la_woman_boycotts_monsanto_for_a_month.php?page=1

・ラットに関する記事はhttp://www.biolsci.org/v05p0706.htmで読める。

・ボイコットについては、Brayden G. King, "A Political Mediation Model of Corporate Response to Social Movement Activism," *Administrative Science Quarterly*, 2008, vol. 53, no. 3, pp. 395-421を参照。要約もhttp://insight.kellogg.northwestern.edu/index.php/Kellogg/article/why_boycotts_succeed_and_failで読める。

・下院の新しいカトラリーについては、"Stick a Fork in Hill's 'Green' Cutlery," by David A. Fahrenthold and Felicia Sonmez, *The Washington Post*, Saturday, March 5, 2011, pp. A1, A4を参照。

・水産養殖のa sustained environmental defenseについては、James E. McWilliamsによる名著*Just Food: Where Locavores Get It Wrong and How We Can Truly Eat Responsibly* (New York: Back Bay Books, 2009), chapter fiveを参照。

・家での下ごしらえと食品の保存にかかるエネルギーコストについては、"Energy Use in the U. S. Food System," by Patrick Canning, Ainsley Charles, Sonya Huang, Karen R. Polenske, and Arnold Waters, United States Department of Agriculture, March 2010を参照。エネルギーの使用全体に対して食品流通が占める割合について、英国の試算は約20パーセントである。Mike Berners-Lee, *How Bad Are Bananas?*, p. 177を参照。

・砂糖の精製と加工にかかるエネルギーコストおよびガソリンと食品の対比については、"Energy Use in the U. S. Food System," by Patrick Canning, Ainsley Charles, Sonya Huang, Karen R. Polenske, and Arnold Waters, United States Department of Agriculture, March 2010を参照。

第9章

・エル・パソにおけるラテンからの強い影響については、Kathleen Staudt, Free Trade? Informal Economies at the U. S.-Mexico Border (Philadelphia: Temple University Press, 1998), pp. 35, 46を参照。国境を挟んだ二都市間の関係の歴

Wasteful Appears Better than Feeling Wasteful," *Judgment and Decision Making*, vol. 5, no. 7, December 2010, pp. 489-96 を参照。グリーン・プロダクトについては、Nina Mazar and Chen-Bo Zhong, "Do Green Products Make Us Better People?" *Psychological Science*, March 5, 2010, XX(X), pp. 1-5 を参照。

・環境にやさしい食べ方に関するスタンダードな情報源は二つ。一つは Peter Singer and Jim Mason, *The Way We Eat, Why Our Food Choices Matter* (Emmaus, Pennsylvania: Rodale Publishers, 2006) で、もう一つは Mark Bittman, *Food Matters: A Guide to Conscious Eating* (New York: Simon & Schuster, 2009) である。

・アンニーナ・リュースト については、Jascha Hoffman, "Carbon Penance," *The New York Times*, December 12, 2008 を参照。

・プラスティックについては、"Paper or Plastic?" *The Washington Post*, October 3, 2007 を参照。綿については Martin Hickman, "Plastic Fantastic! Carrier Bags 'Not Eco-villains After All'" *The Independent*, February 20, 2011 を参照。

・食品輸送にかかるエネルギーコストについては、Stephen Budiansky, "Math Lessons for Locavores," The New York Times, Friday, August 19, 2010, A19 を参照。元のソースは "Energy Use in the U. S. Food System," by Patrick Canning, Ainsley Charles, Sonya Huang, Karen R. Polenske, and Arnold Waters, United States Department of Agriculture, March 2010 である。29 パーセントという数字は p. 17 から。p. 20 も参照。パイログについては James E. McWilliams, *Just Food: Where Locavores Get it Wrong and How We Can Truly Eat Responsibly* (New York: Back Bay Books, 2009), pp. 25-26 を参照。

・冷蔵保存したリンゴの例については、Mike Berners-Lee, How Bad Are Bananas?: The Carbon Footprint of Everything (London, England: Profile Books, 2010), p. 27 を参照。

・エイプリルについては、彼女のブログとツイッターを参照。

・http://web.me.com/aprildavila/MWM/Check_My_Work.html および http://web.me.com/aprildavila/MWM/Blog/Blog.html. および http://web.me.com/aprildavila/MWM/Blog/Entries/ 2010/2/20_Food_For_Thought.html.

C. Ronald and James E. McWilliams, "Genetically Engineered Distortions," *The New York Times*, May 14, 2010 を参照。

・綿と殺虫剤については、Gregory Conko, "The Benefits of Biotech," *Regulation*, Spring 2003, p. 22 を参照。

・ローラ・ティチアッティとロビン・ティチアッティの引用は Laura Ticciati and Robin Ticciati is in their Genetically Engineered Foods: Are They Safe? You Decide (Los Angeles: Keats Publishing, 1998), p.45 から。

・スペインのエコ・テロリズムについては、http://foodfreedom.wordpress.com/2010/07/14/uprooting-ecoterrorism-syngenta-gm-crops-sabotaged-in-spain/ を参照。

・アーミッシュと遺伝子組み換え作物については、たとえば http://news.bbc.co.uk/2/hi/science/nature/7745726.Stm を参照。アフリカにおける遺伝子組み換え作物およびヨーロッパの規制については、Robert Paarlberg, *Starved for Science: How Biotechnology Is Being Kept Out of Africa* (Cambridge: Harvard University Press, 2009) を参照。

第８章

・エド・ベグリーについては、たとえば http://www.johnnyjet.com/folder/archive/I-Flew-with-Ed-Begley-Jr-Possibly-the-Greenest-Person-Alive.html および http://www.edbegley.com/environment/tipsandfaq.html などを参照。

・マティアス・ゲルバーについては、http://greenmanplanet.blogspot.com/ を参照。

・マイク・デュークとウォルマートについての記事としては、Tom Rooney, "The greenest man alive is… Mike Duke of Wal-Mart!" *Pittsburgh Post-Gazet*te, July 18, 2010, http://www.post-gazette.com/pg/10199/1073252-109.stm#ixzz1KGYRMjsm. がある。

・ピグミーの平均寿命については、Roger Highfield, "Pygmies Life Expectancy Is Between 16 and 24," *The Telegraph*, December 10, 2007 を参照。

・研究については、たとえば Ro'i Zultan and Maya Bar-Hillel, "When Being

to Dust," http://www.globalpolitician.com/print.asp?id=5059 を参照。

・インドにおける栄養失調の割合については、Vikas Bajaj, "Galloping Growth, and Hunger in India," *The New York Times*, March 8, 2011 を参照。同記事ではインドの食料価格の急騰についても言及されている。インドにおける食料生産の制限について、非常に良いソースとしては Maurice Landes, *The Environment for Agricultural and Agribusiness Investment in India, USDA, Economic Information Bulletin*, Number 37, July 2008 が挙げられる。たとえば、同書 p. 19 では土地法について、p. 27 では外国からの直接投資に対する規制について論じられている。食品の損傷率については、"Fling Wide the Gates," *The Economist*, April 14, 2011 の試算を参照（かなりの概算ではあるが、極めて高い数値である）。小麦の損傷率については "WSJ Interview with Kaushik Basu," *The Wall Street Journal*, March 22, 2011 の試算を参照。2001 年の FDI 緩和については "100% FDI allowed in some areas of farm sector," *The Hindu*, March 31, 2011 を参照。

・遺伝子組み換え作物の背景については、全米研究評議会の研究 (The Impact of Genetically Engineered Crops on Farm Sustainability in the United States, Washington, D. C.: National Academies Press, 2010) に加え、Pamela C. Ronald and Raoul W. Adamchak, *Tomorrow's Table: Organic Farming, Genetics, and the Future of Food* (New York: Oxford University Press 2008) および "Global Status of Commercialized Biotech/GM Crops: 2010," ISAAA Brief 42-2010, http://isaaa.org/resources/publications/briefs/42/executivesummary/default.asp を参照。

・Indur M. Goklany, The Improving State of the World: Why We're Living Longer, Healthier, More Comfortable Lives on a Cleaner Planet (Washington, D. C.: Cato Institute, 2007) および Henry I. Miller and Gregory Conko, The Frankenfood Myth: How Protest and Politics Threaten the Biotech Revolution (Westport, Connecticut: Praeger, 2004) も有益である。俗説の簡潔な紹介としては Gregory Conko, "The Benefits of Biotech," *Regulation*, Spring 2003 および James E. McWilliams, "The Green Monster: Could Frankenfoods be good for the environment?" *Slate*, Wednesday, January 28, 2009,

・http://www.slate.com/id/2209168/pagenum/all/#p2 を参照。

・遺伝子組み換えによって作物の栄養価が高くなる仕組みについては、Pamela

ative Prices on Obesity," March 13, 2007, http://www.law.yale.edu/documents/pdf/Intellectual_Life/JKlick_Cheap_Donuts.pdf を参照。

・実行可能な肥満税制を設計することの難しさについては Jason M. Fletcher, David Frisvold, and Nathan Teff, "Can Soft Drink Taxes Reduce Population Weight?" Contemporary Economic Policy, January 2010, vol. 1, no. 28, pp. 23-35 を参照。

・飢餓に関する試算のいくつかは http://en.wikipedia.org/wiki/Hunger を参照。より懐疑的な見解については、Abhijit Banerjee and Esther Duflo, "More Than 1 Billion People Are Hungry in the World, But What if the Experts Are Wrong?" *Foreign Policy*, May/June 2011 を参照。

・米国における農業の生産性低下に関する情報については、Julian M. Alston, Matthew A. Andersen, Jennifer S. James, and Philip G. Pardey, *Persistence Pays: U. S. Agricultural Productivity Growth and the Benefits from Public R&D Spending* (New York, Springer, 2010), pp. 147-57 を参照。ジョナサン・A・フォリーの引用については "A Warming Planet Struggles to Feed Itself," *The New York Times*, June 4, 2011 を参照。

・小麦の価格の急上昇については、Robert J. Samuelson, "The Great Food Crunch," *The Washington Post*, Monday, March 14, 2011, p. A19 を参照。

・どれぐらいの農業が生物燃料に取って代わられるかについては Elisabeth Rosenthal, "Rush to Use Crops as Fuel Raises Food Prices and Hunger Fears," *The New York Times*, April 6, 2001 を参照。

・イエメンについては、Hugh Macleod and John Vidal, "Yemen Threatens to Chew Itself to Death over Thirst for Narcotic Qat Plant," *The Guardian*, February 26, 2010 を参照。

・サウジアラビアについては "Wheat and Water Subsidy Datapoints of the Day," June 23, 2008, http://www.portfolio.com/views/blogs/market-movers/2008/06/23/wheat-and-water-subsidy-datapoints-of-the-day/#ixzz1KGRWIOzS を参照。この内容はエリー・エラハジの著作に依拠している。たとえば、エラハジによる記事 "Saudi Arabia's Agricultural Project: From Dust

は、Steven A. Shaw, Asian Dining Rules: Essential Strategies for Eating Out at Japanese, Chinese, Southeast Asian, Korean, and Indian Restaurants (New York: William Morrow, 2008), pp. 130-31 を参照。

第7章

・トウモロコシの品種改良の歴史については、"Rio Balsas most likely region for maize domestication," Christine A. Hastorf, Proceedings of the National Academy of Sciences, March 31, 2009, vol. 106, no. 13, pp. 4957-58 を参照。

・文中で取り上げている本は W. P. Hedden, How Great Cities are Fed (Boston: D. C. Heath and Company, 1929), である。列車の速度については pp. 74-81, p. 88、流通コストについては p.299 を参照。

・アメリカの農業生産性の急騰については、Bruce L. Gardner, *American Agriculture in the Twentieth Century: How It Flourished and What It Cost* (Cambridge: Harvard University Press, 2002), pp.20-22, 44 を参照。

・1950 年以降の食料価格の下落については、Indur M. Goklany, *The Improving State of the World: Why We're Living Longer, Healthier, More Comfortable Lives on a Cleaner Planet* (Washington, D. C.: Cato Institute, 2007), p. 21 を参照。

・ボーローグおよびボーローグによる緑の革命の広がりについては、Leon Hesser, *The Man Who Fed the World: Nobel Peace Prize Laureate Norman Borlaug and His Battle to End World Hunger* (Dallas: Durban House Publishing Company, 2006) を参照。緑の革命の広がりについては同書第7章を参照。

・毛沢東時代の中国の飢饉については、Frank Dikötter, *Mao's Great Famine: The History of China's Most Devastating Catastrophe, 1958-1962* (New York: Walker & Company, 2010)［フランク・ディケイター『毛沢東の大飢饉――史上最も悲惨で破壊的な人災 1958-1962』中川治子・訳、草思社、2011 年］を参照。

・土地に対する圧力の数値については、Goklany, The Improving State, pp. 120-22, p. 190 を参照。

・食料品にかかる税の研究については、Jonah B. Gelbach, Jonathan Klick, and Thomas Stratmann, "Cheap Donuts and Expensive Broccoli: The Effects of Rel-

・木材を使ったバーベキューの費用については、たとえばGreg Johnson and Vince Staten, *Real Barbecue* (New York: Harper & Row, 1988), p. 70 のコメントを参照。

・肉の置き方や、それが大事である理由に関するウィルバー・シャーリーの見解については、Bob Garner, *North Carolina Barbecue* (Winston-Salem, North Carolina: John F. Blair), 1996, pp. 31-32 を参照。

・韓国風の焼肉については、Hi Soo Shin Hepinstall, *Growing Up in a Korean Kitchen* (Berkeley: Ten Speed Press, 2002), p. 177 を参照。

・グアムのバーベキューソースについてはSteven Raichlen, BBQ USA (New York: Workman Publishing, 2003), pp. 244, 657 を参照。

・バーベキューソースの材料のリストは、Mike Mills and Amy Mills Tunnicliffe, Peace, Love, & Barbecue: Recipes, Secrets, Tall Tales, and Outright Lies from the Legends of Barbecue (Emmaus, Pennsylvania: Rodale Books, 2005), pp. 53, 61, 65 を参考にした。ミラクル・ホイップ対マヨネーズの議論は同書p.53 で。

・バーベキューソースの製造と販売については、Nell du Vall, *Domestic Technology: A Chronology of Developments* (Boston, Massachusetts: G. K. Hall & Co., 1988), p. 79 を参照。

・スー・ヴィドの技術がフランスに紹介されたのは約30年前のことである。ボツリヌス菌やリステリア菌による汚染の恐れから当時は人気が出なかったが、その後、器具も方法も進歩した。

・ロックハート・ソーセージの調理については、Rick Browne and Jack Bettridge, *Barbecue America: A Pilgrimage in Search of America's Best Barbecue* (Alexandria, Virginia: Time-Life Books, 1999), pp. 11-12 およびEric Lolis Elie, *Smokestack Lightning: Adventures in the Heart of Barbecue Country* (Berkeley: Ten Speed Press, 2005), p. 49 を参照。

第6章

・フィリピン人とフィリピン料理店の数、ならびに中華料理店の数について

North Carolina: John F. Blair, 1996), pp. 29-30 および Eric Lolis Elie, *Smokestack Lightning: Adventures in the Heart of Barbecue Country* (Berkeley: Ten Speed Press, 2005), p. 11 を参照。

・ブルースモークとその障害物については、“Where the Smoke Rises (and Rises),” The New York Times, Wednesday, March 27, 2002 を参照。

・a tale of grandfather clauses については、Robb Walsh, *Legends of Texas Barbecue Cookbook: Recipes and Recollections from the Pit Bosses* (San Francisco: Chronicle Books, 2002), pp. 172-74 を参照。

・山羊の頭のバーベキューについては、Daniel D. Arreola, *Tejano South Texas: A Mexican American Cultural Province* (Austin: University of Texas Press, 2002), pp. 167-69 および Robb Walsh, *Legends of Texas Barbecue Cookbook: Recipes and Recollections from the Pit Bosses* (San Francisco: Chronicle Books, 2002), pp. 19 および Mario Montaño, *The History of Mexican Folk Foodways of South Texas: Street Vendors, Offal Foods, and Barbacoa de Cabeza* (Ann Arbor: University of Microfilms, University of Pennsylvania doctoral dissertation, 1992), pp. 257-63 を参照。

・ハワイにおけるオープンピット・バーベキューの難しさについては、Rachel Laudan, The Food of Paradise: Exploring Hawaii's Culinary Heritage (Honolulu: University of Hawaii Press, 1996), pp. 238-40 を参照。

・コチニータ・ピビルを作るメキシコの技術については、Peter Kaminsky, *Pig Perfect: Encounters with Remarkable Swine and Some Great Ways to Cook Them* (New York: Hyperion, 2005), 第 17 章を参照。「ピブ」の意味については、Diana Kennedy, *The Essential Cuisines of Mexico* (New York: Clarkson Potter, 2000), pp. 277, 320 を参照。

・メキシコの田舎のバーベキューとその調味料をめぐる議論については、James W. Peyton, *El Norte: The Cuisine of Northern Mexico* (Santa Fe: Red Crane Books, 1995), pp. 112-14 を参照。

・ギロがメキシコに入ってきた経緯については、Jeffrey M. Pilcher, *Que Vivan los Tamales: Food and the Making of Mexican Identity* (Albuquerque: University of New Mexico Press, 1998), p. 136 を参照。

・バーベキューの語源については、たとえばEric Lolis Elie, *Smokestack Lightning: Adventures in the Heart of Barbecue Country* (Berkeley: Ten Speed Press, 2005), p. 26を参照。

・初期のバーベキューについては、Dotty Griffith, *Celebrating Barbecue: The Ultimate Guide to America's 4 Regional Styles of 'Cue* (New York: Simon & Schuster, 2002), pp. 20, 32を参照。カリブ海沿岸でのバーベキューの起源については、Eric Lolis Elie, "Barbecue," in *Encyclopedia of Food and Culture*, edited by Solomon Katz and William Woys Weaver (New York: Charles Scribner's Sons, 2003), pp. 164-66を参照。

・テキサスの歴史およびバーベキューと政治集会については、Robb Walsh, *Legends of Texas Barbecue Cookbook: Recipes and Recollections from the Pit Bosses* (San Francisco: Chronicle Books, 2002), pp. 28-30およびSharon Hudgins, "A Feast for All: Texas Barbecue as a Meal and Social Gathering," Culture 6, 1992を参照。

・ロードサイドの食堂としてのバーベキューについては、John A. Jakle and Keith A. Sculle, *Fast Food: Roadside Restaurants in the Automobile Age* (Baltimore: The Johns Hopkins University Press, 1999), p.171を参照。バーベキューとパンについては、John Egerton and Ann Bleidt Egerton, *Southern Food: At Home, On the Road, in History* (Chapel Hill: The University of North Carolina Press, 1993), p.150を参照。

・ノースキャロライナのコールスローについては、Bob Garner, *North Carolina Barbecue* (Winston-Salem, North Carolina: John F. Blair, 1996), pp. 20-25を参照。

・バーベキュー・コンテスト参加者数の概算については、Rick Browne and Jack Bettridge, *Barbecue America: A Pilgrimage in Search of America's Best Barbecue* (Alexandria, Virginia: Time-Life Books, 1999), p. 102およびSteven Raichlen, *BBQ USA* (New York: Workman Publishing, 2003), p. 12を参照。

・バーベキューの変名についてはGreg Johnson and Vince Staten, *Real Barbecue* (New York: Harper & Row, 1988), pp. 187-89を参照。

・ピットマスターについては、Bob Garner, *North Carolina Barbecue* (Winston-Salem,

制作会社がポップコーンの価格を定めれば、映画館はポップコーンの質を落とすことで対抗する。商品の販売単位ごとの質を落とすことも、消費者に対してより高い代金を課す（ずるい）方法である。映画館のポップコーン（およびその他の商品）の質が概して低いのは、こうした理由によるものだ。

・レストラン経営が失敗する割合については、“Why Restaurants Fail,” John T. Self, David Njite, and Tiffany King, *Cornell Hotel and Restaurant Administration Quarterly*, August 2005, vol. 46, no. 3, pp. 304-22 を含む H. G. Parsa の論考を参照。

・マクドナルドについては、Philip Langdon, Orange Roofs and Golden Arches: The Architecture of American Chain Restaurants (New York: Alfred A. Knopf, 1986), p. 107 を参照。パニーニについては Janet Adamy, “Dunkin' Donuts Tries to Go Upscale, But Not Too Far,” The Wall Street Journal, Saturday/Sunday, April 8-9, 2008, A1, A7 を参照。

第５章

・マイク・ホワイトリーについては、http://thelittledixieweekender.com/archive/page/4/. を参照。

・バーベキューレストランのチェーン展開の失敗例については、John A. Jakle and Keith A. Sculle, Fast Food: Roadside Restaurants in the Automobile Age (Baltimore: The Johns Hopkins University Press, 1999), pp. 171-72 を参照。「申命記スキャッグス師」については、Greg Johnson and Vince Staten, Real Barbecue (New York: Harper & Row, 1988), p. 145 を参照。タイムズ・スクエアのバーベキュー店については、同書 p. 107 を参照。バーベキューの一般史としては、Robert F. Moss, *Barbecue: The History of an American Institution*, (Tuscaloosa: University of Alabama Press, 2010) が優れている。

・アメリカ人がバーベキューをする頻度については、Rick Browne and Jack Bettridge, *Barbecue America: A Pilgrimage in Search of America's Best Barbecue* (Alexandria, Virginia: Time-Life Books, 1999), p. 11 を参照。

・豚の肩肉の調理時間については、Steven Raichlen, *BBQ USA* (New York: Workman Publishing, 2003), pp. 160, 230 を参照。

Markups," Wine Enthusiast Magazine, May 7, 2010, http://www.winemag.com/Wine-EnthusiastMagazine/May-2010/The-Lowdown-on-Restaurant-Markups. を参照。試算によると、ニューヨークにある「ダニエル」には、80万ドル相当のワインが貯蔵されている。Brenner, *America Appetite* を参照。

・レストランにおける飲み物のように、主要なものではないメニューの価格を「覆い隠す」ことの意義については Xavier Gabaix and David Laibson, "Shrouded Attributes, Consumer Myopia, and Information Suppression in Competitive Markets," Quarterly Journal of Economics, May 2006, pp. 505-40 を参照。

・フリーランチの歴史については、Madelon Powers, Faces Along the Bar: Lore and Order in the Workingman's Saloon, 1870-1920 (Chicago: University of Chicago Press), 1998 を参照。

・飲み物の価格設定とテーブルスペースの利用については、John R. Lott Jr. and Russell D. Roberts, "A Guide to the Pitfalls of Identifying Price Discrimination," Economic Inquiry, January 1991, vol. 29, no. 1, pp. 14-23 を参照。

・ポップコーンの歴史については Andrew F. Smith, Popped Culture: A Social History of Popcorn in America (Columbia: University of South Carolina Press, 1999), pp. 102, 119-120, 159 を参照。ポップコーンの価格設定の the empirics に関する研究は、Ricard Gil and Wesley Hartmann, "Empirical Analysis of Metering Price Discrimination: Evidence from Concession Sales at Movie Theaters," working paper, 2008 を参照。

・映画配給をめぐる経済学についての一つの見かたは、Peter Caranicas, "Studios at the Brink," Variety Magazine, May 3-9, 2010, pp. 1, 70 を参照。

・ポップコーンの価格設定については、映画の制作会社も指をくわえて見ているわけではない。彼らは、高すぎるポップコーンのせいで映画館から客足が遠のき、自分たちの利益が下がることを恐れている。したがって、フィルムが貸し出される際には、通常、付随する契約の中でポップコーンの価格の上限が決められている。理想をいえば制作会社としては、鑑賞料は高く、ポップコーン代はうんと低いほうが望ましい。こうした主導権争いから、次のような結果が生じる。制作会社は、管理しやすいポップコーンの価格については規制できるが、ポップコーンの質についてはそれほどうまく規制できない。

on TV: The Visual Culture of Everyday Life in the 1950s (Cambridge: Harvard University Press, 1994), p. 206 を参照。

・ドーナツについては John A. Jakle and Keith A. Sculle, *Fast Food: Roadside Restaurants in the Automobile Age* (Baltimore: The Johns Hopkins University Press, 1999)、pp. 197-98 を参照。

・高校周辺へのファストフード店のクラスタ化については、S. Bryn Austin, Steven J. Melly, Brisa N. Sanchez, Aarti Patel, Stephen Buka, and Steven Gortmaker, "Clustering of Fast-Food Restaurants Around Schools: A Novel Application of Spatial Statistics to the Study of Food Environments," *American Journal of Public Health*, September 2005, vol. 95, no. 9, pp. 1575-81 を参照。

第３章
・参考文献なし、フィールドワークに基づく。

第４章

・マサのレストランについては、G. Bruce Knecht, "The Raw Truth," *The Wall Street Journal*, Saturday/Sunday, March 25-26, 2006, P1, P6. を参照

・アメリカ人のノーベル賞受賞者については、たとえば http://www.jinfo.org/US_Nobel_Prizes.html. を参照。

・コカ・コーラの利益については、Eric Schlosser, *Fast Food Nation: The Dark Side of the All-American Meal* (New York: Perennial, 2002), p. 54 に代表的な数字が挙げられている。「ファストフード・チェーンはコカ・コーラのシロップを１ガロンあたり約 4.25 ドルで購入する。1.29 ドルで販売されているＭサイズのコーラには、およそ９セント分のシロップが含まれている。いつものようにカウンターの中にいるかわいい女の子から勧められるままに、1.49 ドルでＬサイズのコーラを買うと、３セント分のシロップが追加される――そして、マクドナルドの純利益は 17 セント分アップする」

・ワインの利益に関する最近のいくつかの試算については、Juliet Chung, "Cracking the Code of Restaurant Wine Pricing,"The Wall Street Journal, Friday, August 15, 2008 および Gretchen Roberts, "The Lowdown on Restaurant

多い。肉に関しては牛よりも豚の方が好まれる。カリフォルニアのメキシコ料理は、この州の多様な農業にふさわしく、さらに多くの農産物を使う。特によく使われるのは、アボカド、サワークリーム、スパニッシュオリーブである。

・アメリカとヨーロッパにおけるテレビの広まり方の違いについては、Tyler Cowen, Creative Destruction: How Globalization is Changing the World's Cultures (Princeton: Princeton University Press), 2002,［和訳書誌情報］第4章を参照。

・働く女性の数については、Martha Hahn Sugar, *When Mothers Work, Who Pays?* (Westport: Bergin and Garvey, 1994), p. 27 を参照。ジェロのパンフレットからの引用は、Carolyn Wyman, *Jell-O: A Biography* (New York: Harcourt, Inc., 2001), p. 23 より。

・家事についての数字は Stanley Lebergott, *Pursuing Happiness: American Consumers in the Twentieth Century* (Princeton: Princeton University Press, 1993), p. 59 を参照。

・電子レンジの起源については、Nell du Vall, *Domestic Technology: A Chronology of Developments* (Boston, Massachusetts: G. K. Hall & Co., 1988), p. 117 を参照。電子レンジの価格については、Gerry Schremp, *Kitchen Culture: Fifty Years of Food Fads* (New York: Pharos Books, 1991), pp. 89-90 を参照。

・スワンソンの初期の食品については、Martin J. Smith and Patrick J. Kiger, *Poplorica: A Popular History of the Fads, Mavericks, Inventions, and Lore that Shaped Modern America* (New York: Harper Resource, 2004), pp. 121-26 および Richard Pillsbury, *No Foreign Food: The American Diet in Time and Place* (Boulder, Colorado: Westview Press, 1998), pp. 65-66 を参照。

・アメリカにおけるピザの歴史については、John A. Jakle and Keith A. Sculle, *Fast Food: Roadside Restaurants in the Automobile Age* (Baltimore: The Johns Hopkins University Press, 1999), pp. 242-46 を参照。

・アメリカの様々な美食評論家たちについては Leslie Brenner, American Appetite: The Coming of Age of a Cuisine (New York: Avon Books, 1999), pp. 46-47, 62-64 を参照。ベティ・クロッカーについては、Karal Ann Marling, *As Seen* www2.potsdam.edu/hansondj/controversies/1140551076.html および Wikipedia のページ http://en.wikipedia.org/wiki/List_of_dry_communities_by_U.S._state を参照。禁酒地域に関する詳しい検証については、*Statistical Abstract of the United States* の様々な版が存在している。ワインと 1970 年代について、様々な州および郡における飲酒が許可されたレストランの数は *Statistical Abstract of the United States* の様々な版の記述を参照。禁酒郡の情報については http://www2.potsdam.edu/hansondj/Controversies/1140551076.html を参照。ワインと 1970 年代については、Andrew Barr, *Drink: A Social History of America* (New York: Carroll & Graf Publishers, 1999), p. 254 を参照。引用については同書 p. 112 を参照。

・北朝鮮料理の店については "Hermit Kitchen: How Did a North Korean Restaurant Wind Up in Northern Visrginia?" http://www.washingtoncitypaper.com/articles/40495/hermit-kitchen/full. を参照。

・民族集団における食文化の適応過程について、さらなる詳細は Harvey Levenstein, *Revolution at the Table: The Transformation of the American Diet* (Berkeley: University of California Press, 2003), p. 176 を参照。スパイスとニンニクの効いた食べ物に関しては、Jeffrey M. Pilcher, *Que Vivan los Tamales: Food and the Making of Mexican Identity* (Albuquerque: University of New Mexico Press, 1998), p. 93 を参照。一般的な考察については、Hasia R. Diner, *Hungering for America: Italian, Irish, and Jewish Foodways in the Age of Migration* (Cambridge: Harvard University Press, 2001) を参照。

・ダンカン・ハインズについては、Harvey A. Levenstein, "The Perils of Abundance: Food, Health, and Morality in American History," in *Food: A Culinary History from Antiquity to the Present*, English edition edited by Albert Sonnenfeld (New York: Columbia University Press,1999), pp. 516-29; especially pp. 524-25 を参照。

・中国からの移民の数については、J. A. G. Roberts, *China to Chinatown: Chinese Food in the West* (London: Reaktion Books, 2002), p. 165 を参照。

・メキシコ由来の料理の種類について、テックス・メックスでは鹿肉と牛肉、ファヒータ、ふくらんだタコス、カブリート（山羊）がよく使われる。ニューメキシコの料理は、新鮮な青唐辛子と緑のトマティージョソースを使う場合がた」。Harvey Levenstein, *Revolution at the Table: The Transformation of the American Diet* (Berkeley: University of California Press, 2003), p. 184 より引用。

・ニューヨークでの酒類強制捜査については、Andrew Sinclair, Era of Excess: A Social History of the Prohibition Movement (New York: Harper & Row, 1964), p. 232 を参照。賄賂をはじめとする密売所のコストについては同書 pp. 222, 230-34 を参照。同じ箇所では、密売所の食べ物のまずさについても論じられている。

・禁酒法が酒文化に対して与えたダメージの大きさと、そこから回復するのにどれぐらいの時間がかかったのかについては、Andrew Barr, *Drink: A Social History of America* (New York: Carroll & Graf Publishers, 1999), pp. 111-12, 239 を参照。1973 年については、Daniel Okrent, *Last Call: The Rise and Fall of Prohibition* (New York: Scribner, 2010), p. 373 を参照。ニューヨークの外食産業が復活しはじめた時期については、Herbert Asbury, *The Great Illusion: An Informal History of Prohibition* (Westport, Connecticut: Greenwood Press, 1968 [1950]) p. 196 および Andrew Barr, *Drink: A Social History of America* (New York: Carroll & Graf Publishers,1999), p. 111 を参照。

・戦時中の経験がいかにアメリカとその食品ネットワークを形成したのかについては、Amy Bentley, *Eating for Victory: Food Rationing and the Politics of Domesticity* (Chicago: University of Chicago Press, 1998), p. 9 および Susan M. Hartmann, *The Home Front and Beyond: American Women in the 1940s* (Boston: Twayne Publishers, 1982), pp. 77-78 を参照。戦時中の配給については、Bentley, p. 91, passim. を参照。鶏肉の商品については、Steve Striffler, *Chicken: The Dangerous Transformation of America's Favorite Food* (New Haven: Yale University Press, 2005), pp.43-45 を参照。缶詰のスパムと戦時中の米国における肉の消費については、Bentley, pp. 71, 131-32 を参照。戦時中の牛肉の消費については、Bentley, pp. 91-92 を参照。加工食品および加工野菜の増加については、John L. Hess and Karen Hess, *The Taste of America* (Urbana: University of Illinois Press, 2000), p. 269 を参照。砂糖については、John Mariani, *America Eats Out: An Illustrated History of Restaurants, Taverns, Coffee Shops, Speakeasies, and Other Establishments That Have Fed Us for 350 Years* (New York: William Morrow and Company, 1991), pp. 156-57 を参照。

・禁酒郡に関する基本情報については、David J. Hanson, "Dry Counties," http://

原注

第１章

・フーリエについては、Priscilla Parkhurst Ferguson, *Accounting for Taste: The Triumph of French Cuisine* (Chicago: University of Chicago Press, 2004) p. 100 を参照。

第２章

・「ホリデイ・イン」と「タッズ」については、Harvey Levenstein, *Paradox of Plenty: A Social History of Eating in Modern America* (New York: Oxford University Press, 1993), p. 128 を参照。

・アルコール関連の様々な州法の記述については、Charles Merz, *The Dry Decade* (Seattle: University of Washington Press, 1969), pp. 19-23 を参照。家庭での酒の消費は必ずしも厳しく取り締まられてはいなかったが、レストランでの酒の販売は禁止されていた。市法については、Norman H. Clark, *Deliver Us From Evil: An Interpretation of American Prohibition* (New York: W. W. Norton & Company, 1976), pp. 101-2 を参照。

・禁酒法が外食産業に対してどのような影響を与えたのかに関する引用は、Harvey Levenstein, *Revolution at the Table: The Transformation of the American Diet* (Berkeley: University of California Press, 2003), p. 183 より。イギリスの訪問者と the Post については、Andrew Barr, *Drink: A Social History of America* (New York: Carroll & Graf Publishers, 1999), pp. 104-5 を参照。ハーバート・アスベリーの見解については、彼の著書 Herbert Asbury, *The Great Illusion: An Informal History of Prohibition* (Westport, Connecticut: Greenwood Press, 1968 [1950]), p. 193 を参照。アスベリーは同書 pp. 194-96 でレストランの閉店および関連する諸問題について論じている。外食産業全般の変化については Michael Karl Witzel, *The American Drive-In* (Osceola, Wisconsin: Motorbooks International, 1994), p. 19 も参照。

・フランス人シェフについて、ハーヴィー・レヴェンスタインは次のように述べている。「禁酒法から２年以内に、戦前にニューヨークやシカゴやサンフランシスコなどの大都市へと集まってきたフランス人シェフたちは職を失い、実在しない職を探すか、蒸気船事務所で帰国便の予約をすることになっ

［解説］タイラー・コーエンの〝孤独な〟昼ごはんの経済学

田中秀臣

タイラー・コーエンは世界的に著名な経済学者で、その活躍は多方面にわたる。景気、雇用、経済成長などの経済学者がよく扱う問題だけではない。音楽産業や芸術保護政策のあり方など文化的な事象を経済学の視点から考察したさまざまな研究を公にしている。現在は米国ジョージ・メイソン大学経済学教授。一九六二年生まれで、英『エコノミスト』誌で二〇一一年に「世界で最も影響力のある経済学者」にも選ばれている。最近では、世界的ベストセラーとなったトマ・ピケティの『21世紀の資本』を批判したり、または米国経済の長期停滞についての著作を公にして議論を巻き起こしている。[1]

そんな多彩で話題の人物、タイラー・コーエンはまた「食通」としても有名だ。彼は一〇年近く、日々の食べ歩きをブログに掲載している。[2]ブログには「すべての食事はエスニックである」という表題が掲げられていて、確かに彼は米国、ヨーロッパ、アジア、アフリカなど各国の料理をまさにボーダーレスに食べていく。またその批評も時に辛辣でありながら、硬軟混ぜた率直な意見が多く、自称食通たちの支持を受けている。そんな彼の日々の食に関するこだわりを素材に、経済学の知見と組み合わせて書かれた本書はまさに彼の真骨頂である。

私見では、コーエンはリアル版の井之頭五郎（『孤独のグルメ』の主人公）だ。地元の人が愛用している格安の店に入り、独り心の中で味わいを評しながら、ハフハフと旺盛に食べていく。時にコーエンは五郎と同じように、「モノを食べる時はね、誰にも邪魔されず、自由でなんというか救われてなきゃあダメなんだ。独りで静かで豊かで……」と声に出しているかもしれない。いや、それこそが本書『エコノミストの昼ごはん』のテーマでもある。「自由」とはなにか？「食べることによる救済」とはなにか？本書に通底するものは、まさに『孤独のグルメ』のテーマそのものでもある。

ところでコーエンはまた「へそ曲がりの経済学者」としても知られる。例えば、米国の経済学ではイノベーションによる経済成長論が主流である。二一世紀のこれからも米国はそこそこのイノベーションを実現することで成長を担保できるだろう、という予測をたてる経済学者が主流だ。[3]また他方では、文化的な悲観主義が欧米では論壇の中心でもある。高尚な文化や伝統は、大衆化やグローバル化の進展でその本来のすばらしさを堕落させてしまい、俗受けするつまらないものしか文化的消費の対象にならなくなる、というものだ。この経済論と文化論の二大主流に対して、まったくコーエンの立場は逆だ。前者の経済論については、著作『大停滞』（二〇一一）では未開拓のフロンティアが消滅したり、教育ののびしろが失われることで成長の源泉が枯渇するとした。後者の文化経済学では、グローバル化は社会に多様性をもたらし、また大衆化は愚民化に一概に陥るものではなく多数の目利き（趣味人）を生み出すことにもなり文化の洗練にも貢献する、としている。

コーエンの前者の悲観論と後者の楽観論がどう折り合うのかなかなか難しい問題にもなるだろう。文化経済も経済全体の一部門であり、コーエンの主張は文化経済の領域だけにはイノベーションの可能性を認めているようで、前者の停滞論といくばくか矛盾する。また近著の『大格差』（二〇一三）では、中間層の所得停滞をイノベーションの枯渇ではなく、むしろイノベーションの進展（＝機械化の進展）による経済格差として立場を変更してもいる。これらの「矛盾」は、自分自身の見解に対して「へそ曲がり」を起こすというコーエンの気質によるものだろう。

若田部昌澄は、コーエンのこのような「へそ曲がり」気質を、「コーエンは自他ともに認めるコントラリアンである。これは、ある主張に対して、『その一方では（on the contrary）』と異論を投げかける人のことだ」と評している。[4]

この「へそ曲がり」「コントラリアン」の気質は、ジョージ・メイソン大学のリバタリアン的な教育・研究環境の産物、あるいはコーエンの師でもあるトーマス・シェリングの影響であると指摘されている。私はその他にコーエンの敬愛した経済学者アルバート・ハーシュマンの影響を指摘しておきたい。ハーシュマンは自身の旧来の見方を修正したり、放棄することを厭わなかった。むしろ自己欺瞞的な状況（自分の主張が間違っていると知りながら抗弁するようなケース）を避けるために、積極的に「自己破壊」（Self-Subversion）を方法論として採用していた。コーエンの主張の転換もそのように理解することができるのではないか。

また悲観的な観点と楽観的な観点が（一見すると矛盾するような形で）一人の人格の中で同居していることも、自分を「多元主義者」（Pluralist）であるとするコーエンの発言と矛盾しない。いや、より正確にいえば、コーエンの立場は「多様性主義」とでも形容できるものだ。コーエンは自閉症患者の行動を経済合理的に再解釈することで、人間の神経多様性（neurodiversity）に注目する。[5] それまでは自閉症者の病理的判断は、「何かができないもの」という定義だった。例えば人とのコミュニケーション不全、社会的な交際がうまくいかないこと、そしてステレオタイプな行為を繰り返し行うことなどをその特徴付けとしていた。コーエンは、このような病理的な判断を排して、自閉症者も非自閉症者もともに一定の制約条件に直面して経済合理的に選択をしなければいけない主体として把握する。違いは何か。それは自閉症者の生み出したものが、非自閉症者の生み出したものよりも偏差が大きいということだ。つまり大胆に言い換えればユニークだということ。ユニークであることはまた稀少性を市場でもつことにもつながる。自閉症者あるいは、自閉症的な傾向は新たな市場価値を生み出すフロンティアとして立ち現れるだろう。

コーエンの多様性主義は、本書でも健在だ。基本的視点は単純な経済学の需要供給の法則。おいしいランチにありつくにはどうしたらいいのか？　それは市場に聞け、というのがコーエンの提案だ。その時にコツが必要だ。どの市場にもその市場の事情に詳しい目利き（趣味人）がいるはずだ。コーエンのおいしいランチにありつくための旅の多くは現地の目利きを探すことにあてられている。もちろんここで経済学的にいえば、サーチ（捜索）費用が発生する。だが、趣味人を発見する方法もこの本では提供されている。そもそも本書こそが、世界の津々浦々にまで関心が及んでいる偉大な食通の本でもある（時に経済学の本か彼のグルメマップなのか分からなくなるほどに）。

本書の経済学的な主張も実にスパイスが効いている。

(1)「スローフードはファストフードに勝る」↓ノー。むしろ安くて早く食べられるものでおいしいものがいっぱいある。詳しくは本書を！

(2)「巨大アグリビジネスは悪」↓ノー。むしろ食のインフラを世界規模で発展させるために必要な存在である。

(3)「イノベーションの源泉として消費者は信頼に値しない。シェフ、フードライター、文化人、役人の意見の方が優れている」↓ノー。むしろ消費者こそイノベーションの主体である。

ここでは、イノベーションとしての消費者について簡単に見ておこう。コーエンは米国の食文化が悲惨な状況なのは、第二次世界大戦前の規制と戦争が原因であり、それが戦後の家族の構造変化の中でさらに引きつがれていったと見ている。一九二〇年代の禁酒法によって、高級酒と合った洗練された食事を供するイノベーションが阻害された。同じく二〇年代の移民制限によって、海外からの料理のイノベーターたちの流入が困難になった。また第二次世界大戦は大量生産のジャンクフードが蔓延するきっかけになった。つまりはさまざまな規制が市場メカニズムを阻害したために、イノベーションとしての消費者（とそれに見出される優れた料理と料理人たち）が生まれにくくなってしまった。さらに戦後は食卓へのテレビの参入が、食事への関心を低下させてしまう。また働く女性たちの進出が即席の食事や外食への依存度を増していった。戦後の家族構造の変化が、米国の食事風景を悲惨なものにしたかどうかは、コーエン自身はそれほど明瞭な意見を持ってはいない。例えば、外食産業の興隆は、大衆の好みに合った食文化を生み出し画一化されたものになりやすい一方で、同時にニッチな外食文化を生み出すことにも成功している。そこでは食の多様性が追求され、食通たちが「質」の追求をしてもいるのだ。

「すべての食事はエスニックである」というコーエンのブログの標語を思い出してほしい。すべての料理がethnic（民族風）であるとは、すべての料理が多様な文化交流の結果として現れたということでもある。コーエンは、『創造的破壊』（二〇〇二）の中で、異なる社会（例えば日本と米国）の多様性は、グローバル化の中で失われてしまうが、他方で社会内部の多様性は増していくとする（文化の創造的破壊テーゼ）。

本書ではあまり日本の例は登場していない。コーエンに代わって一例を挙げておこう。例えば戦後の日本での焼き餃子の普及などは、この「文化の創造的破壊テーゼ」の事例である。中国やアジアでは餃子は煮るか蒸すのが主流であって焼く餃子はほとんどない。しかし餃子もどきが中国東北部で存在していて、それを満州から日本に戻ってきた人たちが「餃子」として売り出した。つまり帰国者というイノベーターが、日本の味覚に合うように工夫を重ねて日本的エスニックな餃子を発明したのである。実際に日本の焼き餃子は、ラー油で食べるとか、ニンニクを加えるとか、香ばしい油で焼くとか、すべてが米飯に合うよう改良されている。▼6

もちろんこの餃子は、もともとの中国的エスニックな餃子とはみなされないだろう。餃子のエートス（精神性）は一見すると、日本の大衆的な食文化に合わせて衰退してしまったかにみえる。しかしコーエンはこのような文化の破壊は、同時に新しい文化（ここでは日本的餃子文化）の創造につながっているとして肯定的だ。実際に日本の焼き餃子の文化はいまや多彩であり、大衆的な味覚に適合しているものがある一方で、食通をうならすように工夫された〝高級〟な焼き餃子も多い。これもまたコーエンの多様性主義、そのコスモポリタン的な現れに違いないだろう。[7]

さて本書では、さまざまな外食ツアーの果てに、舞台は自宅のキッチンに戻ってくる。コーエンは忙しい時間の中でいかに効率的においしい食事を作るのか、そのヒントを随所に展開している。例えば冷凍食品や即席の食品も嫌わずにどんどん活用していく。時間を惜しむことが逆においしいものを生み出す源泉だ。ここにもコーエンの家庭料理の創造的破壊のエッセンスが展開されている。このようなコーエンの態度は、日本の偉大な料理研究家であった小林カツ代と似ている。小林もまた女性たち（だけではなく男性たちも）がいかに家事の負担を減らし、その上でおいしい料理を手軽に作るかを生涯通して探究していった。[8]その小林カツ代は次のような言葉を残している。

「家庭料理というのは、中華、フランス料理と並ぶものであって、上でもないし、下でもない。一つのジャンル、プロの技なんだ」

まさに多様な料理の果てに家庭料理で締めくくられた本書の意図を、コーエンに代わって表している。われわれも本書を読んで食の創造的破壊を大いに楽しもうではないか。

さあて、何を食うかな　　　　『孤独のグルメ』より

注

▼1　タイラー・コーエンの略歴や主要業績の解説は、田中秀臣「タイラー・コーエンの経済学――創造的破壊から物語の経済学へ」（タイラー・コーエン『創造的破壊』作品社、浜野志保訳、2011年所収）や若田部昌澄「解説――『大停滞』から『大格差』、そしてその先の世界へ」（タイラー・コーエン『大格差』NTT出版、池村千秋訳、2014年所収）に詳しい。

▼2　Tyler Cowen's Ethnic Dining Guide　http://tylercowensethnicdiningguide.com/

▼3　例えば、イグナシオ・パラシオス編『経済学者、未来を語る』（NTT出版）に登場する米国の一流経済学者の将来推計は楽観的なものである。

▼4　若田部（2014）336頁。

▼5　Cowen, Tyler（2011）*An Economic and Rational Choice Approach to the Autism Spectrum and Human Neurodiversity,* GMU Working Paper in Economics No. 11-58、タイラー・コーエン『フレーミング』（日経BP社、久保田恵美子訳、2011年）参照。

▼6　澁川祐子「実は日本だけ？『餃子と言えば"焼き餃子"』」JB Press、2012年9月14日掲載。http://jbpress.ismedia.jp/articles/-/36084

▼7　ただし食文化の大衆化と食通の成長という流れだけではなく、同時に食によって人々の政治的な考えやまた生活スタイルが互いに異なりすぎて、社会分断に至るかもしれない問題を、速水健朗が主張していることは興味深い（速水健朗『フード左翼とフード右翼』朝日新書、2013年）。

▼8　小林カツ代の業績を含む日本の料理研究者と戦後の日本の食卓の推移を、女性の社会や経済への参加と関連させたきわめてすぐれた業績に、阿古真理『小林カツ代と栗原はるみ』（新潮新書、2015年）がある。

[著者紹介]
タイラー・コーエン（Tyler Cowen）
1962年生まれの経済学者。ジョージ・メイソン大学（アメリカ）経済学部教授。エコノミスト誌が実施したアンケートにおいて過去10年間で最も影響力のある経済学者の一人、また、フォーリン・ポリシー誌が選ぶ「世界の思想家トップ100」にも選ばれた。ニューヨーク・タイムズ紙で連載中のコラムは、全米で大人気である。邦訳された主な著書に『大格差』『大停滞』（ともにNTT出版）、『インセンティブ』『フレーミング』（ともに日経BP社）、『アメリカはアートをどのように支援してきたか』（ミネルヴァ書房）、『創造的破壊』（作品社）がある。

[監訳・解説者紹介]
田中秀臣（たなか　ひでとみ）
1961年生まれ。早稲田大学大学院経済学研究科博士後期課程単位取得退学。現在、上武大学ビジネス情報学部教授。専門は経済思想史・日本経済論。単著に、『経済政策を歴史に学ぶ』（ソフトバンク新書、2006年）、『デフレ不況 日本銀行の大罪』、『AKB48の経済学』（ともに朝日新聞出版、2010年）他多数。共著に『昭和恐慌の研究』（東洋経済新報社、2004年、第47回日経・経済図書文化賞受賞）等。

[訳者紹介]
浜野志保（はまの　しほ）
1974年生まれ。東京都立大学大学院人文科学研究科博士課程修了。博士（文学）。現在、千葉工業大学工学部准教授。専門は近代視覚文化史、周縁科学文化史。単著に『写真のボーダーランド―― X線・心霊写真・念写』（青弓社、2015年）。

エコノミストの昼ごはん
――コーエン教授のグルメ経済学

2015年12月30日　第1刷印刷
2016年 1 月 5 日　第1刷発行

著者――――タイラー・コーエン
監訳・解説者―田中秀臣
訳者――――浜野志保

発行者―――和田 肇
発行所―――株式会社作品社
〒102-0072 東京都千代田区飯田橋2-7-4
tel 03-3262-9753　fax 03-3262-9757
振替口座 00160-3-27183
http://www.sakuhinsha.com
本文組版――有限会社閏月社
装丁――――伊勢功治
印刷・製本――シナノ印刷(株)

ISBN978-4-86182-559-0 C0033